世界哲學家叢書

愛比克泰德

楊　適　著

2000

東大圖書公司印行

國家圖書館出版品預行編目資料

愛比克泰德 ／ 楊適著. -- 初版. -- 臺北市：
東大, 2000[民89]
面； 公分. --（世界哲學家叢書）
參考書目：面
ISBN 957-19-2313-3(精裝)
ISBN 957-19-2314-1(平裝)

1. 愛比克泰德(Epictetus, Ca. 55-135) - 學
術思想 -哲學

141. 75   88015608

網際網路位址　http://www.sanmin.com.tw

© 愛比克泰德

著作人　楊適
發行人　劉仲文
著作財
產權人　東大圖書股份有限公司
　　　　臺北市復興北路三八六號
發行所　東大圖書股份有限公司
　　　　地址／臺北市復興北路三八六號
　　　　電話／二五○○六六○○
　　　　郵撥／○一○七一七五──○號
印刷所　東大圖書股份有限公司
總經銷　三民書局股份有限公司
門市部　復北店／臺北市復興北路三八六號
　　　　重南店／臺北市重慶南路一段六十一號
初　版　中華民國八十九年一月
編　號　E 14105
基本定價　肆元貳角
行政院新聞局登記證局版臺業字第○一九七號

有著作權　不准侵害

ISBN 957-19-2314-1 (平裝)

「世界哲學家叢書」總序

　　本叢書的出版計畫原先出於三民書局董事長劉振強先生多年來的構想，曾先向政通提出，並希望我們兩人共同負責主編工作。一九八四年二月底，偉勳應邀訪問香港中文大學哲學系，三月中旬順道來臺，即與政通拜訪劉先生，在三民書局二樓辦公室商談有關叢書出版的初步計畫。我們十分贊同劉先生的構想，認為此套叢書（預計百冊以上）如能順利完成，當是學術文化出版事業的一大創舉與突破，也就當場答應劉先生的誠懇邀請，共同擔任叢書主編。兩人私下也為叢書的計畫討論多次，擬定了「撰稿細則」，以求各書可循的統一規格，尤其在內容上特別要求各書必須包括（1）原哲學思想家的生平；（2）時代背景與社會環境；（3）思想傳承與改造；（4）思想特徵及其獨創性；（5）歷史地位；（6）對後世的影響（包括歷代對他的評價），以及（7）思想的現代意義。

　　作為叢書主編，我們都了解到，以目前極有限的財源、人力與時間，要去完成多達三、四百冊的大規模而齊全的叢書，根本是不可能的事。光就人力一點來說，少數教授學者由於個人的某些困難（如筆債太多之類），不克參加；因此我們曾對較有餘力的簽約作者，暗示過繼續邀請他們多撰一兩本書的可能性。遺憾的是，此刻在政治上整個中國仍然處於「一分為二」的艱苦狀態，加上馬列教

條的種種限制，我們不可能邀請大陸學者參與撰寫工作。不過到目前為止，我們已經獲得八十位以上海內外的學者精英全力支持，包括臺灣、香港、新加坡、澳洲、美國、西德與加拿大七個地區；難得的是，更包括了日本與大韓民國好多位名流學者加入叢書作者的陣容，增加不少叢書的國際光彩。韓國的國際退溪學會也在定期月刊《退溪學界消息》鄭重推薦叢書兩次，我們藉此機會表示謝意。

原則上，本叢書應該包括古今中外所有著名的哲學思想家，但是除了財源問題之外也有人才不足的實際困難。就西方哲學來說，一大半作者的專長與興趣都集中在現代哲學部門，反映著我們在近代哲學的專門人才不太充足。再就東方哲學而言，印度哲學部門很難找到適當的專家與作者；至於貫穿整個亞洲思想文化的佛教部門，在中、韓兩國的佛教思想家方面雖有十位左右的作者參加，日本佛教與印度佛教方面卻仍近乎空白。人才與作者最多的是在儒家思想家這個部門，包括中、韓、日三國的儒學發展在內，最能令人滿意。總之，我們尋找叢書作者所遭遇到的這些困難，對於我們有一學術研究的重要啟示（或不如說是警號）：我們在印度思想、日本佛教以及西方哲學方面至今仍無高度的研究成果，我們必須早日設法彌補這些方面的人才缺失，以便提高我們的學術水平。相比之下，鄰邦日本一百多年來已造就了東西方哲學幾乎每一部門的專家學者，足資借鏡，有待我們迎頭趕上。

以儒、道、佛三家為主的中國哲學，可以說是傳統中國思想與文化的本有根基，有待我們經過一番批判的繼承與創造的發展，重新提高它在世界哲學應有的地位。為了解決此一時代課題，我們實有必要重新比較中國哲學與（包括西方與日、韓、印等東方國家在內的）外國哲學的優劣長短，從中設法開闢一條合乎未來中國所需

求的哲學理路。我們衷心盼望，本叢書將有助於讀者對此時代課題的深切關注與反思，且有助於中外哲學之間更進一步的交流與會通。

最後，我們應該強調，中國目前雖仍處於「一分為二」的政治局面，但是海峽兩岸的每一知識分子都應具有「文化中國」的共識共認，為了祖國傳統思想與文化的繼往開來承擔一分責任，這也是我們主編「世界哲學家叢書」的一大旨趣。

傅偉勳　韋政通

一九八六年五月四日

自　序

在我們中國研究希臘哲學的學者中，許多人都知道有一個斯多亞學派，它在哲學史上占有重要的地位；也有人知道其中有一位名叫愛比克泰德。但是真正知道斯多亞派，愛比克泰德講了些什麼的人，其實很少。這並不奇怪。因為西方近代自培根到黑格爾以來的哲學史觀，對希臘哲學的重視只限於亞理士多德之前的那一段，即城邦希臘時代的那一段，特別尊重的人物只是柏拉圖和亞理士多德。而對於希臘化時期的，則對不起，認為沒有多大的意義和價值，有意無意地貶低和忽視了。既然如此，長期以來一直是向西方學習希臘哲學的我們，不免也受到了影響。何況我們在文本掌握的條件和能力上還遠不如西方人呢？我自己研究希臘哲學也是在這樣的背景下，在上述哲學史觀的影響下進行的。只是在經歷了長時間的積累和反思之後，我才逐漸發現這種哲學史觀有其嚴重的偏蔽。——它只重理論和思辨，忽視了蘇格拉底向哲學提出的最根本的問題，最深層的東西，這就是人如何能「認識自己」，並能在生活實踐中追求善實現善。

柏拉圖和亞理士多德當然是偉大的哲學家。但是他們在發展蘇格拉底的事業上還是有缺陷的。他們把蘇格拉底提出的與人和人的生活密切相關的理性，從理論的思辨上給予了重大發展；卻把思辨

的理性看得高於生活，高於實踐理性。所以他們在取得偉大成就的同時又偏離了蘇格拉底的根本方向。犬儒派在當時就對他們不滿，提出了另一種哲學來發展蘇格拉底的事業。再者，柏拉圖，乃至已經生活在大轉變時代的亞理士多德，其觀念還處於老的城邦時代，雅典城邦或至多是希臘人的眼界還緊緊地束縛著他們的思想。他們心目中的合格的人還只是雅典人希臘人，沒有普世平等的人的觀念和那種心胸情懷。這兩條帶根本性的缺陷，在新的時代和新的人類生活實踐中便相當充分地顯露出來了，並且使他們的哲學沒落下去。但這並不是蘇格拉底的過錯。

蘇格拉底所提出的問題沒有過時，因為他抓住的是人本身，是人應該如何生活才有價值、有意義，才是善的根本問題。同中國人、希伯萊人以及一切民族在其哲學和宗教中所提出的根本問題一樣，是永遠不會過時的。問題只在於發展，同實際的人的生活和時代相一致。這個使命，是由希臘化時代的新哲學，主要是伊壁鳩魯派和斯多亞派的哲學來實現的。其中始終自覺沿著蘇格拉底的方向和路線前進的是犬儒派和斯多亞派。新的歷史時代一方面給研究人和生活的哲學提供了前所未有的可能性，同時也給哲學本身提出了前所未有的嚴重挑戰。在長達數百年的不斷研討進展中，斯多亞派中出現了愛比克泰德。他終於給蘇格拉底提出的問題提出了一個比較完滿的答案，使希臘哲學達到了一個高峰。

所以，我的新看法是，全部希臘哲學決非唯有柏拉圖和亞理士多德才是頂峰，而希臘化哲學也決非無足輕重。這要看你對「哲學」從根本上說是什麼的見解如何來定。如果你只把理論、思辨當作根本，認為可以脫離人的生活實踐去評價理論和思辨的話，你可以仍然那樣去看。但是如果你同意蘇格拉底對什麼是哲學的看法，同意

中國文化歷來的主張，同意一切民族對於什麼是根本的智慧的見解，那你便應該重新思考和看待事情。

於是，在研究過希臘哲學在亞理士多德之前的發展之後，我便以極大的努力去學習研究希臘化哲學。大家知道這件工作對於我們中國學者是特別不容易的，所以不能不用去我許多年的功夫。很累很慢，快不起來。不過我因此也得到了不少以前想不到的收獲。這收獲，除了在對希臘哲學本身的認識方面和它同基督教的關係等方面之外，主要是在中西哲學與文化的比較方面。

我們學西方人的文化和哲學是為了什麼呢？只是了解人家嗎？我想還是為了自己，了解別人最終也還是為了改善自己，為了自家的進步。所以比較，和通過比較使我們中國人得到益處，是最要緊的事情。這樣做還有一大好處，那就是能使我們更敏銳地發現人家的真正價值所在。因為我們中國人自有自家的原創性智慧和文化傳統，如果我們能以這種身份來同希臘哲學等人家的原創性智慧作平等的、對等的對話，而不是僅僅跟在後來的西方人屁股後面走，自然收獲會更大，彼此得益也必能更深入和豐富。

現在放在諸位讀者面前的這本書，就是這樣得來的。上述想法是否正確，需要檢驗。諸位讀者的評判和批評是這種檢驗的重要組成部分，對此我有衷心的期待。

五年前我在訪美期間同傅偉勳先生會面多次，承他的熱情邀請，我答應為叢書撰寫兩部，第一部是《伊壁鳩魯》，寫成於一九九五年，那時一直帶病的傅先生還自己看過稿子。不幸的是他不久後終於逝世了。我常常想念著我同他的交往的情景，在案頭還有他送給我的《學問的生命與生命的學問》和《死亡的尊嚴與生命的尊嚴》兩部書，時時散發出他的高尚的思想和情感。是的，唯有想過和悟

到生命的尊嚴的人才會悟到死亡的尊嚴，因為死亡也是人的生命的一部分，而且是十分重要的一部分。蘇格拉底的生命的尊嚴，在他面對死亡的時候不是顯現得最清晰有力嗎？耶穌基督也是。我們雖然達不到那樣的高度，豈不也應當以之為榜樣？悟到這點的人，才能悟到其所從事的學問的意義與生命所在。傅偉勳先生致力於此，所以他給我的不僅是友誼。失去了他，我是非常痛惜的。

所以，這本書不僅是一本學術的著作，也寄託著我對良友的真誠懷念。我想，懷念也不僅在說，也要落實。它就應當落實在生命的學問和尊嚴上邊。我答應他的事終於盡力完成了，希望這本書不辜負他的期待。

是為序。

前　言

　　在我們中國人的文化裡有一種很好的傳統，那就是把如何做人、做一個善良的人，當作人生和學問的根本大事。歷代聖賢如孔孟程朱都是這樣教導人，講述天人、心性之學的。相比之下，希臘傳統把理性和科學知識作為根本，希伯來傳統把信仰神作為根本，以及由這兩個傳統磨合所發展出來的西方文化，同我們的就好像有很大的差異。但是只要我們稍微深入一步，做點切實的觀察，就會看到這種差別並不像有些人所想的那樣大，大到彼此水火不容。例如，希臘人的真正哲學導師蘇格拉底(Socrates)就認為，哲學的中心問題並非認識自然界，而是「認識你自己」，人該如何盡他的本分，做一個有德的人。摩西所講的神的誡命，也同樣是教導以色列人該如何生活得有倫理道德。可見他們關懷的中心也還是在怎樣做人。

　　這樣看來，他們同我們的差別，恐怕就不是一個誰講誰不講做人道理的問題，而是個如何講的問題。孔孟講做人道理時也注重「學」和「問」（即求知），也要講「天」和「天人關係」（終極的依據），不過認為「天道遠，人道邇」，故主要是就人和人生本身來講，從人倫之道來講，其學說宗旨集中於人性人道就非常顯明。而希臘人猶太人和後來的西方人，卻認為要確立做人的道理，應首先明白什麼是真知，什麼是天、什麼是神，對這些問題的探討得到了特別的

發展，再討論天人關係和人性人道本身的問題。這樣中西的文化和哲學的面貌就大不相同了。

這些差別是我們需要注意的。但是讓我們首先記住共同點：希臘→希臘化羅馬與希伯萊→基督教的文化傳統和西方人關懷的根本還是如何做人，如何求得生活之善的問題。在這個中心之點上同我們中國人並無分別。他們也有他們的一套心性之學。我們應當注意到差別中的這種一致性。

當我們注意到這點時，我們就能同他們的哲學和其中所說的做人道理，同他們的心性之學，作必要的相互切磋，並使我們得到重大的收益。

在這方面，斯多亞派哲學家的愛比克泰德（Epictetus，約西元55–135）正是可供我們作這樣的切磋的一個範例。

愛比克泰德非常重視理論，對一切問題他都要歸結到斯多亞哲學的理論高度上來討論。在他對學生的教育中，嚴格的邏輯訓練也是很重要的項目之一。但同時，他永遠厭惡那些把哲學作為炫耀才智和言辭的流行風氣，總是提醒人不要把哲學只看作課堂上和書本上講講的東西。他強調哲學的價值全在於運用，使人在面對生活中發生的一切事件和考驗時，能夠做到所學，顯示出做人的高尚。他時常對他的學生們說：

> 你是自由人，可是你能主宰自己嗎？你的主人在哪裡，是誰？你難道不是金錢的奴隸，某個姑娘的奴隸，某個有權勢的人的奴隸？否則，你在這些事情上遇到問題的時候，為什麼會煩惱顫抖呢？
> ——我豈不是讀了許多了嗎？

——讀了什麼？詞句？你要抓住的是這些詞句？不！告訴我，你欲求的是什麼，厭惡的是什麼，你在欲求和厭惡上是否能落實而不失敗。否則你就是在原地踏步，沒有進展。

——蘇格拉底不是也說嗎？

——不錯，誰比他說的更多？但是這又怎樣？他並不是只同人們討論、檢驗他和對方的言辭，而是在這樣做時，總在檢驗一些良知在特定場合的運用。當著考驗到來的時刻，當一個人面對死亡、艱難、囚禁、誹謗和指責的時刻，才能顯示出他所學到的東西。❶

　　愛比克泰德是斯多亞派哲學家。斯多亞派在希臘化羅馬時代提出了一種嚴格的道德哲學，是很注重實踐的。愛比克泰德最突出的特點是：他把這種哲學真正落實到生活和一切行為，以此教導人，發展斯多亞哲學。他對那些把斯多亞哲學教導只當作談資的人說：

　　你在船上遇到風暴時行為怎樣？你在凱撒面前如何行動？你在面對死亡、囚禁、肉體痛苦、流放、羞辱的危險時怎麼做？這些事情中哪個是惡的或分有惡？它們是什麼，你要稱呼它們是惡？為什麼你以不屬於自己的東西為驕傲？為什麼你稱自己是一個斯多亞派？

　　這樣，你就會發現你們大多數人不過是伊壁鳩魯派和漫步學派，且是較差的。你能讀斯多亞派的那些討論邏輯的書，但是難道伊壁鳩魯派和漫步學派的不會讀嗎？

　　給我一個人，他病了，仍然幸福；在危境，仍然幸福；死的

❶　《愛比克泰德論說集》，(Discourses), 2. 1. 28–39。

時候，仍然幸福；流放，仍然幸福；受到侮辱，仍然幸福。
憑神的名義，讓我看到我所渴望見到的一個斯多亞派的人。
你說你尚未做到。那麼，告訴我，有一個人他正在這個進程
之中，他已經朝著這方面走。你不要拒絕一個老人，哪怕他
能一瞥他還沒有見到的。

宙斯、雅典娜只是象牙和金子做的嗎？請你們中間的任何一
個人顯示給我一個人的靈魂，他追求的是一顆與神一樣的心
靈。❷

　　愛比克泰德是晚期斯多亞派哲學家。在他之前，這派哲學已經
經歷了約四百年的發展：以芝諾 (Zeno of Citium) 為創始人和以克
里安特 (Cleanthes) 和克里西普 (Chryssippus) 為主要代表人物的早
期斯多亞學派；傳入羅馬之初產生的中期斯多亞派；在羅馬帝國時
期，又產生了塞內卡 (Seneca) 和直接教過愛比克泰德的老師羅夫斯
等重要人物。這時，斯多亞派已經發展出系統的包括「自然學」(本
體論)、「邏輯學」(語言修辭理論和認識論、方法論) 和「倫理學」
(道德學說) 三個部分在內的理論學說，並在希臘化羅馬世界各派
哲學中贏得了主流地位。

　　晚期斯多亞派最著名的人物是塞內卡、愛比克泰德和馬爾庫
斯·奧勒留，他們工作的重點在倫理道德學說方面。有些哲學史家
說，斯多亞派在思辯哲學上沒有什麼貢獻，他們的工作只不過是把
先前高峰時期的希臘哲學成就加以運用，至於晚期斯多亞派，就更
等而下之了。這種看法不能說是公允的。我們甚至可以不客氣的說，
這種自以為是哲學內行的人所說的，其實是些真正的外行話。因為

❷　《愛比克泰德論說集》，2. 19. 15–26。

他們對哲學究竟是什麼還沒真正弄明白。對這類意見，我們只要問：蘇格拉底算不算得上是真正的哲學家？他豈不是把生活實踐中的靈魂和道德之善，當作哲學的精髓嗎？追求真正的善才是智慧的本義。為此，他才特別強調要研究什麼是「真」（包括本體之「真實」和知識之「真理」二者，都用 truth 表示）。他開始了這樣一個傳統，就是把研究「真」和「善」緊密聯繫起來。他認為若不關注人本身和人的生活實踐，不關注什麼是靈魂和道德的善，只研究外在自然事物，所謂真理、智慧就沒有意義。另一方面，若不把美德作為知識來探求，不把善同真實、真理聯繫起來，所謂善就會落空，甚至會把偽善當成了真善，使善惡顛倒。如果我們承認蘇格拉底是對的，那麼就不應把哲學只當作玄學，而應當把本體論、認識論研究同人的生活意義、價值和道德善的研究統一起來，把理論和實踐緊密聯繫起來。

這樣再來看斯多亞哲學，在評價上就會是另一種情形了。注重生活和倫理，把「善」同「真」統一而不是割裂開來，不是它的缺點，而毋寧說正是它的優點。這比只作思辯困難得多，在理論思維上不作更深入艱苦的研究是不可能的，其中便有哲學本身的巨大發展。這一點對於我們中國人倒是更加容易理解的。

斯多亞派正是沿著蘇格拉底的哲學路線，提出和發展自己的哲學的，晚期斯多亞派更有力地推進了這個方向。而在其中，愛比克泰德占有了一個最突出的地位。因此，我們倒是應該同上述那些評論家相反，逆向地思考一下，重新反思和評價各種哲學的意義。為什麼希臘化時期新產生的皮羅懷疑派、伊壁鳩魯和斯多亞派對柏拉圖和亞里斯多德都頗有批評？在這方面，我們可以向他們，特別是向愛比克泰德學到不少東西。

Thomas Gould 說,「長期以來,斯多亞哲學作為一直對個人和世代具有影響的一種可能性的生活方式的教導,總是由愛比克泰德來點燃其熱情的,並且只有他能保持其永遠的活力」❸。這個話說得不錯,點出了斯多亞哲學的關注所在,更顯明了愛比克泰德的特殊意義。

斯多亞哲學的價值既然在於提供一種可能的、在他們看來是真正的善的生活方式,那麼最要緊的就要看它能否付諸實踐行動。在這方面,愛比克泰德的斯多亞派前輩還沒有能夠提供出像蘇格拉底那樣卓越的範例。即使是主要講道德哲學的晚期斯多亞派另兩位著名人物,塞內卡和馬爾庫斯·奧勒留,也是如此。塞內卡寫了大量優雅的書信和文章,可這位顯赫的元老,在面對人們的質問時,也不得不承認他自己還沒能做到他所說的。至於奧勒留這位哲學家的皇帝,儘管寫了有名的《沉思錄》, 很少有人會把他看作是做人的榜樣,他寫出來的也不免是些沉悶的說教。愛比克泰德一再說:「給我一個人,一個真正的 stoic!」 這是他從內心深處發出的呼聲,也是他本人一生努力的寫照。

只是他,才點燃了人們對斯多亞哲學的熱情,保持了它的活力。要知道他的這種特殊貢獻之所在和原因,我們就需要了解他的生平,他對時代環境的觀察思考與批判,他自己在這種境況中何以自處的種種體驗。然後我們才能懂得他對別人的教導。

讓我們就從這裡開始,對愛比克泰德作一番介紹和評述吧。

附注: 在研究斯多亞哲學時, 晚期斯多亞派有一種重要性, 就是塞內卡、馬爾庫斯·奧勒留有原著, 愛比克泰德的思想言論有第一手的記錄保存下來。而早

❸ F. W. Fauer, *Seeks after God: Epictetus*, Chapter 1, p. 187.

中期斯多亞派的則沒有這種幸運，只能靠輯佚。因此，晚期斯多亞派文獻是人們研究他們及整個斯多亞哲學的重要依據。

愛比克泰德

目　次

第二章　愛比克泰德的斯多亞哲學源流和歷史背景

第三章　在哲學的入門處

第四章　論自然

第九章 正確運用表象和心學三題

第十章 如何在生活行為中實踐善

第一章　愛比克泰德的生平、時代和社會環境

在斯多亞派和西方古代哲學家璀璨的星空中，愛比克泰德雖然是著名的一位，但關於他的生平，我們所能知道的卻很少。這種情況在很大程度上同他本人的苦難命運有關：他在很小的時候就被賣到遠離家鄉的羅馬當奴隸了。

人們只知道他出生在羅馬帝國東方邊遠省份弗呂家 (Phrygia) 的希拉波立 (Hierapolis)。他的父母是誰，他在什麼時候出生，為什麼會在幼年時就被賣為奴，是父母太窮或沒有保護自己孩子的能力，這些我們都無法查明了。人們只能大致估計他出生在西元一世紀五十年代。更有甚者，他本來的姓名也無法查到了。「愛比克泰德」這個名字，只不過是簡單地表示出了他那受奴役的身分，因為希臘文 "επικτητος" 在詞義上就是「買來的」、「獲得的」意思。也就是說，這名字只不過表示他是他的主人買來的一個奴隸。

可見，關於他的生平材料很少這件事實本身，正是他這個人的生活的一個最重要和基本的事實。他就像是一塊石頭突然被扔到地上那樣，一個絕對孤立無靠的赤裸裸的個人突然地被扔到了這個世界上來。他被扔進的是一個毫無人性的奴隸境地，一個人間地獄。

他在這個世界上，沒有任何親人，沒有任何愛、關懷和保護，沒有任何做人的資格和尊嚴。他被斬斷了人生來就應有的一切親情和人倫的聯繫，其徹底的程度，到了連自己的父母是誰都不知道，並且再也沒有可能回到他所出生的家鄉。這裡面肯定有無數的故事，一連串的血和淚。當這一個人終究長大並且逐漸了解世界的時候，會怎樣想這些事情，想自己的命運，想這個世界同他的關係？是的，人人都會從自己的生活來猜想人生之謎；但是我想，在愛比克泰德的這個謎裡所蘊涵的深度，恐怕是通常人難以測得的。它必定會對這位哲學家的生活和精神追尋發生最深層的作用。

以後的生活史，我們所知的報導也非常簡單：他從一個兒童直到長大成人，都在一個名叫做埃巴普羅迪托 (Epaphroditus) 的羅馬權貴的家裡當家奴。後來他有機會跟從一位當時在羅馬有名的斯多亞哲學家穆梭留斯・羅夫斯(Caius Musonius Rufus)學習。在獲得釋放成為自由人後，愛比克泰德開始了他自己的哲學事業。在他三十四歲時，被羅馬皇帝放逐到尼科波利斯 (Nicopolis)，並一直生活在這裡，沒有再回羅馬。他也很少旅行，只去過一次雅典，也可能去過奧林匹亞。在尼科波利斯，他建立了一所學校，向前來向他學習的青年和其他人講述哲學，訓練他們。他從不寫什麼用來發表的著作，而是像他所尊敬的蘇格拉底和犬儒第歐根尼 (Diogenes of Sinope)那樣，只關心同人談話，教人在生活實踐中求善。

這時期，有一個名叫阿利安的年輕人到這裡來學習。他把他所聽到的他的老師愛比克泰德的教導和同人們的談話，都詳細地記錄了下來。阿利安後來成了一位著名歷史學家，並且當過雅典的行政長官。他把這份記錄整理為《愛比克泰德論說集》(*Discourses of Epictetus*, 以下簡稱《論說集》)，以及從中選輯的《手冊》(*Handbook*或*Manual*,

Encheiridion)。多虧這份記錄，愛比克泰德的思想才得以保存下來、流傳於世。

這部《論說集》，同塞諾封關於蘇格拉底的《回憶》，或我們所熟悉的《論》、《孟》類似，是弟子對老師言行的忠實記錄。一個明顯的標誌是，其中記錄下來的愛比克泰德言說，使用的全是當時通行於羅馬帝國東方各地的希利尼人 (Hellenistic，即希臘化的希臘人) 的日常語言 (koine)。它同阿利安其他著作中運用的有教養階層的語言 (attic) 在文體和風格上完全不同，卻和《新約聖經》所記耶穌教導人所用的那種漁夫和農民的日常語言屬於同一類型。它非常貼近生活，能表現愛比克泰德和人談話時的生動具體情景。

在這部言論集裡，愛比克泰德談他自己的地方很少，但是對話裡的種種具體生動的時代和生活畫面，他對此發表的銳利而真切的體驗和評論，對於我們了解他本人的某些情況，也提供了重要的佐證。這些材料，加上某些其他資料，有助於我們對他的生平和生活作更仔細一些的考察。

大體上說，他的生活是很簡單的：他的腿是跛的。他長期過獨身生活，到晚年為了收養一個被人所棄的嬰兒時才娶了妻。他從不敲別人的門。他的全部家私就是一個地鋪和一張草席，還有一盞供神的小油燈。這盞燈原來是鐵製的，後來被人偷了，他就以一盞土燈為滿足。卒於西元135年，享年八十。

第一節　他的精神生活主線：一個奴隸應該怎樣理解他所渴望的自由

思想家的生活總是由他的精神來貫穿的。愛比克泰德當過奴隸

的親身經驗使他永遠在追求自由，努力地尋求自由地做一個人的含義。這種精神生活成為一條貫穿於他的學說和實踐中的紅線，使之具有極強的生命力。他說過這樣一段話：

> 一個奴隸祈禱立即獲得自由。為什麼？你以為是由於他渴望把錢付給收取發釋奴證書的稅吏嗎？不！只是由於他想到迄今還不曾得到自由的現狀，他一直生活在枷鎖和悲慘之中。他說，「如果我能得到自由，一切都會是幸福的。我將不必聽從任何人。我對一切人說話的時候，就能像平等的夥伴，像同一個階層的人們那樣。我可以去我樂意去的地方，隨意來去。」
>
> 可是，當他一旦被釋放，就去找可以討好的人弄頓飯吃。於是，他就把自己的生活賣給了飲食，而重新陷入煩惱之中。他甚至會到牲口槽裡取食，淪於比先前更糟的境地。如果他有機會富裕起來，成為一個暴發戶，或得到一個姑娘的垂青，就會渴望成為這個女人的奴隸。「這對我有什麼不好呢？有人給我衣服鞋子，有人給我飯吃，生病時有人關照我，而我給他或她的效勞只是件小事。不過，我現在還是個悲慘的奴隸，我得服務於那麼多的主人，而不像以前只是一個主人！要是我手指上能套上一枚當官的金戒指❶，那我就能生活在最有前景的幸福之中了。」
>
> 於是，為了得到這些，他就去鑽營，而當他得到的時候，同

---

❶ 指一種給釋奴身分的自由人的金戒指，表示他有資格得到相當於騎士的官職。見 Matheson 英譯本《愛比克泰德言論集》注，W. J. Oates, *The Stoic & Epicurean Philosophers*, Random House, 1940, p. 487.

樣的情形又會重複地發生，一直到他進了元老院，終於成了一個最高貴和奢華的奴隸為止。 ❷

　　這段話刻劃出他本人和他的奴隸夥伴們在這個世界上如何擺脫奴役，爭取做一個自由人的不同歷程中所展示的切身經驗。當奴隸的都渴望自由，但是一旦他被釋放，成了所謂的「自由人」， 他是否就贏得了自由，而不再是個奴隸了呢？ 做一個自由的人究竟意味著什麼呢？ 究竟什麼是奴役什麼是自由？ ——這就是貫穿在愛比克泰德全部哲學思考中的主線。加以展開和論證，就成為愛比克泰德的全部學說。他之所以需要哲學和獻身哲學，都是為了使人能夠掙脫奴役，做一個真正的人，一個自由的人。

第二節　愛比克泰德的奴隸生活經驗

　　從兒童時起，他的整個青少年時期，都在羅馬的一個上層權貴名叫埃巴普羅迪托的人家當奴隸。在談到這段經歷時，他很少直接講到他本人。比如說，他早就腿跛了，有一個傳說，說這是埃巴普羅迪托虐待他的結果：有一次他用刑具擰愛比克泰德的腿取樂。愛比克泰德對他說，「再這樣，你就會擰斷這條腿了。」而這個壞蛋還接著擰，腿終於斷了。「我已經告訴過你，腿是會擰斷的。」 ——愛比克泰德平靜地對他說。沒有一個字表示他的劇痛，也沒有發出一點悲嘆。但另一說法是他的腿瘸是小時候得痛風病造成。對此我們已無法弄清楚了。在《論說集》中，他多次談到如果一個暴君要鎖銬你，要擰斷你的腿，要囚禁你、流放你、砍你的頭，那是在他的

---

❷　《論說集》，4. 1. 33–40。

權能之中的事；但是他的權能只能涉及我的身體，卻無法改變我的心靈、我的意志、我的判斷，因為那是在我自己的權能之內的事，只能由我自己作主，所以我對這些遭遇可以做到完全不在乎。這似乎證實了前一種傳說事出有因。不過因為在《論說集》中他並沒有說擰斷腿的事情就是他自己的經歷，我們便無法確定哪個說法對。

不過無論如何，這總是他當奴隸時親身見到、體驗到的一個事例。他還說到奴隸為了不致受斥責、遭毒打和餓飯，就得給主人倒尿壺，做這些備受屈辱的事❸。他還幾次說到奴隸為了自由而逃亡時，是不會顧慮逃跑的路上沒有吃的問題的❹，顯然這些都是他當奴隸時才會有的體驗。在奴隸的生活中，他經驗到什麼是悲慘，什麼叫忍耐，什麼是對人的價值的買賣，為什麼人都渴望著自主和自由。

塞內卡是比他略微年長的同時代人。他在一封勸導其朋友該如何對待他的奴隸的信中，對當時羅馬社會中的主奴關係有一些相當細緻的揭露。這對我們認識愛比克泰德的經驗是一個很好的旁證和參考。塞內卡寫道，「我們羅馬人對待奴隸是特別傲慢、特別殘忍、特別無禮的。」例如，主人在餐桌旁坐下開始用餐，一群奴隸就要侍立在周圍隨時看情形和臉色效勞，一個奴隸要給主人擦唾沫，另一個要隨時收集吃剩下的東西以保持桌上清潔，還有一個奴隸在切野雞，用訓練有素的手法從野雞的胸部臀部割下幾片最鮮嫩的肉來，好像他活著的目的就是用適當的方式切割肥雞。再一個奴隸的職責是伺候主人喝酒，他要打扮得像一個姑娘，雖然長得完全像一個士兵，也要做出像個孩童的樣子。在這整個過程中，這些奴僕是禁止

---

❸ 《論說集》，1. 2. 1–10。

❹ 同上，1. 9. 9。

說話的，甚至偶爾發出一點聲響，咳嗽、打噴嚏，都會遭到一頓毒打。為了伺候主人飲酒作樂和過放蕩的性生活，他們整夜不得睡覺，要忍飢挨餓，稍有差錯，就要受到極大的懲罰。此外，還有一些奴隸專門負責揣度每位客人的性格，他要仔細觀察客人，看誰最能阿諛奉承，誰最不能控制食慾和言談，以便主人決定下次是否還邀請他們。而一個當廚子的奴隸，他的全部生活的目的，就是要時時研究主人的味覺。❺

　　羅馬的奴隸是主人手心裡的一個單純工具，沒有做人的資格，不允許有自己的生存目的，並且永遠生活在主人規定的勞役和恐懼之中。但是他難道真的不是一個人嗎？他真的沒有自己的意志和判斷能力嗎？

　　為了恢復自己做人的權利，奴隸們起來爭取自己的自由。斯巴達克大起義顯示出了奴隸們所具有的爭取自由的人的本性的偉大力量。但是這場鬥爭失敗了。一個世紀後，在愛比克泰德的年代，羅馬帝國處在它的早期繁榮穩定時期，奴隸主們安然享用著他們的奴隸的服役，情況正如塞內卡所描述的那樣。但是奴隸要做人的自由意志是永遠不會泯滅的，在實際的歷史還無法否定奴隸制時，它就必然要通過人類的精神來表現。

　　這種精神的歷史由來久遠。在希臘，可以追溯到氏族制度瓦解時期人分裂為貴族和平民、自由人和奴隸的最初時期所產生的奧爾菲神秘教義，和希臘人反對波斯的侵略奴役時期的赫拉克利特哲學之中。從此追求自由的精神，以各種各樣的方式和形態一直在希臘人的生活中和哲學中得到發展。到了亞歷山大大帝征服了希臘各個城邦和東方各民族而形成的世界性大帝國的新歷史時期，那些失去

❺　塞內卡《書信集》，第47封信。

了城邦獨立自由的希臘人，就面臨著新的考驗。他們是贏得過自由的人們，而已經嘗過自由的滋味的人是決不會放棄它的，他們已經獲得的關於自由的豐富經驗和哲學智慧就不能不發揮其作用。城邦和僅僅是城邦的自由已經過時，於是希臘哲學所追求的自由本身也需要洗煉它自身。人們發現，以往時代希臘人所講的自由，不僅由於城邦國家的滅亡而再也回不來了，而且那種自由的觀念本身也是狹隘的、有根本缺陷的。它認為只有希臘人才配談自由，蠻族是不配的。這種自大的自由觀已經過時，並且必須改正。只要是人，不管是哪個種族、民族，在陽光普照下的一切地方，都是平等的。一種把所有人都視為神的平等的兒女或「世界公民」的觀念，就成為新時期哲學的普遍意識。從而哲學對於人性和自由的探討也上升到了一個新的水平。

因此，在希臘化時期興起的各派哲學就重新探討什麼是自由，並對此作出了各自的貢獻。其中斯多亞派由於既關注個人自由的意識，又注重人類和自然的整體性必然性，努力使二者統一起來，便開闢出一種更為廣闊和深刻的研究道路。

但是，把順從自然必然性同高揚自由二者統一起來並非易事。以「與自然一致地生活」為宗旨的斯多亞哲學，常常給人以一種突出的印象，那就是：它只要人服從現存的秩序，因而它所說的自由實際上是否定性的。儘管斯多亞派哲學家們聲稱他們並非如此，人們還是把這個哲學看作維護羅馬社會秩序的官方或半官方哲學。

愛比克泰德給斯多亞哲學注入了新的思想活力，因為他最看重自由，高揚了自由。W. A. Oldfather 說，「他的青年時代一定被自由的情緒吸引了自己全部的注意，我不知道還有誰對這個觀念會比他說過的更多。free（形容詞、動詞）一詞和 freedom（名詞）在他

的《論說集》裡出現了130次。比新約聖經裡多六倍比馬爾庫斯・奧勒留那裡也多出兩倍。」❻愛比克泰德在高揚人的自由時，把它同自然的必然性統一起來，作了相當深刻的研究，這是他對斯多亞哲學的突出貢獻。

第三節　他的主人和他的奴隸伙伴

愛比克泰德對社會和別人的認識，最初也是在他的奴隸生活經驗到的。

他的主人埃巴普羅迪托原先也當過奴隸，是個釋奴。後來他爬到上層，當上了尼祿皇帝的管家秘書。西元69年，在凶殘卑劣的尼祿被元老院判處死刑匕首頂住胸膛時，是埃巴普羅迪托把匕首刺進去幫他送終的。埃巴普羅迪托也被放逐，最後被多密提安皇帝處死。

愛比克泰德講過一些關於他的故事。其中一則是說，他的眾多奴隸中有一個補鞋的，名叫費立西俄。埃巴普羅迪托覺得他沒有什麼用，就把他賣掉了。可是一個偶然機遇，費立西俄被皇上的家人看中買去，成了皇帝的修鞋匠，於是神氣十足了。這時候埃巴普羅迪托便立即換上另一副面孔，對他表示最深的敬意，用最親近的話語向他致意：「我的好費立西俄，您好嗎？我衷心地祝福您!」

愛比克泰德說，要是我要靠費立西俄的恩惠生活，忍受他的誇耀和奴性的傲慢的話，那我寧可不要再活下去。可是埃巴普羅迪托卻津津有味地這樣做，這樣活著。愛比克泰德說，這件事使我們看到，如果我們把外在的東西作為我們選擇好壞善惡的標準，就必定

---

❻　W. A. Oldfather, 見其英譯 *Epictetus* 中所寫的 Introduction, Harvard University Press, London, 1979, p. XVII。

要對暴君陪小心和獻媚了。不僅對暴君，也對他的親信。哦！這個人怎麼一下子變成了有智慧的?豈不只是因為他當上了皇上的親信?否則埃巴普羅迪托怎麼會這樣說話——「費立西俄對我說話時顯得多麼有智慧?!」他不是把他當作毫無用處的東西賣了嗎? 誰使他只在轉眼間就成了一個有智慧的人?要是能夠把他從高位上扔進糞堆，你馬上就會重新把他當作蠢東西！ ❼

另一個軼事說，當拉特安努斯 (Lateranus) 這位勇敢高貴的人由於牽涉到一樁大案被判處死，在斷頭臺上即將行刑的時刻，埃巴普羅迪托仍不放過他，要逼他講出同夥，還問他為什麼要同皇上作對。拉特安努斯輕蔑地對他說：「要是我想說什麼，我也不會對一個像你這樣的奴隸說。」 ❽

顯然，像埃巴普羅迪托和費立西俄這樣一些例子，必定會給愛比克泰德以深刻的印象，並促使他思考這樣一個根本的問題：奴隸們所追求的自由和善（好的生活）究竟應該是什麼?

第四節　愛比克泰德的哲學教育

後來他有了機會,師從當時一位著名的斯多亞哲學家蓋猶斯‧穆梭留斯‧羅夫斯 (Caius Musonius Rufus) 學習。這對他能夠成為哲學家當然是非常重要的。

也許有人會奇怪，一個殘忍的主人怎麼會讓他的奴隸去學哲學? 這不是埃巴普羅迪托發了善心，只不過是當時羅馬貴人的一種特殊需要所形成的風氣使然。顯貴們不僅需要奢華，也需要賣弄知

❼　《論說集》, 1. 19. 16–23; 4. 1. 150。

❽　《論說集》, 1. 1. 18–20。

識和教養，以便顯出他們有高貴氣派。當他們中的某些人並不具有那些古典文化教養的時候，就願意在自己的眾多奴隸中也有個把有學問的，好得到藉助來充自己的門面。這就像現代的百萬富翁要在客廳裡擺設古董和名畫，家裡總要有個裝滿世界名著的圖書室那樣，儘管他們既不懂繪畫，也沒有什麼真正的智慧和知識。埃巴普羅迪托當然也有這種需要。另外，愛比克泰德腿瘸、身體孱弱，在體力活上沒多大用處，卻有很好的智力素質，因此主人就決定讓他去學哲學了。

但是，思想和智慧的光亮一旦進入了它所適宜的土壤，它的發展就再也不是這位主人大人所能支配的了。

羅夫斯是當時羅馬的著名哲學家，在一次陰謀案件中被認為有牽連，曾遭放逐。尼祿皇帝被處死後，他回到羅馬，受到人們高度的尊敬。後來在維斯帕鄉皇帝又一次把哲學家們趕出羅馬的時候，他被容許留下了。他沒有著作流傳下來。

從愛比克泰德在《論說集》中時常談到的有關他的言行的軼事，可以知道他是一位很有水平的好老師。他教育學生不可在完善我們的理性方面懶散怠慢，因此他讓學生做邏輯推理訓練時，要求非常嚴格，把每個錯誤都看作重大的過失。愛比克泰德回憶說，有一次，他在作練習時沒有弄清一個三段論中的隱含的前提，受到羅夫斯的嚴厲訓斥。他很抵觸，心想，這類錯誤有那麼嚴重，像犯了殺父之罪那樣？便忍不住回嘴說，你這樣指責我，難道我放火燒了羅馬的神廟了嗎？羅夫斯回答時訓誡他說：糟糕的人啊，這同神廟有什麼關係？難道除了放火燒毀神廟之外就不會有別的過失嗎？有的！一個人匆匆忙忙，馬馬胡胡，在提問和回答中不按邏輯，缺乏論證，這不是過失嗎！❾

這位老師以其言行表明，師生之間只應以砥礪學問和做人為要務，他非常討厭虛誇，羅夫斯常常說，「如果你們有閒功夫稱讚我，那麼我所說的話就是空話了」❿，因為哲學家的學校就像一家外科醫院，你來的時候是有病的，一個人肩膀脫臼，另一個得了腫瘤，還有的人患頭疼病。要是你從老師那裡學習過之後還是老樣子，毛病沒有治好，光學會說些表揚的話，豈非白學？要訓練那些心志柔弱的年輕人是不容易的，就像想用鐵鉤把蛋清撈上來那樣。但是對於有好的素質的人，指責他們，他們也會樂意受教。因此羅夫斯常常嚴厲地指責學生，用這個辦法衡量他們的品質好不好。愛比克泰德提到羅夫斯常說的一句話：一塊石頭，你把它扔到天上，它也會由於自己的重力落到地上來；同樣，一個有高尚素質的人，他受到的錘煉越多，他就越會朝他自己的本性的方向前進。⓫

愛比克泰德深深尊敬他的這位老師，不僅從他學到了斯多亞哲學的理論，也向他學到了許多優秀品質，使自己終生受益。

第五節　他生活的時代和生活環境

愛比克泰德生活在西元一世紀後半葉到二世紀四〇年代，屬羅馬帝國前期。《論說集》中說，羅馬皇帝給人們以和平，不再有戰爭和戰鬥，也沒有大的匪幫，人們能夠在海上和陸地上平安地旅行⓬。這是羅馬帝國和社會總的說來比較繁榮穩定的時期。

---

❾　《論說集》，1. 7. 31–33。

❿　《論說集》，3. 23. 29。

⓫　《論說集》，3. 6. 9–10。

⓬　《論說集》，3. 13. 9–10。

　　但是這種繁榮穩定，只是一種特殊的社會結構和統治秩序的相對繁榮和穩定。它包括了羅馬帝國憑藉其強大的軍事、行政、法律力量所建立和鞏固起來的大一統國家機器，它所維繫的羅馬人對所征服的東西方各民族的治理，大土地所有制，在羅馬帝國全境建立起來的通暢的海陸交通，繁榮的商品貿易和市場經濟，奴隸制度，社會劃分為貴族與平民等政治、經濟權力分配上各不相同的階層、並彼此對立的相互關係體系，等等，最後，還有帝國政治統治權力的分配和再分配的制度體系。

　　所以這個時代及其提供的和平、繁榮和穩定，真正說來只不過對上層有利。權勢和財富在他們手中，他們就可以過奢華享樂的生活。但他們的享樂恰恰是建築在各被壓迫民族、奴隸和平民的無權、受奴役和痛苦上邊的，後者就決不會認為這是正義和幸福的生活。這是一個最基礎性的事實。同時，上層社會內部也從無安寧。在宮廷裡，元老院裡，永遠都在進行著你死我活的爭奪權力和財富的鬥爭，陰謀和背叛的故事不停地上演。不可一世的皇帝和權貴轉眼成了階下囚，被砍頭和流放。塞內卡，尼祿皇帝和他的寵信如埃巴普羅迪托，都是眼前的例證。尼祿死了，繼位的加爾伯和向他奪權的奧索、維泰利厄斯也沒能多活幾天就得自殺和被殺。羅馬上層社會的生活沒有安寧更沒有善良，每個人都生活在今天不知明天的命運如何的永恆恐懼之中。這種情況，使人對主奴關係產生了辯證的意識。

　　在塞內卡勸人要善待他們的奴隸時，就用了不少這類命運無常的例證。他說，記住瓦魯斯的災難吧。許多人出身豪門，投身軍界，以此作為在元老院中謀取席位的步驟，但命運使他們失敗了，反把他們遣送去照看農場，或放牧羊群。所以，你儘管輕視奴隸，你仍

分析。础

可能突然發現自己恰好處於和他們同樣的境地。你會說，我怎麼可能會變成個奴隸？但是你還年輕，這種可能性總是存在的。你忘記了（波斯王）大流士的母親、柏拉圖(Plato)和（犬儒）第歐根尼也曾當過奴隸嗎？還有，我曾經看見卡里圖斯過去的主人等候在他的門邊，其他人都進去了，他卻被拒之門外的情景。正是這位主人，當年曾在卡里圖斯身上掛著一個價目牌，把他置於拍賣臺上出賣。現在輪到奴隸把主人從客人名單上抹去，宣布他不配成為受邀請的人了。看看他為出賣卡里圖斯所付出的代價吧。

塞內卡說，反思這一切，豈不應當認識到，那被你稱作奴隸的，追本溯源是和你來自同一祖先，生活同在一個晴空之下的人，你和他應當成為朋友？只有愚蠢的人才會僅憑衣著或社會地位取人，而社會地位畢竟只是像衣著一樣的東西。

從這些經驗，塞內卡進而談到他那種斯多亞哲學的對奴隸和自由的見解。「他是奴隸」。——但他可以有自由人的精神。「他是奴隸」。——但這真的就降低了他的價值嗎？請你給我指出一個不是奴隸的人看看。你能指出的人，不是性慾的奴隸，就是金錢的奴隸，或是野心的奴隸，而這又都是貪慾和恐懼的奴隸。塞內卡舉出兩個人為例，一個人是羅馬的大法官，可他是他情婦的奴隸。另一個百萬富翁是他那個管理內務的「小秘」的奴隸。塞內卡說，這種由自己所造成的奴隸狀態，其實是更不體面的。❸

對於羅馬奴隸制社會生活中的這種辯證法，黑格爾有過相當精闢的分析。他指出，在主奴關係中，主人是通過奴隸的意識才被承認是主人的。因此主人是獨立的意識，其本質是自為存在；而奴隸則是依賴的意識，其本質是為對方而生活或為對方而存在。主人對

❸ 同❺。

於他的奴隸是一種純粹否定性的力量。在這個力量面前，奴隸的自主性或自我意識被完全否定、取消，他只是個為主人而生活和存在的物，一個非人。——不過這非人的人，作為一個人，他仍然有自我意識，因而他在自己被徹底否定的生活中深深感受到恐懼，這恐懼震撼著他的靈魂。——但在這種恐懼中，意識自身還沒有意識到它的自為存在；然而通過勞動，奴隸的意識卻回到了它自身。——於是事情便發生了各自向其對立面的轉化。一方面，由於主人作為獨立的自我意識，原是靠他的否定性（即支配和改造事物）的權能來建立的，但現在他要靠奴隸的勞動和伺候才能生存，他就變成了一個依賴的意識。換言之，正當主人完成其為主人的地方，對於他反而發生了作為一個獨立的意識所不應有的事。他所完成的不是一個獨立的意識，反而是一個非獨立的意識。另一方面，奴隸卻由此重新發現了自己的力量、權能和尊嚴，發現了自己獨立、自由的本性，把獨立的意識當作自己的真理，返回自我意識，並且轉化自身到真實的獨立性。❹

　　黑格爾認為，「自我意識的這種自由，就其出現在人類精神的歷史上作為一個自覺的現象而言，大家都知道，叫做斯多亞主義。」❺

　　可見，塞內卡和愛比克泰德的斯多亞哲學在這個時期得到突出的發展，決非偶然。

　　更可注意的一個重大事實是，這個時期（西元初第一、二個世紀）也正是早期基督教在羅馬世界傳播和形成（包括保羅的傳道，

---

❹　見黑格爾《精神現象學》第四章對主奴關係的分析。商務印書館1979年版上冊，頁122以下。

❺　同上，頁132。

教會在羅馬帝國各地的最初出現和發展，福音書和啟示錄等新約各篇從口傳到文字形成）的時期。它在更為廣闊的範圍和更加深刻的層次上，對羅馬世界的奴役制和種種罪惡作出了審判。早期基督教原是窮人和奴隸們的宗教。愛比克泰德雖然對早期基督教接觸很少❶，但是二者在思想的許多方面是接近或一致的。這個事實很有意義，有助於我們對這個時代和社會中人的生活境況有一種批判性的認識。

所以我們或許可以說，正是羅馬帝國的「和平與繁榮」，和其中的奴役與罪惡同樣「和平與繁榮」的發展，為哲學、宗教實現其在古代最深刻、最具巨大意義的歷史轉變，提供了環境和條件。

---

❶ 愛比克泰德作為一個斯多亞哲學家，不會贊同基督教，因為這二者從思想的淵源和體系上說是完全不同的。他沒有提到對基督教義的任何看法。不過他對基督徒的某些活動還是有點了解的。《論說集》中幾處提到「猶太人」或「加利利人」。如 2. 9. 20–21 中說，受洗的猶太人，不應只在名稱上，而在於他們在行為是否運用了他們所說的。4. 7. 6：加利利人也不怕當權者，但他們只是由於習俗，卻不能靠理性和證明來學習等等。

第二章　愛比克泰德的斯多亞哲學源流和歷史背景

愛比克泰德既然是斯多亞派哲學的點睛之筆，那麼要認識他，自然先要對斯多亞派和他們哲學的由來有一個通盤的了解。

第一節　斯多亞派哲學的產生和人在希臘化時代的命運

在亞里斯多德去世後不到一代人的時間裡，雅典相繼出現了三個前所未有的新哲學：皮羅的懷疑主義、伊壁鳩魯的快樂主義和斯多亞主義，成為時代的潮流。與之對比，原來占主導地位的那些哲學則黯然失色了。例如柏拉圖留下來的學園派，不久就轉向了懷疑主義，新學園派「不務正業」地變成了懷疑派的大本營，要到很久之後才又轉回到柏拉圖主義；亞里斯多德留下來的漫步學派雖然仍堅持其學說方向，但也已被時代冷落，它的許多成員轉移到亞歷山大里亞去繼續他們的科學和哲學的研究；而德謨克利特派的原子論哲學則幾乎完全被伊壁鳩魯的新學說所取代。新派哲學家們彼此激烈競爭所圍繞的主題和共同關注點和以前大不相同。從前希臘和雅

典的哲學常常把理論研討的重點放在思辯性很強的問題上，而新哲學的重點則迅速轉向實踐性很強的問題上來，這就是：應該如何為在生活中感到極度迷茫和痛苦的人們，找到一個使他們心靈平安寧靜的藥方。於是，哲學發展就呈現出了一種全新的特點和面貌。

這種情形顯然和時代有密切關係。因為時代的改變，使希臘人和所謂「希利尼人」的生存處境發生了巨大的變動。在新的時代和社會中生活的這些新的人們，需要的是新的智慧，於是「愛智慧」或對智慧的追求（哲學）不能不發生相應的深刻變化。

在馬其頓的菲力征服了希臘各邦，以建立所謂新的希臘同盟之後，原先的希臘各個城邦國家失去了往日的獨立和自由，變成了馬其頓帝國的一部分，一些最多只有某些半自治性質的城市。不久亞歷山大繼位，繼續並極大地推進了菲力開始的事業。他從希臘出發征服了埃及和東方，在極短的時間裡實現了一個無論在版圖和人口上都是規模空前的一個大帝國。

亞歷山大的帝國的創立是西方歷史上的一個重大轉折。雖然他的早逝，使他親手創立的那個大帝國迅速陷於內爭，分裂成大體上是三足鼎立的三個希臘化帝國。但是，時代的變化已經不可逆轉。我們看到，那些希臘城邦恢復其獨立的一切企圖和努力都一個個地遭到慘敗，東方民族的這類試圖也毫無結果。同以前那些獨立的希臘城邦國家和東方以各自的民族為本位的國家相比，新的帝國是一種嶄新的國家形態。這是一種由馬其頓人占統治地位，一方面運用希臘的文化成果，一方面又利用東方各民族的文化，並使之「聯姻」和融合的國家。與之相應，社會在文化上就產生出嶄新的特點。

由於希臘文化在上述多文化融合過程中，具有一種相當優越的歷史地位和作用，史學家們通常用「希臘化」(Hellenistic) 這個詞

來標誌這個很有特色的新的時代。而生活在這新時期各希臘化帝國中的人們，也就被稱作「希利尼人」(Hellenistic)。他們不僅包括希臘（包括馬其頓）種族，也包括了帝國中一切接受了希臘文化的其他東方民族的人們，尤其是各個城市中的上層和市民。因為希臘語是他們的通用語言，他們上的是希臘式的學校，城市中都建起了希臘式的體育場、劇院等種種設施，摹仿希臘的生活方式，人人都以自己是「希利尼人」為榮。那情景，同近現代世界上發生的「西化」潮流風尚是頗為類似的。

　　所以，儘管「希臘化」這個用語已經成為約定俗成的概念，但是我們卻不宜對它做一種過於簡單的理解，似乎那只是希臘文化在後來的歷史上和世界上的一種直線式的擴張和發展。不，不是這樣的。必須看到，實際上它是一個新型的多種文化的交流、衝突和融合的世界歷史性進程。在「希臘化」進程中，不僅其他民族的文化（包括東方民族的，也包括接受其影響的如羅馬和拉丁這些西方民族）發生了深刻改變，而且希臘人本身的生活和文化也發生了深刻的改變。

　　首先，馬其頓統治者所推行的希臘化，只是為了他們自己的目的來利用和運用希臘的文化成果。因此它已經不再是原來意義上的希臘文化了。至少，原來希臘人和希臘文化中最本質性的特點——城邦的自由，和由此而來的城邦公民的自由，已被否定。這是「希臘化」和原先的希臘精神大為不同的一個根本地方。

　　另一點，「希臘化」是希臘文化和東方文化的雙向影響和融合，決不是單向的。就此而言，「希臘化」一詞所表現出來的意識，也很類似人們把近現代世界文明進程說成是「西化」一樣，是一種西方文明中心論偏見的古代版本。

總之，「希臘化」的文化及其世界和生活，同本來意義的「希臘」文化及其世界和生活，固然有其連續性，更有著深刻斷裂。我們不可混淆這兩個非常不同的概念。

這個歷史轉折，對於當時的希臘人來說，意味著整個生活的基礎發生了地震。千百年來，希臘人以範圍不大的城邦作為共同體，在一起生活、建立國家，並獲得他們藉以安身立命的自由。這個家園現在已不復存在，於是人們就突然被拋進了一個陌生的世界。由多民族混合組成的希臘化帝國，打破了城邦和民族的狹隘局限，同時也破壞了人們歷來的那些傳統的家族和民族的共同體親密紐帶。這是一個歷史的巨大進步；但它給予人的也是冷漠嚴酷的統治。這種統治既不能給人自由，也不能給人親情和親切的聯繫。希臘化帝國並不是人們感到可以安身立命的新家園。於是，人便處於一種前所未有的生存處境之中了。

人的腳下總得有根。同所有民族一樣，希臘人最早的根也是氏族和家族共同體。但那種自然發生和演化的生活關係，如亞里斯多德在《雅典政制》中所說，在梭倫時代之前由於商品、貨幣經濟的迅速發展已經陷於嚴重危機之中。高利貸使大量平民變成為他們的天然首長——貴族的債務奴隸便是其中最為突出的一個表現。雅典處於內戰的邊沿，梭倫改革就是為了解決這個問題才出現的。在梭倫和克利斯梯尼等人領導的幾次改革中，貴族的統治連同其基礎氏族制度被不斷削弱以致根本否定了，代之而起的是民主制城邦國家。它是人類歷史上的一種嶄新的創造，一種新型的人類共同體——以公民的民主關係為基礎建立起來的、由全體公民共同進行治理的民主制城邦。它使公民重新團結起來，並給它的公民以前所未有的民主權利的保障。在希臘，眾多的城邦彼此之間也保持著各自的獨立

和自由。希臘的古典繁榮和偉大的文化成就是在這種新的制度下發展起來的。但是，到了希臘化時代，這一共同體和由此而來的民主自由體制也失落了，不能再繼續存在了。

這對希臘人來說，是又一次的根本性改變。失去了城邦共同體紐帶的人們，現在只能進一步地瓦解成為純粹的個人。而個人所面對的乃是一個充滿著大風大浪的大海洋一般的世界，到處都險象環生、前途難卜。於是一種十足的無家可歸的感覺，便隨著希臘化進程的發展日益滲透進人們的意識，瀰漫於整個希臘化的世界，並且一直帶入羅馬時代。因為羅馬人所建立的統一大帝國的事業，正是從亞歷山大開始的事業的完成。事實上，羅馬世界也是上述希臘化過程的繼續，並且以更大的規模實現著希臘化。在這個意義或基本特徵上我們可以說，「希臘化」是一個延續長達七、八百年之久的漫長過程。

所以，從亞歷山大直到羅馬帝國的時代，是同希臘時代有根本區別的。西方古代史有這樣兩個大的階段：城邦希臘時代，希臘化羅馬時代。其劃分始於亞歷山大帝國的創立。

因此毫不足怪，起於希臘化時代之初的斯多亞派等新的幾派哲學，都延續地發展到羅馬帝國時期。生存處境使人們始終並普遍地有一種強烈精神需求，它在一個一再重複出現的形象主題中得到了深刻的體現。這個形象就是：在大風暴的海洋中有一隻小船，船上的人們正在驚恐萬分；這時卻有一個人十分安祥寧靜，只有他能告訴人們如何平安得救……。

人們最熟悉的是耶穌基督在加利利海上平息風浪的故事。那故事說：

耶穌上了船，門徒跟著他。海裡忽然起了暴風，甚至船被浪
掩蓋，耶穌卻睡著了。門徒來叫醒了他，說：「主啊，救我們！
我們喪命啦！」耶穌說：「你們這小信的人哪，為什麼膽怯呢？」
於是起來，斥責風和海，風和海就大大的平靜了。眾人稀奇
說：「這是怎樣的人？連風和海也聽從他了！」❶

實際上，這類故事早就有了。第歐根尼・拉爾修記載了一則關
於皮羅的故事。據說當海上起了風暴，船上的眾人都驚慌失措時，
皮羅指著船上的一口還在吃食的小豬對大家說，這就是有智慧的人
應當保持的無紛擾的狀態。❷

盧克萊修對伊壁鳩魯也是這樣描寫的：

那麼，他就是一個神，……
因為是他首先發現那個生命的原則，
它現在被稱為智慧；藉他的技巧
他把生命從那樣洶湧的波濤中，
從那樣巨大的黑暗中，駕駛到
如此清朗而風平浪靜的港口裡來停泊。❸

當狂風在大海裡捲起波浪的時候，

---

❶ 《新約聖經・馬太福音》，8: 23–27。另見〈馬可〉4: 36–41；〈路加〉
　8: 22–25；及〈馬太〉第14章。

❷ *Diogenes Laertius*（以下簡稱 *D. L.*），9. 68.

❸ 盧克萊修《物性論・卷五》序詩，見方書春中譯本，商務印書館1962
　年，頁262–3。

自己卻從陸地上看別人在遠處拼命掙扎，

這該是如何的一件樂事；

並非因為我們樂於看見別人遭受苦難

引以為幸的是因為我們看見

我們自己免於受到如何的災害。❹

　　現在我們看到，在斯多亞哲學家愛比克泰德這裡同樣如此。他說：你要用你的理性來檢驗你的表象，不讓那些卑下的吸引你，而應用高尚的表象來取代它，放逐它。要訓練你自己從事一場偉大的鬥爭，這鬥爭是神聖的，要贏得一個王國，贏得自由，贏得幸福，贏得心靈的平靜。「記住神，求他幫助和保護你，如水手在風暴中向 Dioscuri 所做的。因為會有什麼風暴比來自有力的表象中的風暴更巨大呢？但是它能驅走理性嗎？真的，風暴本身是什麼，它不就是一個表象嗎？驅走對死的恐懼，那麼風暴雷電願怎麼來就怎麼來吧！你就會發現在你的心中是多麼平靜。」❺

　　這幾個故事或說法，各有深意，解決人的心靈恐懼的根據和方式各不相同。宗教求助於神力，哲學家們則主要求助於理性和智慧。而在哲學家中間，開的藥方又大不相同：皮羅採取的是不了了之的辦法，以「不了」來「了之」。他認為人的生活只隨感覺走，而感覺是沒有確定性可言的，你不要去追尋什麼真實和真理，它只能使你陷於更大的困惑。所以人應當對此懸疑，就可隨遇而安。風暴也不過是你的感覺，你隨它去不就心安了嗎？伊壁鳩魯的辦法則是：把人只看作原子式的個人，而原子在虛空中作垂直運動時總是有略

---

❹　盧克萊修《物性論・卷二》序詩，1–61，中譯本，頁61–3。

❺　《論說集》，3. 18. 24–30。

為偏斜的本性的，所以自然中既有必然性，也有偶然性，也有自由，個人因此就能夠有自由。只要你能保持住這點自由的意志，並滿足於最少的物質需求而與世無爭，就能在這動盪的世界上求得你個人自己心靈的平靜、快樂和自由。

斯多亞派哲學則教導人說，人必須順從自然的必然性，它即是神的理性及其安排的世界秩序，這樣人的心靈就可以平安寧靜，而這就是人的真自由真幸福。難道順從也算自由？這是人們難於理解的，也是伊壁鳩魯派和懷疑派同他們爭論的所在。愛比克泰德用自己的方式，給予了比較深刻的回答。這些問題，我們後面再作進一步的討論。

現在讓我們還是先來詢問：為什麼這些思想家都用了這一類似的比喻？難道希臘人原先生活的世界不也是充滿著戰爭、衝突、風暴和苦難嗎？想想希波戰爭和伯羅奔尼撒戰爭時的種種情景吧。相比之下，在愛比克泰德生活的和基督教最初興起的時期，羅馬帝國正處在它的興盛年代，豈不是要「和平」得多嗎？可是我們讀那些希臘古典哲學家的作品時，卻很少見到他們會用這類比喻來形容他們的世界和心態。就連生活在伯羅奔尼撒戰爭年代嚴重災難中的蘇格拉底，也沒有這類比喻。為什麼呢？

我們只能作這樣的理解：縱然苦難，那時的希臘人總還有根，有依靠有指望，因為他們有自己的城邦和祖國。蘇格拉底的努力集中起來說，就是如何讓雅典人明白，應當為了振興自己的城邦而去惡為善。他所說的心靈的健康、安寧、自由和幸福總是同城邦相關的。可是，在希臘化的時代，這個根已被席捲世界的大風暴拔掉了。人成了無家的個人。這樣的人在這樣深不可測的世界中生活，其命運豈非正如風暴海洋中的一葉小舟那樣？而這時，能讓人依靠與指

望的，豈非只有他作為個人的自己，和作為世界最終根據的自然或神？

第二節　斯多亞派是接著蘇格拉底和犬儒派一線來的

斯多亞派哲學是希臘化時代的需要的產物，但它的思想淵源和資料還是從城邦時代希臘古典哲學來的。我們可以從他們的學說和著作中，找到赫拉克利特、畢達戈拉、柏拉圖和亞里斯多德的許多印記。但是，作為一個以關注人的生活和道德為中心任務的哲學派別，斯多亞派的精神導師卻只是蘇格拉底和犬儒派。而他們心目中的蘇格拉底形象，也主要是從犬儒派這條線，不是從柏拉圖和亞里斯多德來的。

這個線索上的差異是很可注意的，它能幫助我們更清晰地認識斯多亞哲學的精神實質，和某些時代性特徵。

1.犬儒派從蘇格拉底那裡學到的東西和他們提出的新問題

我們知道，犬儒派是從安迪斯泰尼（Antisthenes，約西元前446-366）開始的。他直接師從過蘇格拉底，並按自己的方式從蘇格拉底那裡發展出他那十分與眾不同的犬儒學派。他和他的弟子第歐根尼 (Diogenes of Sinope)、克內特 (Crates) 等人用一種驚世駭俗的行為和生活方式，來表現和實踐自己的哲學思想，向周圍的人們和世界挑戰性地提出了一個尖銳的問題：什麼是美德的生活？按照

傳統的城邦習俗、道德和法律生活是否合乎美德？

安迪斯泰尼是雅典人，不過母親是色雷斯人，所以他不是純血統的雅典人，為此受過某些歧視。他跟高爾吉亞學習過修辭學，後來接觸到蘇格拉底得益甚多，就帶著自己的門徒一起來做蘇格拉底的學生，每天從畢萊歐港步行數里到雅典來聽他講學，從他身上學了剛毅、自制，對蘇格拉底的道德決定論得到了深刻印象。他從蘇格拉底那裡得到的主要思想是，一個人有美德就夠了，生活則越簡單樸素越好。美德本身就足以保證幸福。在一個人的生活中，除了蘇格拉底那種品格的力量之外，什麼都不重要。從這裡他發展出犬儒派的生活方式和哲學思想。他認為美德是行為，不需說一大堆話或作多少研究。有智慧的人自足，因為其他一切的善都屬於他。這樣的人在公共生活中只受美德的而不是城邦的法律 (law) 的指導。❻

蘇格拉底在雅典到處找人談話，以一種新的道德觀向傳統的城邦習俗挑戰，進行了尖銳的批判，為此他受到控告、審判和處死。安迪斯泰尼從這裡看到美德的法律（law of virtue，或譯作道德律）同傳統的生活法則（即城邦的習俗、倫理和法律）的對立，並發展了這個對立。他常常譏諷地勸說雅典人應當議決驢子就是馬。大家說這是荒謬的，他回答說，「可是你們中間的將軍也沒有什麼訓練，不過是推選出來的。」 他用這種方式，表示了對當時雅典和希臘社會的政治與習俗的失望和不滿。又如，當有人對他說「許多人都稱讚你」時，他就說：「為什麼？我做了什麼錯事？」❼

安迪斯泰尼開始了一種新的生活方式。他成天穿著一件破舊的

---

❻　*D. L.*, 6. 1; 6. 11.

❼　*D. L.*, 6. 8.

外衣，在一個名為「白犬」的運動場裡同人談話教學。於是這派人就獲得了「犬」和「犬儒」(cynic) 的名稱，安迪斯泰尼本人也得到了「純種的犬」的綽號。他們用這名稱表示學派的發源地，也用來表徵他們那種道德上的警覺性，老是像獵犬似的吠叫。而人們也用這個名稱表示他們那種生活方式。這種特點在安迪斯泰尼的繼承人第歐根尼那裡表現得最為突出和著名。

在愛比克泰德的心目中，第歐根尼是一位可與蘇格拉底相提並論的偉大道德典範。他是一位最鮮明地展示出犬儒派性格和思想特徵的人。

關於第歐根尼留下了許多故事。他蔑視一切生活享受和名利地位，住在一個木桶裡，所有的東西只是一身襤褸的衣服，夜裡當被子蓋，一根棍子，一個討飯的口袋，一只喝水的杯子，用這些他四處為家而生活著，同人談話。他看不起一切人，當有人問他在希臘什麼地方見過好人，他說：「哪裡也沒有好人，只有在拉棲代孟(斯巴達) 有好的兒童」。有一次他在曬太陽，亞歷山大大帝來看他，站在他面前對他說，「你可以向我請求你所要的任何恩賜。」他的回答只是：「走開，別擋住我的陽光。」有一次他去柏拉圖家時用髒腳踩那華美的地毯，並說，「我踐踏了柏拉圖的驕傲。」柏拉圖回報說，「是的，第歐根尼，你用的是另一種驕傲。」❽

無論在當時還是後來，人們對他的這些故事都只當作奇聞軼事來看待。愛比克泰德從自己的哲學中深刻揭示了第歐根尼這樣做的含義。他指出，犬儒派的使命不是容易做到的，不是容易承擔的。做一個犬儒，就必須敢於在世人之前、大庭廣眾之下暴露自己的一切。世上所有的人都生活在圍牆裡面，在房屋和黑夜的保護之下，

---

❽ *D. L.*, 6. 27, 38, 26.

做著隱蔽的事。他關上門，若有人來，就可讓人說「他出去了，不在家，他忙著呢」等等。但是犬儒的一切都裸露在光天化日之下，他能得到和依靠的保護，只是他自己的羞恥心和道德行為。這就是他的圍牆和黑夜，這就是他的守門人。他不能指望隱藏任何他自己的事，否則他就不是一個犬儒。

為什麼犬儒們敢於如此地生活？為什麼他們認為應當這樣生活？愛比克泰德說，這是因為他知道自己是神派來給關心善惡的人們作榜樣的使者。而如果一個人連對自己都沒有信心，害怕把自己暴露出來，他怎能命令和教導其他人？

愛比克泰德說，第歐根尼認為整個大地是他的國家和城邦，而不是某一個地方。在被海盜俘虜時，他沒有傷感或去懷念雅典和那裡的朋友，而是努力去了解海盜們，試圖改變他們。當他被賣為奴隸到了科林斯時，他在那裡也正如在雅典一樣。

第歐根尼常說，自從安迪斯泰尼讓我自由，我就不再是一個奴隸了。他教導我什麼是屬於我自己的，什麼不是屬於我自己的。家人、親友、名譽、地位、財產乃至自己出身的地方和所屬的城邦，所有這些，都不是我自己的。那真正屬於我自己的，只是擇善的能力，運用美德和智慧於一切生活具體場合的能力（愛比克泰德稱之為「正確運用表象的能力」）。有了它，菲力、亞歷山大和波斯王都不能勝過我。所以，第歐根尼不必屈從於雅典的生活方式，在被俘時也不會去討好海盜。他使別人對自己的傷害成為不可能，就保持了自由。

什麼都沒有，怎麼能幸福、自由？犬儒以自己的行為向人們顯明，這是真的可能的：「看著我，我沒有城邦，沒有一個家，沒有財產和奴隸，睡在地上，沒有妻子兒女，沒有好的休息之處，只有

天、地和一件破舊的外衣。但是我缺什麼？我豈不是擺脫了煩惱畏懼？我豈不是自由的？你見到過我對我所追求的失望，或陷入過我要避免的嗎？我抱怨過神或任何人嗎？我不是把那些畏懼的人視為奴隸？看到我的人，豈不是要認為他見到了自己的王和主人？」 對於犬儒，他的王只是那世界之主 —— 神。第歐根尼生病發燒時對路過的人說：「你為什麼不停下來，看看一個運動賽手在奧林匹克賽會上的戰鬥？你不想看看一個人同疾病之間的戰鬥？」 這樣的人在困境中顯示自傲，讓人看到什麼是做一個人所應有的價值。第歐根尼認為這樣的生活才是幸福的，比波斯王要幸福。❾

在犬儒派中還有一位著名的人物克內特，斯多亞派創始人芝諾就是他的親炙弟子。他的最突出的故事，是他同希帕科婭(Hiparchia)在公眾場合公開性交的事。人們通常把這件事作為犬儒派的一大醜聞。這如何能說犬儒派是在提倡一種新的道德理想？

當代研究斯多亞哲學的學者 J. M. Rist 指出，這個故事的本質在於，犬儒派的伴侶是自由選擇的，而認為城邦的習俗，文明的婚姻是無所謂的。按照犬儒派的世界觀，世界公民之間的男女關係，也是自由個人的相互認可的一種形式。故事的實際經過是，希帕科婭愛上了克內特並堅持要「給他」。 她的父母不同意，她就以自殺相威脅，這時，他們要求克內特本人出來勸阻。當他試圖勸阻而無效時，克內特就對她說，如果她決定要作他的伴侶，就必須同樣過犬儒的生活。她同意了，於是就同克內特結合在一起，到處漫遊，並公開地性交。（有一則材料說，當克內特和她在公眾的場合性交時，芝諾給他們蓋上了一件外衣。暗示芝諾並不贊成犬儒派的這種行為的表現方式。）❿

---

❾ 《論說集》，3.22; 3.24.66–79。

　　第歐根尼已經說過，世上最美好的事情是自由地說和行。他的習慣就是做一切都在公眾之前，同德墨特爾（Demeter，希臘主管生產和社會治安的女神）和阿芙蘿狄（Aphrodite，愛與美的女神）的工作方式一樣。人應當選擇自然本性給自己的建議的行為，而不要做些無用的事，才能生活幸福。與人交往、談話和男女性關係都要自由選擇❶。可見，克內特和希帕科婭的公開性交故事，不過是犬儒一貫遵行的生活方式中的一個表現例子而已。它不僅是犬儒自己的生活方式，而且還有一個更為重要的目的，那就是有意地要以自己的驚世駭俗的生活行為，來顯示和宣揚他們反傳統的哲學主張。

2.芝諾提出斯多亞派新世界觀的方式：他的《*Politeia*》篇

　　斯多亞派創始人芝諾，是出身於塞浦路斯的希臘城市西第昂(Citium) 的腓尼基人，父親是個商人。芝諾在一次運貨的旅途中，由於遇海難而來到雅典。他在雅典的一家書店待了下來，聽過斯第爾波（麥加拉派）和塞諾克拉底的課，有十年之久。有一次他求神諭告訴他，為了得到最好的生活該做些什麼，答覆是，他應該承擔起已死者的事業。他在讀了塞諾封的回憶錄後非常興奮，就打聽在哪裡能找到像蘇格拉底那樣的人。這時克內特路過，書商便指著對他說，你就跟著那個人吧！從此他就成了克內特的學生，那時他三十歲。他跟隨克內特二十年學習哲學，但對其行為方式感到羞恥，終於離開了他。在這期間，芝諾寫了一篇 *Politeia*，這是一篇最可注意的著作。

---

❶　J. M. Rist, *Cynicism and Stoicism,* 第4章。

❶　*D. L.*, 6. 69–71.

　　為了便於研討說明，我首先要請讀者特別注意一下"Politeia"這個詞。由於歷史和文化上的變化，即使在西文中它也是很難翻譯的；對於我們中國學者來說，就更加不容易理解和翻譯了。例如我們把柏拉圖的同名著作譯為《理想國》，把亞里斯多德的同名著作譯作《政治學》，就是例證。這樣的翻譯必然會引起誤解。其情形就像我們把亞里斯多德的 Physics 譯為《物理學》不恰當，不能表達其原義一樣。

　　我們知道，從泰勒斯起，幾乎每個希臘哲學家都寫過一篇叫做 Physics 的作品，作為他們研究自然及其本原、本體的哲學著作。把這些作品譯為「物理學」是不當的。因為那是古希臘人對自然的總的研究，與我們近現代人所了解的物理學相差甚遠。因此不如樸素和準確地理解和翻譯為「論自然」或自然哲學貼切。其中也包括了亞里斯多德的同名著作。Politeia（即希臘文 Πολιτεία）一詞的情況同樣如此，而且要更複雜些。這個詞是同「城邦」（Πόλις）一詞相關的。由於希臘人的生活共同體主要就是他們的城邦，因而 Politeia 這個主題所要研究的，就必然要涉及他們的全部生活。我們知道，希臘哲學在蘇格拉底之後重點轉向了以人事為主的方向，因而後來哲學家們以此為題的著作也多了起來，其重要性甚至超出了《論自然》。所以柏拉圖和亞里斯多德都寫過 Politeia 作為他們的最重要的著作。讀過的人都知道它們的內容，決不限於國家和政治的範圍，而是包括了希臘人的全部生活如家庭、經濟、習俗、倫理、道德、法律、教育都在內，直至城邦的一切公共事務（其中也包括私人的事務及其同城邦公共事務的關係），對這些都作了分別和綜合的研究。如亞里斯多德在其《倫理學》開頭處就說，倫理學是 Politeia 的一部分。原因就在於希臘人的倫理道德，原是他們城邦生

活的一個方面。這一點，按照現在通行的譯名「政治學」就不好理
解了;因為他從來沒有認為倫理應從屬於政治。這都證明，把 Politeia
譯成「理想國」（或「國家篇」）和「政治學」很不妥當。確切和素
樸的譯法，它只是「論城邦（生活）」。

芝諾在原先希臘城邦共同體已被希臘化帝國摧毀的新的歷史
條件下，寫出了一部新的 *Politeia*，這本身就是一個很有意思的問
題。他的這篇著作沒能留存下來，不過由於其論點十分引人注目，
受到許多人的批評，也就在其它文獻中留下了不少有關的資料。芝
諾的繼承人克里西普，也寫過一篇同名作品（也只留下若干佚文）。
通過這些材料，我們能夠知道斯多亞派最初的一些基本和重要的觀
念。

據普魯塔克說，芝諾的這部備受稱讚的著作的目的，在於這樣
一個要點:我們的家務安排不可建立在城邦或地區的基礎之上，因
為那是以各自的立法系統作標誌的。我們應當認為，一切人都是我
們的公民夥伴 (fellow-citizens)，正如一群羊在一起吃草那樣，受一
個共同法的照看。芝諾寫下這一點，把它描繪成一個夢，一個按哲
學家所規範得很好的社會圖景❷。

拉爾修報導說，有些人，包括懷疑派的人在內，對芝諾進行了
廣泛的抨擊。因為他在其 *Politeia* 的開頭就說，通行的對孩子的教
育是無用的。他還無禮地稱呼所有沒有美德的人為仇敵和奴隸，因
為他們彼此之間，父母與子女、兄弟與兄弟，朋友與朋友，都是陌
生異己的人。他在 *Politeia* 中還令人反感地宣稱只有真正的公民、
朋友、親屬或自由人才是好人，照斯多亞派的這種說法，沒有智慧
的父母和孩子之間都是敵人。人們還指責他在 *Politeia* 裡主張公妻。

---

❷ Plutarch, *On the Fortune of Alexander, 329A−B.*

在其第 200 行中說，應當禁止在城市中修建廟宇、法庭和體育運動
場。他還認為不需要貨幣，在買賣和外出旅行時也無需。他要男人
和女人穿同樣的衣服，不要把全身都遮住。克里西普在其同名著作
中證實，這篇 *Politeia* 是芝諾本人的作品。克里西普還在他自己的
同名作品的開頭討論了性愛的問題。 **⓭**

　　芝諾在其 *Politeia* 裡還說，性愛之神 (Eros) 是為城市安全作貢
獻的神，他是友愛、自由與和諧之神。 **⓮**

　　據西元二世紀的基督教哲學家、主教克萊門說，斯多亞派在給
他們的學生讀書時，芝諾寫的某些東西使他們感到窘困**⓯**。

　　據說在克里西普的 *Politeia* 中還有更令人驚駭的意見。他說如
果從活人身上割下一塊肉是可吃的，就別埋掉或作別的處理，而要
吃掉，這樣我們身上就會長出新的部分。父母死了，也別簡單地埋
葬，他們的身體上的指甲牙齒沒用，但是肉是可吃的。克里西普還
說，沒有理由認為同母親們、女兒們、姐妹們性交，吃某些食物，
從死者床邊直接去廟宇是丟臉的事，我們應當看看野獸和低等的動
物的行為，就可知道這些不算什麼，也沒有什麼不自然。 **⓰**

　　大家知道，斯多亞派是以嚴格講道德而聞名於世的。為什麼他
們的創始人說了這些令人驚駭的，看來是完全非道德的，甚至是醜
惡的意見和主張？他們的世界觀道德觀究竟是什麼？

　　看來唯一可能的解釋只能是：他們同犬儒派一樣是反傳統的。

⓭　*D. L.*, 7. 32.

⓮　*Athenaeus*, 561C, 轉引自 A. A. Long & D. N. Sedley, *The Hellenistic-philosophers*（以下簡稱 *THP*）, 67. D.

⓯　*THP*, 67. E.

⓰　*THP*, 67. G、F.

對於以往希臘人在城邦中的傳統習俗，包括對兒童的教育，衣食習慣，家庭人倫關係，男女關係和婚姻制度，對傳統的神靈的看法，他們都提出了異議。他們同犬儒一樣，主張人的生活應當回歸自然。因此，人的生活像野獸也無妨，甚至可向牠們學習。一切行為只要遵循自然，即是智慧和善。這個觀念上的轉變的根據是：人的共同體不再是城邦和任何地域性的共同體，而是一個由共同的自然法來支配和指導的全體人類的共同體。

新的人類共同體生活，必然要否定先前希臘城邦共同體的狹隘性，也要否定一切其他民族以往藉以生存的氏族和家族的、種族和民族國家的共同體的局限性。取而代之的就應該是平等地對待世上所有人和這些人的生活習俗傳統，並用一個共同的法則，來治理和規範所有人的生活行為。這個法則只能由人的共同自然本性（人性）來規定，而共同的人性是由神賦予的，因此它就是自然法，或神的法。既然如此，對於像可吃人肉和亂倫之類被希臘人視為極其野蠻和荒唐的習俗，斯多亞派認為也應當重新審視，甚至可以提倡。因為既然有些民族和地方有這類風俗，就說明它也是人可能有的來自自然的一種生活方式，沒有理由否定它們。所以，芝諾和克里西普的這類主張，雖然顯得過於偏頗，後來斯多亞派也不再如此主張，但在當時，對於針貶傳統觀念的狹隘局限性，還是起了一種振聾發聵的革命性的作用。它在當時有助於促使人們從一種普遍而自然的人類觀點來看待各種問題，探求如何建立一種普世適用的生活新準則。在人際關係上，他們突出性愛和自由的性關係，把它作為人和人聯繫的重要紐帶，也有著同樣的意義。

所以我們可以概括地說，芝諾和克里西普的 *Politeia* 的中心思想，是提出了一種異於原來城邦的嶄新的「城邦」概念。它一直是

斯多亞派的基本觀念。

他們對「城邦」一詞重新加以定義：它是人們居住和受同一法律（廣義的 Law，即生活的共同法則、習俗、規矩等等的總體）治理的地方。生活在西元前一世紀末的亞歷山大里亞文獻學家 Arius Didymus 記述說，斯多亞派稱世界是眾神靈和人們的居住地，也是為他們所創造的。有兩種意義上的城邦，世界也像一個城邦，由眾神靈和人們組成，神是治理者，人是臣民。由於人和神靈一樣分有理性和自然法，他們便成為這一共同體的成員❶。

後來塞內卡更明確地說：事實上有兩種共同體 (two communities)，一個是有著偉大和真實的共同性的共同體，由一切神靈和人組成。我們看待他們，是不管他們生活在哪個角落的，只用太陽所照的範圍來衡量。而另一個城邦，則是以我們偶然出生的地方來作為標誌的❶。

可見，這裡所用的「城邦」一詞，實際上指的是人類生活共同體形式。斯多亞派用兩種城邦的對立的觀念，來表達他們對取代原來城邦的一種新的共同體的理想。他們把這種新的理想的人類共同體稱之「世界城邦」，不過是舊瓶裝新酒，因為它完全不是原來意義上的城邦。那麼，為什麼他們不直接了當地提出自己的新理念，而要沿襲「城邦」（Πόλις, city，即「城市」）這個詞和概念？

理由是明顯的。希臘人所熟悉的共同體是城邦。一個新概念只有在同原來的概念最緊密地聯繫起來的時候，才能既易於被人們了解，又易於啟人思考，使人在新舊共同體的原則差別和對立中，理解一個嶄新的人類共同體理想的含義。

---

❶　*THP*, 67. L、H、I、J.

❶　*THP*, 67. K.

　　這個新「城邦」的概念影響深遠。後來奧古斯丁寫了一部著名的書就叫做《上帝之城》(*City of God*)，使用的也是「城邦」或「城市」這個詞。奧古斯丁的「上帝之城」的理念，要表達的也是一個新的人類共同體，它是普世性的，由神創造和治理的世界。可以說，他的這個概念，正是由斯多亞派開始的。

　　說到這裡，也許我們可以為芝諾和克里西普的 *Politeia* 給予一個譯名了。它指的就是「關於一個新的人類共同體及其生活治理法則的研究」。

　　共同體觀念的根本改變，使人自身的觀念也同樣發生了根本改變。人不再只是雅典人、希臘人、埃及人、猶太人等等按其出生的城邦、地域、國家的特殊性來規定的人了；現在他們都被認作一個統一的世界城邦的公民。使他們分開的特殊性不再被視為人的本質規定，唯有那使他們統一起來的共同性，才能規定他們作為人的本質和本性。人是什麼的觀念，與他們的共同體觀念總是一致的。人只能從自己的生活來認識他自己，而共同體永遠是他的生活的決定性的範圍。

　　所以，芝諾作為斯多亞派的創始人，他的 *Politeia* 既是關於人類共同體新觀念的產生地，也是一種新的人性學說、人學理論和自然觀、神觀的產生地。哲學中的一個深刻變革就以這種方式提出來了。

第三節　斯多亞派哲學路向與柏拉圖、亞里斯多德的對立

　　這種新的世界觀當然和柏拉圖和亞里斯多德的全然不同，在斯

多亞派看來，他們是舊世界觀的代表，狹隘的城邦觀念的哲學家。他們所研究的生活法則，所追求的真和善的理想，是缺乏普遍性的，因而不符合自然的法則。

事實上也是如此，人們不難從他們所寫的 *Politeia* 中見到希臘人原先的傳統觀念的局限性，以及種種的傲慢與偏見。例如，在柏拉圖為城邦所設計的藍圖中，人被分為三個等級，金子做的統治者、銀子做的衛士和銅鐵做的工人和農民。所以一個好城邦所具有的四種美德中，智慧只屬於第一種人，其他人只要分有勇敢和節制就行了，而這也即是城邦的最高道德——正義。

在亞里斯多德的 *Politeia* 中，非希臘的「蠻族」總是天生的奴隸胚子，不適於有自由而只配當奴隸。他的城邦觀念，永遠只限於幾千至多幾萬人的狹小範圍，因此生活在其中的所有公民，人人都彼此熟悉，城邦治理的範圍，站在一個山頂上就能一覽無遺。他雖然是亞歷山大的老師，但生活中的理想模式還在小城邦上，沒有一種世界性的理念。

這些觀點，同斯多亞派心目中所追求的人類新「城邦」，無疑是對立的。斯多亞派主張在一個以陽光普照為範圍的世界裡，人人是平等的，都分有神所賦予的理性，因而都具有贏得自己的自由的潛能和本性，也就不存在什麼天生的奴隸或等級劃分。剩下來的唯一分別，只在於人是否能夠運用其天賦的理性而成為有智慧的人。有智慧的人就有各種美德，就能贏得善、幸福和自由，就能生活在與神、自然和諧一致之中，成為合格的世界公民。這是一種全新的理想，所以他們決不會贊同柏拉圖和亞里斯多德的 *Politeia*，而這正是他們要寫自己的同名著作的理由。

從這裡我們可以明白，為什麼同樣從蘇格拉底出發的哲學研

究，會有兩種不同的路向。斯多亞派只以蘇格拉底和犬儒為師，從來不以柏拉圖和亞里斯多德為師。我們在後面會說到他們從柏拉圖和亞里斯多德也吸取了許多東西。但那只是在具體的思想和論點的材料方面，而決不是在理論的基本方向上。他們對蘇格拉底的了解和繼承，主要不是通過柏拉圖而是犬儒派，也就容易明白了。

總之，通過芝諾的 *Politeia*，一種新的哲學開始嶄露出來。它所關注的，同蘇格拉底、犬儒派一樣，是人的生活和道德的問題。犬儒派已經看出原來希臘人的習俗和道德觀念的種種缺陷，提出了新的自然的生活哲學。斯多亞派予以繼承，進一步從理論上批判了老的城邦概念，明確提出了新的世界城邦的理念和新的人性觀念。它是一個同以往希臘哲學大不相同的新型世界觀，有著全新的視野和一種超越特殊的普遍性高度。人們總是把柏拉圖和亞里斯多德當作希臘哲學最偉大的導師。但是，這個觀點是值得重新考察的。至少在從希臘化時代開始的一個相當長的時期裡，人們所公認的哲學導師並不是他們，而主要是伊壁鳩魯和斯多亞派。這並非是沒有道理的。

第四節　斯多亞派超出犬儒派的重大發展

芝諾跟從克內特即犬儒派有二十年之久，但後來還是同他們分開了。他建立起自己的新學派。可見斯多亞派和犬儒派還是有重大區別的。

J. M. Rist 指出，犬儒派有如下的特徵：他們首先區別了智慧人和愚蠢人；並認為唯一的標準是美德，此外的一切，包括習俗、制度和可設想的發明等等都沒有什麼價值，對智慧人都沒有意義。因

為有智慧的人只受理性支配，只接受自然的東西而不會接受人為的東西；他們認為人總是追求自由的，一個人若是自由的，他就會按照自然來生活和行動。但是儘管如此，犬儒們卻沒有能告訴我們什麼是美德，沒有對他們所說的「自然」給以正當的規定，也沒有試圖說明何以自然的行為即是善。第歐根尼沒有用一種自然的學說來論證他對於自然的談論，而只是說自由人的意志決定著什麼是合乎自然的。總之，犬儒派缺乏一種自然學說和邏輯學說，來給自己的生活哲學提供堅實的理論基礎❶。

芝諾繼承了犬儒派的哲學思想路線，但認為僅靠驚世駭俗的行為是不夠的，必須闡明什麼是「自然」和「自由」，使新的生活理想建築在可靠與充分的研究、論證上，有一個堅實的理論基礎。他提出了斯多亞哲學的基本思想，首先是自然（神）學說；他的繼承人克里安特加以發展，對神學有重點的強調；克里西普是早期斯多亞派中理論建樹最大的一位，在邏輯學方面貢獻尤大，著作也最多。他是斯多亞後學引證的主要來源，愛比克泰德在談到理論問題時主要引證的也是他。這些努力，使斯多亞哲學形成為一個完整的體系。關於這個體系，我們在下面章節中再作具體論述。

第五節　斯多亞派與伊壁鳩魯派的對立

與犬儒派和斯多亞派同時，懷疑派和伊壁鳩魯派也以一些全新的姿態出現在哲學史上。他們不僅都對以往的哲學進行了根本性的批判，彼此間也進行著激烈的競爭。但是，它們都是時代的產兒，也表現著共同的追尋，不過立腳點各有不同，因而也各有其重要貢

---

❶　J. M. Rist, *Stoic Philosophy*, Cambridge University Press, 1969, p. 62.

獻。

希臘人在城邦共同體沒落中，不可避免地變成了徹底孤立的個人。在這方面，他們的感受要比東方各民族更深刻和強烈。因為在進入希臘化之前很久，他們的氏族和家族共同體結構早已瓦解，他們的統一的民族意識也由於城邦的分離和對立而一直比較薄弱，唯一能維繫著人們的團結和生存的紐帶就是城邦國家。所以城邦國家制度一旦退出歷史舞臺，人就不再有任何其他的共同體可以依靠。而在東方各民族中，情況就非常不同。這些民族，如埃及人、波斯人、巴比倫人等等，都還保持著那些氏族和家族的結構，保持著在這樣的結構根基上建立起來的貴族制度和統一的王權國家。這些結構對馬其頓人的帝國統治來說，常常是可利用的重要資源，只要這些民族的上層接受他們的統治就行。因此希臘化的進程對這些東方民族的觸動不像在希臘人那裡深刻。即使像以色列人那樣，長期遭受大國的蹂躪，到處流散，也能頑強地保持住他們的以色列統一民族的存在。他們無論到哪裡，也總是「以色列家」的人，是一個猶太的民族，有自己的神、聖殿和聖經作為精神支柱，有神所應許的在地上和天上的自家的家園。但是希臘人卻沒有這些依靠，只好變成徹底的無家可歸的純粹孤單的個人，在這個世界上遊蕩。

從一個方面說，希臘人不再能有自由了，因為以往保護其自由權利的城邦共同體國家不再存在也沒法恢復了；但是從另一方面說，他們又更加自由了，連原先的城邦對他們的約束也沒有了，成了一個大世界的公民。對於這種徹底化了的個人來說，他們賴以生存的家園只是他們自己。這種個人在世界上的生存的境況和感覺，正如我們前面引述的那樣，就像海上遇到風暴的一葉扁舟。個人必須面對這種風暴而生活下去。於是如何求得個人內心的安寧和自由，便

是新哲學的共同主題。

　　皮羅主義和學園派的懷疑論哲學從徹底的感覺主義出發，認為我們所能知道的一切只是現象，而現象總是不確定的，所以我們根本不可能知道世界上是不是有什麼確定的東西、真實的東西或真理。他們提出了一套周密嚴格的說法，證明對於一切命題我們永遠都可以提出與之相反的命題，因此論證了對一切命題都必須懸疑。由此他們得出結論說，我們在自己的生活和行為中，根本不必去追求什麼被稱作真理的東西，一切都跟著感覺和現象走，隨遇而安，就不會有什麼可煩惱的事情，而達到了心靈的寧靜。這是一種混世主義的生活藥方。

　　同懷疑派這種非常消極的世界觀相反，伊壁鳩魯和斯多亞派都肯定自然和人終究是有其真實的本性和規律的，因此人在生活中應當堅持對真理和智慧的追求。只是從前的哲學家所說的還很不夠，很不完善，不能解決人的心靈的平安和寧靜的大問題，需要提出新的哲學。但是對於這些真理是什麼，這兩派的觀點又有著重大的分歧和對立，因此他們各自提出了一套在新情況下關於生活的真理的學說。

　　伊壁鳩魯哲學的特點是最明確和直接了當地主張了個人主義。他用原子論的自然觀和原子偏斜的新說，論證了個人能夠憑自己的理性智慧獲得他的快樂、幸福和自由。而斯多亞派則相反，他們強調自然整體及其法則即是理性或邏各斯(logos)，人是自然的一個部分，必須服從這個邏各斯，而人因為特別地賦有理性，便能通過學習和訓練在思想上行為上自覺地按照自然來生活，這就是善，也就是人的自由和幸福。對自然的整體性和由此而來的世界和人類共同體的堅定信念，使他們斷然否定了孤立的個人存在，和憑他自己就

能得到幸福和自由的可能性。簡言之，這兩派一個發展了個體性原則，另一個發展了整體性原則，水火不容。

但這種水火不容，只是事情的一方面。事情的另一方面是，這兩派的每一個都在自己的思想體系和生活實踐中包含著對方的要素。證據是：伊壁鳩魯強調「在智慧提供給人生的一切幸福中，以獲得友愛為最重要」。這就說明他還是主張人與人需要彼此聯繫，而並不是純孤立的個人。另外，他還是在哲學史上最早最明確提出社會契約學說的人，認為個人與他人、與社會必須建立自由的契約關係，才能保證每個人的安全和自由。還有很重要的一點是，在他的建立的學派團體中，婦女和奴隸同其他人處於平等的地位，非常友愛，這就從實踐上證明了他的哲學並非主張純孤立的個人。伊壁鳩魯主張的個人主義是同主張人人平等、友愛、和諧一致的。

而斯多亞派也是以尋求個人的心靈自由安寧為其宗旨的。他們認為人性結構的第一個出發點是每個人的自保、自愛、自利；每個人生來就有的神所賦予的理性，是一切美德和自由和幸福的根據。由此可見，斯多亞派的哲學儘管以整體主義為基礎，並沒有否認個人的利益、幸福、自由，同樣有著高度的個人主義要素。他們主張的人應當與自然一致地生活，就是主張了整體和個人的一致。

因此，我們對這兩派的對立和他們中的每一個都不應作過於簡單和絕對化的認定。本來人的生活都是有個體性和相互關係或整體性兩方面的，任何哲學家也不能只要其一而否定另一個。在希臘化時代出現的這兩派，在處理二者關係時尤其遇到了巨大的張力。因此，他們在強調的重點上出現了重大的差別。

事情的實質在於，隨著希臘城邦的沒落，原來共同體的喪失，人在實際生活中變成了孤立的個人，也不得不變成這樣的個人。這

種個人既感到孤獨無援，也就不得不逐漸學會只憑自己個人而獨立生活、獨立思考，同時尋求一個新的可能的人際關係的世界秩序。對於伊壁鳩魯派和斯多亞派來說，上述處境和思考是相同的。差別只在於，伊壁鳩魯走了一條最短的捷徑，直接了當地就把個人的獨立性樹立起來作根據，來解決他所面臨的生存困境，而斯多亞派則走著似乎是迂迴曲折的路。他們與前者一樣，也是從個人的處境和問題出發來研究，但是認為個人終究不是原子式的存在，而是自然的一個部分，一個有機生命整體中的某個肢體，所以每個人何以自處的問題，是不能僅從個人的基地上獲得解決的。因此，首先要明白自然和人類社會的整體性的本性，明白作為個人的我在其中的自然本性、地位和結構，然後才能求得個人問題的解決。這樣，兩派哲學就顯示出了巨大差別和對立。

這一章只以概述斯多亞派哲學的由來，以及它與柏拉圖、亞里斯多德的關係，它和同時代的伊壁鳩魯派的關係為限。這對於了解愛比克泰德和斯多亞派哲學都有重要關係，也是後面敘述的必要準備。其中某些具體的論點，要到後面才便於展開說明。

附注：A. A. Long 在其《希臘化哲學》一書的第二版序言（寫於1985年）中說，對於希臘化時代的哲學開展認真的研究，力圖恢復其原貌的工作，只是到新近的十年才有了重大的進展。以前人們總是認為柏拉圖、亞里斯多德才是希臘哲學的頂峰，對後來的哲學評價不高。這種情況，到二十世紀中期之後漸漸有了改變，認識到希臘化哲學有自己的獨特的重大貢獻。A. A. Long 本人就是這些學者中的一個主要成員，他和 D. N. Sedley 合作編輯了《希臘化哲學家》的資料集，自己還寫了幾部著作。還有一些學者也作出了很有研究深度的貢獻。

第三章 在哲學的入門處

憑神靈的名義，讓我見到我所渴望見到的一個斯多亞派的人！

——愛比克泰德

第一節 研究愛比克泰德的方法和順序

在談過他的生平、時代背景和他所屬的斯多亞派哲學的由來之後，我們就可以進入論述愛比克泰德本人的哲學思想了。但是他的哲學突出之處是強調運用，在運用於具體生活實踐中發展斯多亞哲學的理論。這樣，若單從理論的角度看，他的哲學就顯得不那麼系統。另外，在這樣的運用和發展中，他必然會以十分壓縮的形式和改造過了的形式，來繼承、使用和發展他的哲學前輩的成果。因此，對於我們當代的讀者來說，了解時就會發生許多困難。

本書既然要向讀者介紹他的哲學，並且希望能有一個清晰的線索，就不得不多作一些必要的預備工作。我希望以下的介紹和論述順序會有助於解決有關的困難。

首先，我們應該弄清他的哲學觀。這在某種程度上也可說是斯多亞派的哲學觀，不過，就是在斯多亞派的群星中，也只有愛比克泰德才不僅在理論上，而且在實踐上達到了與之相稱的水平。而斯

多亞派哲學本來是以生活實踐為目標的哲學。所以他對什麼是哲學和哲學家的觀點，具有一種特殊的意義。

對於什麼是哲學和哲學家，學者們似乎都認為自己已經了解得很清楚了。其實大不然。人們對哲學通常有個概念，但是並不能說都是明確和正確的，更不能說是深入抓住了實質的。例如把哲學主要只看成是一套形上的思辯理論，或一套邏輯上能自圓其說的理論體系，就是相當流行的觀念。這種理解並不算錯誤，因為哲學總需要一套根本的理論；但是，我們卻不能說這樣的看法就真的抓住了哲學本身。

在哲學的歷史上，柏拉圖、亞里斯多德、康德和黑格爾是有巨大體系的哲學家，但是，恕我大膽，我認為他們還算不上是最有原創性的哲學家。比方說，柏拉圖和亞里斯多德的思想雖然偉大深刻，但是他們的精神導師還是蘇格拉底，而康德、黑格爾的真正思想導師是盧梭，這是他們自己承認的。他們是在這些導師的深刻思想的啟示下，被激動起來，並按照他們的精神導師所指引的方向再深加研究，才產生出來的。所以最有原創性的哲學家，歸根到底還得數像畢達戈拉、赫拉克利特、巴門尼德、蘇格拉底和盧梭這樣一些的人。他們是哲學的真正開路人。一個人要學哲學，必須首先注意究竟為什麼要去學它，究竟什麼才能算作是真正的哲學和哲學家，而在澄清這樣的最根本的問題時，我們必須抓住原創性的所在。

這並不是說我們只能從上述的那幾位來談哲學，而是說應當取法乎上、直溯原創，才有利於把握和理解對什麼是哲學和哲學家的各種看法之究竟。愛比克泰德對哲學和哲學家的見解，是直溯蘇格拉底和他認為是在理論和實踐上與之相符的那些人的。他本人則是在新的時代境況中發揚這一見解，並全身心地作出了努力。因此，

愛比克泰德在這方面的觀點是我們首先要關注的。

　　然後，我們就要介紹和論述他的哲學內容。他的哲學重點在倫理學，而倫理學作為人的生活行為的指導，是依據其人性學說的，進一步說，關於人性的學說又必須以其自然哲學為最終的理論基礎。所以，我們在談愛比克泰德的哲學內容時，必須先從扼要討論斯多亞派的自然哲學開始，然後是他們的人性理論，再後，是他們關於人的行為心理學的相當深入的研究。因為愛比克泰德的倫理學正是以上述成果為前提才能提出來的。

　　愛比克泰德同其他斯多亞派哲學家一樣，高度重視他們的邏輯學。因為斯多亞哲學的自然哲學、邏輯學、倫理學三部分是有機整體，相互密切聯繫滲透，缺一不可。但是本書將不詳說斯多亞邏輯學的那些具體內容，因為那不是愛比克泰德學說的重點。對於本書的讀者來說，知道斯多亞邏輯學在其整個學說中的地位和重要性也就可以了。

　　在介紹和論述了上述內容之後，我們就可以集中全力來研討愛比克泰德本人的那些最有獨創性的核心論點了。它仍然是同斯多亞派的整個體系，同前輩們的成果相聯繫的。而正是在這種聯繫中，我們才能認清他本人的哲學的新發展和獨創之所在。

第二節　哲學的應許甚大，門卻是很窄的

　　愛比克泰德對於什麼是哲學和哲學家，有不少深入的論述。他特別看重這一點是有很強的針對性的。在這些論述中，他自己的哲學的特色也得到異常鮮明和集中的表現。

　　這些論述是在許多具體的場合的情景中發生的。我們先以其中

一段對話的故事為例，然後再談他的其他諸多有關表述。

1.哲學是能使人如意、幸福和自由的學問

　　有個名叫納梭的羅馬人帶著兒子到愛比克泰德這裡來，聽了一堂課。愛比克泰德對他說，「這是我的教學方法」，就不再說話了。這人請他再說，意在求教什麼是哲學。愛比克泰德回答說，任何技藝，對初學而沒有經驗的人來說，總是乏味和累人的。產品才會顯出它的吸引力。製鞋、木工、音樂如此，哲學也一樣。

　　他接著說，哲學是什麼呢？它能使人的意願同發生的一切事情和諧，不會遇到違反他的意願的任何事情，也不會有任何不如意的事情發生。學習哲學的人，在其能力範圍內對自己所求的決不會失望，決不會落到他願避免的境地。這樣，他的生活就擺脫了煩惱和畏懼而得到了自由，並且在社會中能保持他所有的自然的和獲得的人際關係，當好一個兒子，一個父親，一個兄弟，一個丈夫，一個妻子，一個鄰居，一個同伴，一個公民，一個統治者，一個臣民。❶

　　愛比克泰德的這些話，表明他的哲學向人應許的是多麼大。我們的孔夫子說他也要到七十歲才能做到「從心所欲不踰矩」。而愛比克泰德則認為，無論是誰，只要學到他的哲學，就能達到這一目的，並能得到人倫和諧。此種應許豈不是更大了麼？顯然，他對哲學的這一見解，和我們中國傳統哲學的基本價值觀頗有類近之處，讀來親切，引人注目。關於此中同異，後面再說。這是第一點。

2.哲學研究學習的是關於自然即神的知識

　　接著，他說，我們就要研究如何能達到這個目的。就像做個木

---

❶　《論說集》，3.14。

匠或舵手要學習有關的知識那樣，只有願望是不夠的，必須學習。我們第一要學習的就是：有一個神，他的意旨指導著自然整體，什麼都瞞不過他，不僅我們的行為，也包括我們的思想和意圖；再就是要學習眾神的是怎樣的，因為在他們身上所見到的性質，正是敬神的人要努力模仿的。如果神性是信實的，他也必須信實；如果神性是自由、恩惠和高尚的，他也必定是自由、恩惠和高尚的；總之在他的一切言詞和行為上，都要模仿神。❷

按照他所遵循的斯多亞哲學理論，人是整體自然的一個部分，因此，人要求得自己的幸福和自由，必須順從自然；人要認識他自己，必須認識自然。先認識整體自然，才能認識作為其中一個部分的人在自然中所處的位置，認識他所具有的本性（人的心性）。 他們所說的整體自然也就是神治理的世界。所以認識神順從神，即是認識自然和在行為上順從自然，包括整體的自然和人所具有的那部分自然。哲學的基本知識就在於此。愛比克泰德在這裡用簡略的詞概括了它。

這是第二點，也是我們在本書往後所要介紹的主要內容之一。

3.學哲學的最難點和關鍵處： 承認自己在最根本的問題上無知

那麼，要從何入手？他說，首先要弄懂名詞概念。

納梭問：我現在不懂它們嗎？

——是的，你還不懂。

——那我如何使用著它們？

---

❷　《論說集》，3. 14。

——正像牛也運用它的表象，寫作不好的人也寫那樣。使用是一回事，理解則是另一回事。要是你以為懂了，請以任一個詞為例，讓我們來檢驗一下，看看究竟如何。

納梭說，這對於一個像我這把年紀，又經歷過三次戰役的人來說，要遵從這種檢驗是不愉快的。

按照羅馬皇帝頒布的法令，有過三次戰役經歷的人有資格當市元老院成員。納梭是個有上層地位的人，他覺得要在基本知識上接受檢驗是難堪的。

愛比克泰德對他說：我很知道，你到我這裡來，像是個一無所求的人。你還要什麼呢？你富有，有妻子兒女，有一群奴僕。皇上知道你，你有許多朋友在羅馬。你知道如何得到好處，又能對反對你的人以報復。你還缺什麼？如果我證明了你缺了對幸福最為必需和要緊的東西，你雖然努力於各種事情，卻沒有做你本應做的，一句話，你還不知道神是什麼，人是什麼，善是什麼，惡是什麼，那可以麼？如果我說你對別的無知，你還能忍耐著聽，但若我向你證明你對你自己的自我無知，你如何能忍受，如何能有耐心接受我的質問，還同我談下去？那就完全不行了。你就會立即抗議，並且離開。

——那麼，

愛比克泰德接著說：

——我做了什麼傷害你的事了嗎？沒有。除非我們能說一面鏡子傷害了人，因為它照出了你的醜；或者，一個醫生被認為是傷害了病人，因為說出了人有病。我只是對人說，你的意欲在發燒，你想避開的是天理，你的意圖不一貫，你的行為動機與自然不和諧，你的意見混亂和謬誤。你就受不了了，說是我傷害了你。❸

在這裡，愛比克泰德重點指明：雖然哲學貢獻於人的，是對一個人來說最最要緊的東西，但是對他來說又是一件最難的事情。因為這裡有巨大的障礙，這障礙不在別處，就來自他本身。每個人都嚮往幸福和自由，但是不僅對它無知，還總自以為是，喜歡自以為是。這種自以為是恰恰保護了他所有的妄見，使他對真理視而不見。

所以，對於一切想進哲學之門的人，第一件要事，就是要破除這個自以為是的攔路虎、絆腳石。大多數人不容易接受這一點，他們很難承認自己在最起碼的做人的道理上真正無知。那些有地位和權勢的人放不下架子，總以為自己了不起，就尤其難以接受說他是個真正無知的人。因此真理之門對他們是太窄了。不是真理不讓人進它的門，而是他自己害怕真理：因為對人來說，第一個最根本的真理，就是要面對自己是個無知的人的事實或真實，這一點不能承認，如何能進入真理、智慧和哲學的大門？

因此，蘇格拉底最重要的一句名言就是人應當「自知其無知」。他所說的人應當承認的「無知」是指對什麼的無知呢？是指日常生活的各種實用性的常識，各種自然科學的和社會科學的知識嗎？不是。他關心的只是如何做人，人應當怎樣生活和行為才好（善）的知識。他認為一般人所說的做人好、生活好的認識，其實不是真知，因為它並沒有能引導雅典人走向善，相反，使人的靈魂和行為腐敗墮落。生活在當時雅典城邦並熱愛著祖國的蘇格拉底，親身經歷了它在伯利克利時期的高度強盛文化繁榮和在伯羅奔尼撒戰爭中走向衰落的歷史變遷，這使他深深思考究竟什麼是善的根本問題，推動他像一隻牛虻那樣，對雅典人的生活和道德，對興盛一時影響普遍和巨大的智者哲學進行深深的反思和批判。這時期的雅典已經是希

---

❸　《論說集》，3.14。

臘哲學的中心，在以往哲學的成就基礎上，他把哲學關注的重點完全轉移到人事方面來，並集中到什麼是真正的善上來。並且這種批判和探求既然是實踐的，是關係到人之為人的最深刻的所在，所以反思者本人必須首先反思，於是，他發現了他自己對什麼是真正的善其實是「無知」的，只有「自知其無知」才能推動人去思考他自己，尋求他的真實的自己。因此他認為「自知無知」是哲學的根本、精髓和真正入門處。

因此，「自知無知」是哲學的眼。它最關鍵，人要想獲得生活實踐的善的知識並使之成為生活的實踐，第一步就在這裡。但是人要邁出這一步恰恰上也最難。這也正如聖經上的一個故事所說的那樣，一個年輕的富人想追隨耶穌，耶穌叫他把自己的金錢送給窮人，教導他真正的財富在天上，這個年輕人就低下了頭溜走了。所以耶穌說，有錢的人要想進天國，要比駱駝穿過針眼還難。所以聖經上說，「真理之門是窄門」。

愛比克泰德開頭為什麼不願向納梭多說？無非是這個緣故。談了也果然發生了思想衝突。他雖然言詞委婉，可提出的問題極為鋒利，因為事情的實質就在這裡。愛比克泰德在這方面經驗太豐富了。他說過這樣一件事，有一次，當他對某個人指出他在實際行動上並不是自己的主人而只是個奴隸時，那人很惱火，舉起手來要打他。所以他說，他的哲學活動現在並不是很安全的，尤其在羅馬❹。

所以在愛比克泰德看來,研究和學習哲學是一場真正的鬥爭。理解這一點，才談得上學哲學，才能知道什麼是哲學和哲學家。

---

❹　《論說集》，3. 12. 17–25。

第三節　哲學是為己之學，不是裝潢和談資

對於在講哲學中思想不一貫和言行不一致的人和風氣，愛比克泰德批評得最多最尖銳。他說：你會三段論，為什麼遇事還心煩意亂？你說的道德格言和教訓一點用也沒有。你是在給誰說？只是講給別人聽，讓別人去用嗎？你會說，「三段論難道沒有用？」我要說它們是有用的，如果你需要的話，我會向你表明它如何是有用的。一個患痢疾的人問，醋是否有用，我會說，是的。「那所以它對我有用？」那我就要說，不，──你要先治好拉肚子，讓腸胃痊癒。你們也一樣，先要治好你們的潰瘍，不再拉肚子，在你們的心靈中建立平安，擺脫煩惱，然後你才就會知道理性的權能所能做到些什麼。❺

哲學是給人治療心病的，首先是給每個人自己治療，然後才談得上去幫助別人和教導別人，然後學習邏輯，學習三段論，學習種種的理論才有作用。

因此，愛比克泰德在各種不同場合，對那些以哲學作裝飾來炫耀自己，把讀書和理論研討當作談資的人，多次進行了針對性很強的批評。他說，你們會「主人」論證（斯多亞派邏輯中的一個著名論證），但是，你在船上遇到風暴時是怎樣做的？你在凱撒面前的行為是怎樣的？在你面對死亡、監禁、劇痛、流放和羞辱和危險時怎樣做？這時你知道什麼是善和惡嗎？如果不，你還有什麼可驕傲的？你為什麼自稱是一個斯多亞派？「憑神靈的名義，讓我看到我所渴望見到的一個斯多亞派的人！」❻

---

❺　《論說集》，2. 21. 20–22。

　　我們知道，斯多亞派從來就以教導生活倫理道德之善作為自己哲學的任務，也即是教人如何做人。但正因如此，要做一個斯多亞派，最重要的問題就不僅在哲學的理論上，而是在哲學的實踐中。理論的意義全在於實踐。用這個標準來衡量，許多號稱斯多亞派的其實還不是，算不上一個真正的斯多亞派，算不上得到了自由。我們知道，斯多亞派有一位哲學家塞內卡是十分著名的，但是按這個標準衡量就很有問題了。所以，儘管他是最靠近愛比克泰德的前輩，愛比克泰德卻從來沒有提到過他。愛比克泰德談得最多的榜樣，是蘇格拉底和犬儒第歐根尼。他談到芝諾、克里安特和克里西普的地方雖然較多，但也多在哲學的理論建樹方面；而在實踐上可引為典範處也很少。可見，愛比克泰德是向他自己這一派人提出了一個最為尖銳的問題。

　　以道德實踐為關注焦點，決不意味著愛比克泰德不重視理論。但是在他看來，因為哲學只是為人生活得善和自由服務的，所以唯有實踐，自己生活確實得到了善，講哲學和理論才有意義。愛比克泰德對斯多亞哲學的所有新貢獻，就是從這個根本點上生發出來的。

第四節　自知對良知(prolepsis)之無知

　　哲學是為己之學，其入門就是「自知其無知」。蘇格拉底提出的這個命題，是同他的另一個哲學的根本命題聯繫在一起的。這個命題就是「認識你自己！」，這是對人的生活與道德的絕對命令，也是哲學的根本任務。愛比克泰德完全按照蘇格拉底的教導來對待哲學並教導他的學生，並且有所發展。

❻　《論說集》，2. 19; 3. 1; 4. 8; 3. 23 等等。

他對納梭說，你對那些最最普通的名詞概念，如神、人、好壞善惡，是不是懂了？如果你認為自己懂，該不該檢驗一下是真懂還是沒懂？連這都不敢、不能，如何能學哲學呢？哲學豈不就是要做這種事情的工作嗎？──他在這裡所說的，就是要納梭明白「自知其無知」，從而啟發他去著手「認識」他「自己」。以納梭為例，一個人應當認識的是自己的什麼呢？是對自己的什麼還無知呢？是人人天天都在使用的「最最普通的名詞」，並且因此人人都以為自己對它非常明白。

這些最為普通的名詞，是指那些人人在生活和行為中都必定具有的、天天要用的最基本的觀念或概念。它們根植在人心之中。用愛比克泰德《論說集》中所使用的斯多亞派語言來說，它們就是prolepsis（希臘文 προλήψις 的拉丁寫法）。

這個詞不容易翻譯。英文中通常譯作 preconception，有些照貓畫虎、望文生義的中譯者把它譯成「預知」或什麼「前概念」，這樣一來，古代作者就成了一些文義完全不通的作家，我們完全不知其所云了。關於這個問題，我在《伊壁鳩魯》一書中曾討論過❼。但是那裡所說的這個詞的意思，除了它的一般意義，還有伊壁鳩魯賦予它的特殊涵意。斯多亞派的哲學觀點與此有別，所以還需要作些進一步的解釋。

在希臘化時期的哲學家中，伊壁鳩魯派和斯多亞派都使用了這個詞，用它來指稱每個人心中本來具有的，可作為在自己生活和行為中時時拿來當作指導的觀念，也就是判斷行為是否正確恰當的衡量標準。προλήψις，由 λήψις 加上前綴 προ-（「在前面」）組成。λήψις 是從動詞 λαμβάνω 來的動名詞，意指「拿著」、「抓住」、「得

❼　楊適，《伊壁鳩魯》，東大圖書公司，1996年，臺北，頁119–123。

到」、「接受」等等。所以合起來便是指「原先已經抓住了的東西」。人們在當下面對一個對象的時候，總會用他先前已經得到的某個知識來加以衡量。這個知識對他當下來說，就是他「先前已經得到的東西」。pre-conception 這個英文譯法指也是這個意思。但中文中的「預知」指的卻是當下對將來所未知的事物的推測，這樣就把詞義正好弄反了。

人在一切需要行動的場合，心中都有原先自然而然地形成的一些先前已經具有的觀念。由於它是自然形成的、人人都有的，因此具有共同性或普遍性，並且被人視為正確和不成問題的。因此大家都用它衡量自己和別人的行為是否正當正確，並用來作為彼此進行交流和求得一致見解的基本準則。這是伊壁鳩魯和斯多亞派一致的看法。但是由於伊壁鳩魯派以原子式的個人的感覺作為認識的唯一來源，便把 prolepsis 解釋為是從他的感覺經驗來的，是他在先前生活中種種感覺知識的積累和儲存。而斯多亞派的理解有所不同，他們強調的是，人是整體自然的一個特定的部分，有其特定的自然結構和本性，因此人按照他的本性，就有對於自己應當如何生活和行動的某些原初觀念，這些觀念有其天然的正當性。

這個意思愛比克泰德說得相當清楚。他說，我們來到世上並沒有天賦的關於直角三角形的概念，半音階的音樂概念，因此沒有這種知識的人不會認為自己有而無需學習。但是誰來到這世上，沒有關於善和惡、高尚和卑下、適宜和不適宜、幸福和悲慘，應當和不應當這些概念呢？因此我們都用著這些名詞，都致力於把我們的 prolepsis 運用於特殊場合。人人都在說這樣的話，如「他做得對」，「應當這樣」，「不該這樣」，「他不幸」，「他幸運」，「他正派」，「他做得不公正」，等等。誰會說我們不能使用這些詞呢？同

我們對幾何學、音樂之類的知識的看法不同，人們會認為，只要不懂，我們就不能運用這類知識和概念，因此必須先學。但是我們在用 prolepsis 這些詞和彼此交談時，並不認為我們對此沒有知識，而需先對它學習一番。其原因就在我們來到這個世界時，已經受到自然給予我們的教導。從它開始，我們再添加其它有關的知識。❽

　　由此可見，斯多亞派所說的 prolepsis 同我們中國人所說的「良知」、「良能」在含義上非常接近。孟子說，「人之所不學而能者，其良能也。所不慮而知者，其良知也。」❾這個定義同上述愛比克泰德的解釋如出一轍。陽明心學以「致良知」為宗旨，也同愛比克泰德所主張的以 prolepsis 為人生思想行為和哲學的原點的觀點極其類似。所以，我想，用「良知」一詞來翻譯它不僅對我們比較親切，也是比較恰當的。這樣翻譯還有一個更大的好處，是它有助於讓我們清楚地見到，西方人也有他們的心性論哲學，從而也會有助於開展中西哲學心性論的切磋。

　　不必說，這種用語和思路上的一致，並不等於內涵相同。毋寧說，正是由於都重良知，都強調要致良知，才更顯明出彼此的重大差異來。因此，比較和切磋起來就特別有興味。仔細分析其同異，是我們本書關心的重要方面之一，所以後面我們會時常談及。這裡不妨先提出一二，供我們注意。其一便是，孟子和陽明所說的良知良能的內容，中心只在人倫之道。在上引孟子提出良能良知概念那兩句話後面，緊接著就是：「孩提之童無不愛其親者，及其長也，無不敬其兄也」，陽明也說，「心自然會知，見父自然知孝，見兄自然知弟，見孺子入井自然知惻隱，此便是良知」。❿但在斯多亞派，

---

❽　《論說集》，2.11.3-6。

❾　《孟子・盡心上》。

良知良能雖然同人倫性的內容和道德有關，中心卻不在於此。他們把人對神和神意的虔敬(以對自然和世界的整體性依賴意識為基礎)放在良知的第一和基礎的地位，同時又突出了人性中個人自利的原初性和個體性原則。這是大為不同的一點。

更加突出的另一差別是，我們的「致良知」中的「致」只在「擴充」。陽明說：「孩提之童無不知愛其親，無不知敬其兄，只是這個靈能不為私慾遮蔽，充拓得盡，便完完是他本體。」⓫由此可見，在我們的傳統哲學中，對「致良知」的理解，主要只在把良知擴充出去的一面，而對我們在擴充和運用良知時是否首先需要反思和嚴格檢驗自己對良知的認識，卻很少注意和強調。更確切些說，即使我們事實上也少不了這後一方面，但是在哲學上卻從來沒有明確的提法和意識，也就缺少對此的一系列的功夫。可是愛比克泰德卻不是這樣想的。他特別強調人其實對自己的良知無知，也就是說，儘管人人生來都有良知，卻並沒有對它有真知。而這恰恰是人在道德行為上總是有問題的根本所在。因此，唯有承認自己在良知上是無知的人，才能開始談哲學，才能通過澄清自己的良知，在行為上實踐良知，成為有道德的人。這個差別是非常重大的。

在蘇格拉底的「自知其無知」中已經有了這個思想，愛比克泰德在繼承中明確指出，需要「自知其無知」的那個東西不是別的，就是人人自以為知而其實還沒有真知的「良知」。這樣就使這個命題的意義更加明朗了。他認為哲學的起點就在於此，並且是通過實踐來闡述這一點的。因為人有良知的意義和作用，全在於把它運用到具體場合。而在運用中，人們就會發現，他們對良知的理解實際

⓾　《陽明全書・傳習錄上》。

⓫　同上。

上不一致，有好壞和正確錯誤之別，會犯種種過錯。這些行為表明，人們對良知其實是無知的。所以最重要的事情，就是要從實際運用中，去反省和檢驗自己，從而發現和承認自己對良知其實還是無知的。這就不是只講擴充就行的事情了。

人們不免要問，良知豈不就是一種知，說人人都有良知又說對它無知，豈非自相矛盾？但在蘇格拉底和愛比克泰德等斯多亞派哲學家看來，這個似非而是的悖論，正是做人和哲學的關鍵處。要分清兩種「知」的差別：良知是不學而知的，但是他有良知，遇事還是不清楚該怎樣做，還不斷地在道德上犯錯誤，這就證明他還不會運用其良知，而這種不會運用，反過來又證明了他對良知本身其實還沒有真知。在這個意義上他對自己的良知還是無知的。承認了這一點的人，才有可能澄清自己的良知，才能談學哲學，即學習做人的真知（真知意義上的良知）。

或許有人還會說，陽明主張「去私慾」不就是對良知的批判性反思嗎？是的，但陽明的意思只是說，應當用良知來否定「私慾」。這就還不能算是明確了應對良知本身進行反思和檢驗。在陽明心學看來，良知本身是無可檢驗、無需檢驗的完滿的知。所以，在這點上，斯多亞派的學說同中國傳統哲學更有重要的分別。

我以為愛比克泰德所講的這點值得我們關注和借鑑。

第五節　愛比克泰德論學習哲學的方法和步驟

愛比克泰德如此注重實踐，在哲學的理論研究和教育訓練上便

有一系列的新特色。我想以下幾點是很可留意的：

1.斯多亞哲學以自然必然性為其理論基礎，又要肯定人有自由，二者的矛盾不易處理。在愛比克泰德這裡，既堅持了自然必然性，又把自由發揮到斯多亞哲學中所可能達到的極致。他認為人生是一場戰鬥，做一個人，就要做一個去奧林匹克賽會並努力成為勝利者的人，這樣的人才具有真正的品格。要像一頭公牛那樣，面對獅子的攻擊時，他覺察到自己的力量，衝向前去保護整個牛群。他主張的「公牛」精神是非常鮮明的。可以說，決不要當奴隸，高揚人的自由，是其哲學的中心點，拱心石。應當說這是他在斯多亞哲學家中最有特色和貢獻之處。

2.他提出了「什麼是在我們權能之內的，什麼是在此之外的」基本劃分，作為論證和確立自由，正確處理必然和自由關係問題的關鍵。

3.在學習哲學即是學習如何「正確運用表象」的總提法指導下，他提出了要成為善和高尚的人所必須訓練的三個方面：關於好惡的選擇；關於行為驅動力的選擇；關於理性「同意」在行為中的決定權的運用。斯多亞派長期從事人類行為心理學研究，有許多重要成果，愛比克泰德運用了這些成果並有了新的發展。

本書後面將對上述幾個基本的重大問題，分別作介紹和評述。對於以實踐道德為宗旨的愛比克泰德哲學來說，自然哲學是其根本的基礎。讓我們下面先從這個問題談起。

第四章　論自然

　　現在我們來談愛比克泰德和斯多亞派的自然哲學，因為他們的倫理道德哲學是以他們對人的心性論為根據的，而人的心性歸根到底來自「自然」、來自「天」或「神」。天人關係為什麼一致和如何一致，不僅是中國哲學的根本問題，同樣是他們的哲學的根本問題。所以，要認識他們的道德學說，必須從他們的自然哲學說起。

第一節　斯多亞哲學體系三個部分的有機統一

　　斯多亞派認為他們的哲學體系是一個有機整體，其中的三個部分，自然學、邏輯學、倫理學，有著緊密的內在聯繫。他們對此提出了幾種比喻。其一是把哲學比作一個動物，邏輯學像骨頭和筋腱，倫理學像肌肉，自然學像它的靈魂。另一個比喻是把它比作一個蛋，邏輯學是蛋殼，倫理學是蛋白，自然學是最核心的蛋黃。或者再比作一片豐饒的田園，邏輯學是圍著它的籬笆，倫理學是結出的果實，自然學是土地和樹木。或者再與之類似地把它比作一個有堅固設防的，由理性來治理的城市❶。這些比方都說明，在三者中，自然哲

學處於核心、靈魂和基礎的地位，倫理學是靠它作基礎所結出的果實或目的，邏輯學則是整個過程得以正確進行的保證。三者各司其職，彼此有別，又互相保持著密切的關係。

認真研究他們學說的人可以見到，這樣三部分的有機聯繫，從根本上說，是因為在斯多亞派心中，它們各自的核心概念原本是相通的，甚至可以說原本就是一個東西，只是表現和作用有所分別。這一點我以為是最可留意的。

我們知道，斯多亞哲學的宗旨，若用一句話來表示，那就是「與自然相一致地生活」。 人應當如何生活是倫理學所要研究的事，而這只能從「與自然一致」中去尋求，那就要認識自然，便是自然哲學的事了。若問這「一致」何以可能？豈不只是因為自然與人原本是貫通的嗎？而那貫通的東西就是邏各斯或理性，它即是自然的真正所在或靈魂。所以，所謂人應當「與自然相一致地生活」，就等於說「與理性（邏各斯）相一致地生活」。為了認識和在行為上與自然、邏各斯一致，學哲學的人就必須學習研究邏輯和邏輯學。

可見，人要與自然一致地生活，這個根本命題，在斯多亞派看來既是倫理學的，也是自然哲學的，也是邏輯學的。或者說，在他們看來，由於自然同理性（邏各斯）原為一，而人、人性和人的行為原來就是這個自然或邏各斯的一個部分，三者貫通，所以人便有可能有必要在自己的生活中與自然和邏各斯相一致。

因此，斯多亞派的自然哲學決非單純的物理學，也不同於早期希臘哲學中的「論自然」。它不僅講了自然本身，也講了人的自然，講了二者在邏各斯上的貫通和分有的關係。並且，可以說，其中講人的自然（人性）的部分才是關注的中心問題，因此，它是一種有

---

❶　*D. L.*, 7. 39–40.

著人學－倫理學內容的自然哲學。

第二節　希臘人對「自然」與「人為」研討的發展

希臘哲學一直有以自然為本原和本體的哲學傳統。智者和蘇格拉底把哲學的中心轉向人本身，「認識你自己」的努力使希臘哲學極大地深化了。同時，如何看待人和自然的關係也成為一個新的重大問題，推動著哲學的繼續前進。當時思想界發生的 physis ($\phi\acute{\upsilon}\sigma\iota\varsigma$) 和 nomos ($\nu\acute{o}\mu o\varsigma$) 之爭，就表現了這兩種進展過程的彼此交替和互相推動。

在希臘語中，physis（自然），指一切自然而然的事物；nomos 則指人們在社會共同體中形成的風俗習慣，後來擴展運用於指稱法律、協議、規章制度等等，便成為泛指各種人為約定東西的詞。為了方便起見，我們簡約地把這兩個詞譯為「自然」和「人為」，但要請讀者隨時留意它們在希臘人那裡原來所具有的含義。

早期的希臘哲學家們所研究的「自然」，是把「人為」的事物包括在內不加分別的。因為人們的共同體及其生活習俗原有其自然而然的性質，那時希臘人的觀念也就沒有把二者分開。到了希臘人終於戰勝了波斯入侵，並在幾次巨大改革中建立起雅典和整個希臘的古典繁榮時，情況便有了重大改變。人們看到了自己的偉大創造能力的作用，便日益意識到「人為」同「自然」的分別。人為的事物，像城邦的倫理道德、社會習俗、法律政治等等，是可以由人自己的努力來加以變更的；而且在不同的地方和時間各不相同，標準

不一，都說明它們不是自然的事物。於是，思想家們便把二者分別開來。並對二者的關係深加注意，開展了討論。

討論中有兩種傾向，從表面上看似乎是很對立的。一種認為「人為」優於「自然」，如普羅泰戈拉等智者。例如智者克里特亞說，「更多的人是由於學習而不是由於好的本性（自然，即 nature）而變好的。」❷只有好的自然稟賦是不夠的，更要靠人為的努力，人才能支配自己的命運，使自己生活得好。

另一種觀點是強調人的本性（自然）具有不可抗拒的作用，是必然的、正當的、無可指責的，也是普遍共同適用的法則。一切人為的法律和習俗都應當以自然為準繩才是正當和正確的。

他們認為，當時的那些法律和習俗觀念並不公正，原因就在於違背了自然。例如智者希庇亞說：「我認為是因為有益於城邦，人們才制定法律的。但有時候如果制定得不好，那就是有害的。」❸「根據自然而不是根據人為，你們都是我的親人、朋友和同伴。按照『自然』同類相聯，但『人為』是人類的暴君，⋯⋯誰了解自然，他就是希臘人的領袖。」❹他還認為有智慧的人必須懂得自然的知識，現在法律的缺點太多，必須代之以全人類共同的法律❺。安提豐更從「自然」優於「人為」中，批評了當時的法律和習俗的種種弊病，認為它們是自然的桎梏，根據這種認識他引出了一種包含著世界主義因素的普遍人類平等觀念。他說，「人們尊重那些出身高貴

---

❷ Untersteiner, Mario, *The Sophists,* Oxford, 1954, Vol. 4, p. 271. 轉引自汪子嵩等著《希臘哲學史》第二卷，人民出版社，1993年，頁208。

❸ 柏拉圖，《大希庇亞篇》，284 D。

❹ 柏拉圖，《普羅泰戈拉篇》，337 D。

❺ 塞諾封，《回憶錄》，第4卷第4章。

家族的人並賦予他們榮譽，但對那些出身低賤的卻既不尊重也不予以榮譽。我們這裡是這樣，我們的鄰人野蠻人也是這樣。實際上按照自然，不論是哪裡的人，是希臘人還是野蠻人，生下來都是一樣的。」❻

這種以「自然」應高於、優於「人為」的觀點，對後來希臘人和希臘化羅馬時期的人，以至全部西方歷史上的道德觀念和道德哲學，是占主流的意識。

但是，從同樣的「自然」原則出發，也可以得出完全對立的道德意識和哲學。這種對立在當時和直到近代和現代西方的實際生活中，特別在政治和經濟的實際行為中，常常起著重大的作用。這是我們同樣應當注意的。

在強調自然優於人為的觀點中，也有不少人據此論證了強者應當統治弱者，弱者應當服從強者的主張。這一點從修昔底德的《伯羅奔尼撒戰爭史》中雅典人同其他城邦的代表之間的辯論可以看得非常清楚。它代表強者的意志，在雅典還很強大時，它是雅典人中相當流行的觀念❼。

年輕一代的某些智者說，弱肉強食就是最自然的真理。如塞拉西馬柯就說「正義不過是強者的利益」❽。卡利克勒斯更明確系統地發表了這種觀點。他說，「我的看法是：制定 nomos 的是作為多數人的弱者，正是他們為了自己的利益制定了 nomos，確定贊成和指責的標準。為了防止強者超過他們和得到超過他們的利益，他們

---

❻　轉引自汪子嵩等《希臘哲學史》，第二卷，頁224。

❼　見 Thucydides, *History of the Peloponnesian War,* BK 5, Ch. 7, The Loeb Classical Library, 1980.

❽　Plato, *Republic,* 338c.

就嚇唬強者，說什麼超過別人是可恥可惡的，所謂不義就是追求超過別人的利益。我想如果低等人享有了平等地位，他們就心滿意足了。但是按照我的看法，physis 本身顯然是讓強者超過弱者，讓一些更好的人擁有高於不好的人的利益，認為這才是公正的。縱觀一切動物，以及一切城邦和人，都概莫能外。所謂正義，就是強者對弱者的統治和強者的利益。」❾

在柏拉圖對話中，蘇格拉底聽完了卡利克勒斯的長篇議論後不無感慨地說，「真的，你說的是別人心裡想說但是不情願說出的話。」❿

當我們深入觀察智者和蘇格拉底時代的這場關於「自然」和「人為」的爭論中時，我們看到它的內容是何等豐富，觀點何等明朗！它是在希臘人生動活潑的歷史生活、民主制的政治和思想討論中發展起來的。正是這種歷史、生活和討論，有力地推動著希臘思想和哲學的更新。

我們可以清楚地見到，那種主張「人為」優於「自然」的觀點，雖然表面上同主張「自然」優於「人為」對立著，從根本上說來其實並不矛盾。因為它們都表現了歷史前進的要求，起著探索和推動歷史前進的作用。例如主張「人為」優於「自然」的看法所針對的「自然」，指的只是那些古老的習俗傳統，它現在已經妨礙了雅典人和希臘人前進的新創造活動，所以他們便突出了「人為」更重要。而那些相反的否定和批評「人為」，主張回到「自然」的意見，是由於他們看出許多人為的東西，如法律和觀念等等，也已顯出了重大的缺陷和局限，需要再加批判和改造；而這種新的改變只有返回

---

❾　Plato, *Republic,* 483b–484a.

❿　Plato, *Republic,* 492c.

「自然」才能得到依據。可見它決非簡單地返回古老的「自然」習俗和非常素樸的觀念，而是要根據歷史和現實的豐富經驗，以全新的觀點來重新解釋和規定什麼是「自然」。例如，對人類平等的觀念和主張，顯然就不是原先所可能有的一種自然觀。而弱肉強食、生存競爭之類的自然觀，也是希臘人從自己的歷史生活經驗和現實利益的立場重新觀察和解釋自然而得來的一種看法。

我們中國人從先秦起對自然和人為的重大問題，就展開了討論。它同樣是我們哲學中的根本問題：天人關係問題。這個大問題如此根本，大概是人類過去要關注和討論，今天要關注討論，以後也將永遠要關注討論下去的。作為古今中外的永恆問題，它有共同性普遍性的內容和意義，但同時，在每個時代、每個不同民族中，人的境況不同，因此對什麼是「自然」，和什麼是他們所能認識的人自身，在理解和詮釋上都不會一樣。

我認為我們做哲學研究工作的人，應當不帶任何偏見地去關懷、學習古今中外對天、人和天人關係的各種理解，並且不僅注意他們的共性，尤其要著重注意彼此的差異性或個性。這是我們當代的中國人所特別應當著力的一件最基本的哲學工作，其意義是非常巨大的。

這是因為，首先從理論上說，天、人，或自然與人性，原是包含著多樣性和複雜性的統一；並且看法總在不斷變動，尤其隨著人的歷史活動而變動。因此人只能在具體的歷史生活中，不斷地得到有關它的認識。在一定歷史條件下產生的自然觀和人觀，在另一條件下會顯出其局限與缺陷。為了改進人自己，就再去重新研討自然和人本身，這樣，人的和哲學的自然觀和人觀也就發展起來了。

從這裡可以得到一個結論是，尊重和學習其他文明中的各種自

然觀和天人關係學說，對於擴展我們的精神空間，豐富我們對世界和自身的認識，有著極其重大的意義和價值。這一點在當代尤其有重大的實踐意義。因為只有如此，我們才能懂得如何同別人交往，相互理解；只有如此，我們才能在當今世界現代化全球化的境況下，知道自己該如何生活下去，求得發展前進。我們中國人、中國哲學的天人觀，有很偉大的成果；但無庸諱言，也有自己的不足和盲點。我們傳統中的自然觀，最主要的無非是道家的「無為」，和儒家的以「人倫」為本的天道觀。而對於上述希臘「自然」見解，如人是否本性平等，或生活是不是生存競爭，都不曾有過如此明確的爭論，或者說，對於自然和人性中許多重要內容和方面，我們的傳統從來都不大容許有如此研討的機會，更談不上充分發展了。所以，一旦到了近代現代中國歷史發生巨變，必須同西方人打交道的時候，我們在精神上就很被動。這個經驗是值得記取的。

讓我們言歸正傳，回到希臘人對自然和人為的討論的主題上來。我想大家會看出這場討論有多麼重要的意義，尤其是對哲學的往後發展有多麼重要的影響。希臘化時代的哲學各派，都高度重視自然哲學，是與此有密切關係的。事實上，犬儒派主張返回自然，就是上述第二種傾向的繼續。到了希臘化時代，由於人們的生活處境發生更為巨大的歷史變動，為了向人指出新的可能的生活方式，這個問題就更加突出了。於是伊壁鳩魯和斯多亞派就對「自然」作出了更加新型的思考解釋。我們現在要著重考察的，就是他們特別是斯多亞派如何作出其新解釋。

第三節　斯多亞派的整體自然觀

斯多亞自然哲學是一個大題目。在本書有限的篇幅內，我們雖然不能詳細地加以介紹，但弄清他們的基本觀點和若干關鍵性的論點還是不可少的，如一些要緊的提法，像自然是神，是邏各斯、理性等等，還有關於人和神、人和人關係的基本思想。這樣做比較簡潔，對於以闡述愛比克泰德為目的的本書意圖，可能也是較為合適的。

斯多亞派自然觀的最顯著的特徵之一，是把自然視為一個整體，一個有生命的活著的整體。自然是一個整體的生命，整體性原則是斯多亞哲學的根本原則。這個特點使它同伊壁鳩魯派的自然觀鮮明地區別開來。

古代文獻中保存了許多有關斯多亞派自然觀的原始材料。讓我們先讀一些其中最具基礎性的論述，這對於我們獲得一個明確和基本的有關知識是必需的。文獻中記載說：

芝諾和克里西普說，整個世界是神的實體。他們有時用「自然」一詞來指把世界維繫在一起的東西，有時用來指使地上萬物生長的動因。他們把自然定義為一種自我運動的力量。它用有生殖力的本原，按照一定的時間，產生和維護它的造物，並使之與其創生者保持一致。❶

克里西普認為世界是一個生物 (a living being)，有理性、生命和理智。所謂自然是一個生物，是說它作為一個活的實體是有感覺的，因為動物比非動物好，而沒有任何東西比世界更好，因此世界

---

❶　*D. L.*, 7. 148–9.

是一個生物。⑫

　　他們還說，世界是單一的、有限定的，有一個球形的形狀，那是最適合於運動的。在它外面是無限的虛空。世界裡沒有虛空，從而形成為一個聯繫在一起的整體 (one united whole)。⑬

　　他們認為「整體」(whole) 與「全部」(all) 不同。世界是個整體，加上在它之外的虛空才是全部。根據這個理由他們說「世界」是有限的，而「全部」由於加上了虛空就成了無限的。⑭

　　按照斯多亞派的看法，世界是有限的、單一的、整體性的和實體性的。它是整體性的，因為它不缺少任何部分；它是單一的，因為它的各部分是不可分離的並互相貫通著；它是實體性的，因為它是一切物體的原初質料，並由普遍的理性貫穿滲透著。⑮

　　從以上幾條的說法中，我們可以清楚地分辨出斯多亞派的自然觀同伊壁鳩魯派之間的原則差別。

　　伊壁鳩魯所說的自然，是一個由原子和虛空所組成的宇宙。原子論哲學是由留基波和德謨克利特創立的，但是伊壁鳩魯對它作了重大的修正。按照德謨克利特，原子在虛空中只能作垂直的運動，所以原子和一切事物只服從必然性。伊壁鳩魯不同意必然性統治一切的觀點，便對德謨克利特的原子本性觀點作了原則性的修正。他說，原子是作垂直運動的，但是，原子也有在垂直運動中偏斜能力和本性。這種原子偏斜運動本性的觀點，使他贏得了新的世界觀和人生觀的可能性和空間，這就是：自然和世界上除了有必然性，也

---

⑫　*D. L.*, 7. 142–3.

⑬　*D. L.*, 7. 140.

⑭　Sextus Empiricus, *Against the professors,* 9. 332.

⑮　Calcidius 293, cf. HP44. E.

有偶然性，也有每個原子、事物、動物特別是人在其中進行活動的自由，有生活和行動的自由。

顯然，這種自由的可能性和生命原則的依據，完全是以分離開來的個體（在自然哲學中是原子，在倫理學中就是個人）和個體性作基礎的。

與此相反，斯多亞派的「自然」，從根本上說決不是什麼彼此絕對分離開來的原子式的東西，它是一個整體性的存在和生命。他們甚至同畢達戈拉派一樣，把整個自然看作是一個大動物。以此來顯明自然是一個有機的生命整體。因此，在自然中的各種事物，包括無機物、植物、動物和人在內，都是整個自然中的一些不可孤立存在的部分，有機地聯結在一起。

為了這個緣故，他們甚至否認自然裡面有虛空，而把虛空置於自然之外。因為從巴門尼德以來，包括原子論在內的哲學傳統，都是把虛空當作使事物分離、割裂開來的東西，或這種本原、原則。斯多亞派認為即使是一塊石頭的存在，也是靠連續性來保證的。連續性、連貫性是整體自然的根本規定性，也就成為一切自然物不可少的根本規定性。因此他們就把虛空放到「自然」和世界之外去了。

對自然持一種整體觀，是古代各民族都普遍具有的看法。就希臘哲學來說，不僅畢達戈拉如此，赫拉克利特表達得更加明確。他說，「不是聽從我而是聽從邏各斯，同意一切是一，這就是智慧。」❶❻ 這裡所說的「一」就是一個整體的意思。他還說，「要抓住：整體的東西和非整體的東西，接近的和分離的，和諧的和不和諧的，從一切事物而有一和從一個事物而有一切。」❶❼這個思想在斯多亞派自然

---

❶❻　Diels,《赫拉克利時殘篇》，第50條 (D50)。

❶❼　同上，第10條 (D10)。

哲學中得到了保持和充分的發揮。

由此可見，斯多亞派自然觀最突出的一個基本觀點，就是自然的整體性，和它的內在的統一性和連貫性。

如果我們肯定伊壁鳩魯派和斯多亞派都以建立生活倫理哲學為宗旨，為此都要肯定一種生命和自由的原理的話，那麼我們就能明顯地看到，正是在這個問題上二者觀點的對立，造成了他們在自然觀根據上的根本對立。以肯定個人的快樂和自由為目的的伊壁鳩魯，就要用分割開來的原子及其偏斜本性，作為其立論的自然哲學基礎。而在肯定自然必然性中尋求個人幸福和自由的斯多亞派，則以自然的整體性為基礎。

因此，注重「個體性」和注重「整體性」，便成為這兩派區別開來，並彼此對立的第一個最顯著的基本標誌。

第四節　斯多亞派的自然本原觀：被動者 和主動者

斯多亞派不把元素作為自然的本原，因為他們認為元素（水、土、氣、火）在世界大火中有其產生和消滅，而本原應是獨立自存，沒有生滅的。他們說，這樣的本原只有兩個：一個是作用者 (which acts) 即主動者，另一個則是接受作用者 (which is acted upon) 即被動者。這被動的本原是無規定性的質料，而主動的本原就是使質料運動起來並獲得它們的性質的理性。這個自然的理性，即是邏各斯，也就是神。 **⓲**

⓲　*D. L.*, 7. 134.

　　什麼是自然和萬物的本原，是一切世界觀最基本的問題。斯多亞派關於自然有主動者和被動者兩個本原的觀點，明顯地帶有亞里斯多德的印記。在亞里斯多德《論自然》（通常譯為《物理學》）和《形而上學》中，自然本原被歸納為四因：質料因、形式因、動力因和目的因。後三者又因其內在關聯，可概括形式因。因此，簡約地說，只有「質料」和「形式」兩個本原。質料是無規定性的純材料，完全被動的東西，它在形式因的作用下才獲得一定的形式和運動能力；這就是質料和形式相結合。二者結合便形成了自然萬物。它們都是既有質料又有形式和運動的，包括一切生物和生命形式都是這樣。沒有質料，形式就無從起它的作用；沒有形式，質料便只是混沌而無任何規定的質料。二者缺少任何一個，都不能解釋自然。因此，質料和形式是自然的本原。斯多亞派的本原觀也是如此。這是第一點。

　　再者，在兩個本原的相互關係上何者更根本（或所謂「第一性」）的問題上，斯多亞派也吸取了亞里斯多德的見解。按照希臘哲學從巴門尼德以來的根本傳統，自然的「本原」或「本體」，指的是自然和萬物之所以是其所「是」的東西或原因。抓住和搞清楚了它是什麼，也就能夠解釋自然和萬物為什麼「是」這樣而不是別的樣子。亞里斯多德《形而上學》的根本問題就是討論「是之為是」(being as being)，為此他總結了他以前的希臘哲學種種觀點，提出四因說，然後概括為形式和質料二因來進一步研討，並深入到潛能和現實的問題，終於明確認定「形式」因是第一位的本原，而它就是萬物的第一推動力，就是「神」。我們可以清楚見到在這點上，斯多亞派也採取了相同的觀點。

第五節　希臘和西方哲學的本原觀：對「是」之為「是」的探求

　　在這裡，我想藉此機會談談我們中國學者在理解和翻譯希臘和西方哲學時的一個很大的問題。因為它直接同我們這裡的討論有關。這個問題就是：他們所說的本原和本體所指的究竟是什麼意思？我要強調：把他們所說的"being"譯作「存在」是很不準確的，會導致一系列的嚴重的誤解。"being"是動詞"to be"的名詞化，在希臘文、拉丁文和德文 (Das Sein) 中都一樣，意思只是「是」。它包含「有」的含義，卻不可歸結為「有」；更不是在時空中具體的存在。具體的存在有另一個詞表示，那就是 existance。把他們所說的 "being" 譯成「有」和「存在」會把不同的含義混進對他們的哲學的全部研討中，造成數不清的混亂。因而這個錯誤的譯法，我認為不能再繼續使用下去了。

　　什麼是世界和萬物的本原或本體，從來都是哲學的基礎的問題。各個文明中都有這種思考和探討。中國哲學中有把自然萬物看作是「氣」之聚散和「理」之主宰的思想傳統和持續的討論，氣理便被認作是自然的本根或「天道」。這是同希臘哲學的本原和本體論接近的。老子說「道法自然」，天道無為，無為而無不為。「為」之「無」和「有」便成為中國哲學上重要的範疇。《周易》中包含著的世界觀在《易傳》中發展為一套關於「一陰一陽之謂道」的本體論哲學。希臘人是從提出自然萬物的「本原」(arche) 開始其哲學研究的，arche 詞義是開端，研究什麼是本原，就是要知道自然萬

物的根本由來和原因。有些主張它是水，是氣、是火或四大元素，另有主張是數的，赫拉克利特主張它是「邏各斯」，即對立面統一、鬥爭和轉化，同老子說的天道、易傳說的陰陽學說有非常接近之處。這些都同我們的類似。但是，從巴門尼德起，希臘哲學便換了一個新面貌。

巴門尼德轉折的關鍵何在呢？他不再用「氣」這類東西來講自然的根本原因，並且堅決地否定了赫拉克利特用對立面的統一、轉化的邏各斯來解釋自然。他說，自然之所以是自然，只因為它有其「是」。他第一個提出唯有「是」（τὸὄν，即 being）才能稱得上是本原的觀點。因為要認識自然，首先必須弄清楚它「是」什麼，「不是」什麼。抓住它的「是」，我們才能說明它是什麼，並且能夠給予論證。他認為抓住了「是」才有「真理」，否則一切說法都只是「意見」。這一點對後來起著最深刻的影響。

但是他對自然之「是」的理解和規定本身有很大很多毛病。在後人看來又是必須改進的，否則就解釋不了自然萬物的多樣性和運動。這就是說，對於「是」本身究竟為何物，還要再研究。於是繼續研究自然的「是」之為「是」的問題，就成為他們往後哲學研究的線索，「是」是本原本體，這種研究就叫做「本體論」，ontology。這個詞中的 "on" (τὸὄν) 在希臘文中就是「是」，英文的 being。可見他們所說的本體論問題，指的就是世界萬物何以是其所是，也即對事物的原因（「是」）作不斷的研究。他們認為這個「是」的問題最重要又最難弄清楚。自然萬物的根本原因究竟何在？我們對它的「是」是否真正弄清楚了？每一次我們以為抓住了它是什麼，可是在進一步的檢驗下便發現還有毛病，還不算真，還經不起嚴格的審查和論證。所以對「是之為是」就這樣不斷地追尋下去了。

　　但是我們中國哲學中，從來還沒有人提出像巴門尼德那樣的問題，更沒有發展出這樣的哲學探求的傳統。與之最接近的，是我們有「實事求是」的說法，要人在實際事情中求得「是」。但是我們只把它用在具體生活中，並且認為它是比較容易抓住的，至少在聖賢那裡已經解決了這個問題，所以我們的古人沒有把「是」本身當作一個需要研究再研究的重大問題，也就沒有這樣的哲學傳統，沒有把「是」作為哲學的根本範疇。

　　希臘和後來西方的哲學一直是沿著巴門尼德的路子發展下來的，到今天還是如此。可我們只能用自家傳統去理解人家，這就出現了很大的問題。

　　於是，我們在翻譯他們的這個範疇時，就只好譯作「存在」或「有」，因為這是我們自家的根本哲學範疇。賀麟先生在譯黑格爾的《邏輯學》、《小邏輯》時，為了"Das Sein"很傷腦筋，想來想去，還是譯作「有」或「存在」。人們對當代所謂「存在主義」的譯法也有類似情形，由於覺得不妥貼，便改成「生存主義」，其實問題還是沒有真正解決。

　　在希臘哲學方面，由於把巴門尼德的根本範疇 τὸὸν（即 being）譯成了「存在」，人們便把後來亞里斯多德研究的主題 "being as being"，世界和自然的「是之為是」，譯解為「作為存在的存在」（誰也不懂它的意思是什麼）的學問。

　　這類問題層出不窮，根源都是從不懂巴門尼德的哲學起頭的，其後果便是，我們對整個西方哲學的精神都難以理解。為了糾正這一點，陳康先生在譯注柏拉圖的《巴門尼德篇》時，就專門指出這一問題，並且他說，即使中國學者看不懂像「如若一是」之類的句子，覺得我陳康譯得文句不通，我也要這樣來翻譯。我的目的就是

要讓你不能一下子就懂得，好逼迫你去認真了解人家的原意。你要想讀懂，就只好去鑽研柏拉圖和巴門尼德本身，而不要用你自己的想法來混淆希臘人的本來思想。近些年來王太慶先生有專文談他對「是」這個詞如何翻譯的曲折體驗，深入地提出了問題，我在若干文著中也曾著重談到這個問題。最近武漢大學的蕭詩美寫出了《「是」的意義問題》作為他的博士論文，對此問題從概念到內容進行了認真的研討。看來，這個重大問題終於逐漸地引起了人們的關注。

　　恕我直言，這個問題不弄懂，甚至還沒注意到，就來談西方哲學，恐怕是很難真正入門的。所以，我在這裡不得不略微多說幾句。

　　在說了這個大問題之後，讓我們言歸正傳，回過頭來再談亞里斯多德和斯多亞派的自然哲學中的本原學說。亞里斯多德認為，自然有兩個本原，質料因和形式因，但是，若從真正弄清楚自然和萬物之「是」即根本的原因來說，那還是不行的。因為一個東西究竟「是」什麼，決不能有兩個定義、兩個「是」，歸根到底只能有一個「是」。否則我們還是沒有能找到它所以為它的根本的「是」。亞里斯多德按照希臘哲學那種打破砂鍋問到底的思考探求方式，認為「四因」說或「二因」說，還只能算作哲學研討的必要準備，它的真正問題還在：究竟什麼是那個唯一的「是」？所以，他提出了在這兩個本原中那個更根本的問題，也就是「是之為是」(being as being) 究竟為何的問題。這裡才進入核心的討論。

　　因此，他要問質料和形式相比，哪個是更根本的原因呢？或者說，對於任何一事物來說，它之所以為該事物，其質料和形式哪個是最根本的起決定作用的「是」呢？他的結論是，那只是「形式」。

　　例如，一個房屋，自然少不了磚瓦木石等等質料，但這些就是

房屋了嗎? 當然不。房屋之所以「是」房屋,不是由磚瓦等等,而是由房屋的「形式」來決定的。按照房屋的形式來使用材料,房屋就蓋起來了。一切事物無不如此,它們之「是」只在其形式。所以我們「定義」一個事物要用它的形式,而不是用它的質料。接著他又從事物由潛能到現實的過程加以研究,他認為,一事物只有成為現實的時候,它才能算作「是」這個事物,才有了它的所「是」。處於潛能狀態的東西既然還沒有實現其所「是」, 也就還不能算作獲得了它的所「是」。 而質料,在他看來,只是形成一事物的潛能;只有再加上了某種形式時,它才能成為現實。通過這樣的反覆研討論證,亞里斯多德得出結論說,同質料相比,形式因才是自然和一切事物的第一本體。

從這裡亞里斯多德還引出了他的神學。形式因,包括形式,動力,目的在內,在每一具體事物中都是與其相應的質料結合的。但自然是一由高低層次不同事物構成的階梯,低級的東西和它的「是」都有比它高級的東西和形式作為原因,由它推動和支配,因而形成一個因果系列。因此唯有最終的形式,才是宇宙自然和萬物的最終的「是」。他認為這就是第一推動者,也就是神。

這個觀點對斯多亞派有重要影響。

第六節　斯多亞派的「自然」從根本上說就是「神」

斯多亞派把自然的本原分為「被動者」和「主動者」的觀點,和亞里斯多德的質料、形式二分說一致;因此他們也同樣認為被動

者對於我們解釋自然是不中用的，只要承認自然萬物決少不了它就夠了。真正的本原，根本的「是」只在主動者，它就是神。

進一步說，他們也同亞里斯多德一樣地認為，在具體事物中，主動者（形式）和被動者（質料）總是結合在一起的；不僅如此，他們在把最終本原看作神的時候，這個神不僅指自然的理性或邏各斯，而且神自己就有了它的質料，因為神憑自己的理性支配著一切質料。換言之，斯多亞派的神既是自然的主動者本原，也是和自己治理的物質世界結合在一起的整體自然本身。

人們常說斯多亞派是唯物主義者，同時又是有神論者。這並不奇怪，因為對於他們，從高層次的意義上說，「神」和「自然」是同義語。神既是本原也是自然本身，既是兩個本原中的主動者，也是兩個本原的統一，原本是一個東西。這就比亞里斯多德更進了一步。因此，斯多亞派的自然哲學也就是他們的神學。

所以愛比克泰德說，學哲學第一要學的就是有一個神，遵循自然就是聽神的話。

自然就是神。這一觀點，是斯多亞自然哲學和整個哲學體系的中心所在。讓我們對他們的「神」的觀念作一點扼要的提示：

⑴這個神即是理性、邏各斯，二者是同一的。所以斯多亞派所說的神，是一個理性的神。

⑵這個神和它的理性，就是整體的自然，也是貫穿其中一切事物和過程的主宰和支配者。所以斯多亞派的神是自然的神，或自然理性的神。

這種神的觀念，可以追溯到赫拉克利特。他說過這樣的話：「神是日和夜，冬和夏，戰爭與和平，滿足與渴求。」⑲他已經提出了神

---

⑲　Diels，《赫拉克利特殘篇》，第67條 (D 67)。

就是對立統一的自然法則和過程的觀念，並把這就稱作邏各斯。斯多亞派的神及其理性、邏各斯的概念，吸取了這個成果。愛比克泰德說，我們要學習萬事萬物都是按其所是地發生著。如何發生？是按照它們的指定者所指定的那樣發生的。神指定要有夏與冬、盛和衰、善與惡，以及其他的對立，以便使宇宙和諧，並給我們身體和它的各個部分，財產和同伴❷。顯然是來自赫拉克利特的，連用語都幾乎完全相同。

⑶但是斯多亞派對神賦予了更多的人格性，他是有思想和意志的世界主宰。因此自然的必然性就同神的自由意志同一，或統一起來了。

要注意的是，這種必然和自由的完全同一性，只是在整體自然或單一的至上神（god，即宙斯）那裡才是絕對的、原初的、完全如此的。對於眾神靈 (gods) 和人來說，情況就非常不同了。他們是自然整體的一些部分，所分有的理性只有局部的和派生的性質，所以必須服從整體自然的邏各斯，聽從神意，才可能有其自由。所以人的自由決非單憑自身可以得到和確立的。不過這還是可能的，原因就在於有一個神作為根源，在他那裡必然和自由是統一的。

⑷在斯多亞派的神學觀念中雖然保留著多神，已經突出了一神。

希臘人歷來傳統是多神，宙斯在其中雖占主要地位，其權能遠非絕對。但在哲學中，由於突出了理性或邏各斯，也就較早地發展了一神的觀念（如上述赫拉克利特的邏各斯神），塞諾芬尼 (Xenophenes) 明確提出了神只有一個的思想，亞里斯多德的第一推動者實際上也是肯定了一個至上的神。

❷　《論說集》，1. 12. 15–16。

斯多亞派綜合地繼承了上述哲學和神話宗教傳統，保留了多神，但更加突出了一個主神的至上地位，並賦予他以人格性質。對於這個主神，他們仍沿用傳統的宙斯之名來稱呼，但是已經完全變成了表示「整體自然」或「邏各斯」的神，一個哲學理性化了的人格神，所以同先前的宙斯是不同的。

他們突出一個主神的理由，顯然是同他們把自然視為整體的存在和生命的觀念緊密不可分的。整體性即是統一性，其生命原則只能靠一個神來表達，原是顯而易見的道理。

⑸這個一神作為自然的整體和邏各斯，貫穿地存在於它的一切部分之中，因此，斯多亞派的神學也是泛神論的。

正如肢體必服從一個動物的整體生命和它的意志那樣，萬事萬物作為整體自然的各個部分，都要靠這個整體才能存在，都要受神的意志支配。實現這種支配的途徑是，神把自己的意志和理性貫注到這些部分，使各部分各自得到神分配給它們的那部分邏各斯，從而形成自然階梯上的各種存在物及其本性，並使它們彼此聯繫在一起，共同遵從神，構成一個統一和諧的整體的世界。

因此，自然中的萬事萬物，都在不同程度上分有了邏各斯或神性。所以在斯多亞派這裡，一個主神的學說又是同泛神論的觀念統一的。

第七節 自然階梯：人在自然中的位置

人是自然萬物中的一個部分，人性（human nature，也即「人的自然」）是邏各斯或神性的一個特殊部分。研究它是斯多亞自然哲學分內的事，也是他們的自然哲學所要達到的主要對象，這就進

入了倫理學的領域。

斯多亞派同亞里斯多德一樣，都按照階梯的方式來看待人在自然中的位置 (scala naturae)。但是，人還不是自然階梯上最高級的動物，在人之上還有眾神靈。神和眾神靈雖不是具體的自然的一些部分，卻處於自然階梯的頂端，這樣，就從上下兩頭限定了人的本性。

神和人都是理性的生物。傳統希臘見解認為差別只在人有死而神不朽；哲學家則強調神有完善的理性、智慧和道德，人的則不完善。柏拉圖和亞里斯多德的觀點都符合這個格式。斯多亞派也繼承了這個模式，但認為人因分有與神同樣的理性，就使人神之間有友愛，能夠互相交通。

亞里斯多德認為，人也有某些與神的完善相近的東西，他強調的是我們有理論理性。而斯多亞派要把理性正確運用於生活，強調的便主要是道德的理性。神是自然地善的，人則必須長期艱苦努力才能達到接近神的高度。

亞里斯多德已經分析描述了自然階梯上的各個等級❷。首先，他以有無靈魂來劃分生物和無生命的自然物；然後，在生物中，他用是否具有靈魂，以及所具有的靈魂中能力的水平當作標準，來進一步劃分生物和它的等級：

A. 生命首先是生長和營養的能力，植物有了這種能力，因此植物不同於石頭之類無生命的東西；

B. 動物的特點是具有了靈魂和位移的能力。靈魂最不可少的初級能力是感覺和知覺，其最低級、最簡單的形式是觸覺。最低級的動物只有觸覺，憑此，它就成了動物而同植物區別開來；

C. 感官的數目和水平，以及在此基礎上形成的靈魂的其他能

---

❷　亞里斯多德，《論靈魂》，第二卷，413a–415b，第三卷，432b–433b。

力，如欲求的能力，思想的能力等等，使動物形成不同等級，人就在這個自然階梯的頂上，僅次於神。

亞里斯多德說，關於這階梯的一個重要的事實是，凡是在上層的都保有在它之下等級的那些性質。這並不是說人的靈魂裡同時並列著各種低級的靈魂，他很小心地指出，較低的心理能力在我們的靈魂中是一些潛能，它們不能在實際上分離出來，只是在人的理性靈魂的統帥下以功能的形式表現出來。例如我們有理性和思想，同時也有營養、感知、位移的能力等等。

亞里斯多德還認為，動物使自己運動和被外力推動的方式，同無靈魂的自然物自己運動和被推動的方式是非常不同的。動物推動自己運動的原因，是它必定要追求某種東西。這種追求，就存在於它的靈魂的知覺力和欲望之中，並通過這些能力變成它的行動。而人既有欲求，又有理性，所以人能按理性來行動；但是他也有可能按未加反思的欲求來行動（如那些在理性上無能的人那樣）。所以亞里斯多德認為，人的自我行為，可以有不同的動因，它們彼此競爭。而植物和其餘的動物，其自己運動的動因則只有一個。

斯多亞派對自然階梯的看法，顯然吸取了亞里斯多德的上述學說的基本成果，但是對於人的行為的動因在觀點上也有著深入的差別。關於後一點我們到後面再討論。斯多亞派的特別的說法，是關於「普紐瑪」（pneuma, πνεῦμα, 原義指生命的氣息）的學說。這是同他們持有的自然有機整體觀引出來的。那貫穿於各個不同等級的自然物中，賦予它們以各自的存在與本質屬性，並使它們彼此銜接、貫通，成為一個有機整體的力量，是自然的理性、神意、邏各斯。這個「理性」，他們就稱之為「普紐瑪」，它在自然各個等級上有其不同的表現形式：

A. 在諸如木石這類東西上，普紐瑪只表現為「貫通連續的能力」(ἕξις, hexis, the power of coherence)。有了這種能力，一塊石頭或木頭，才能形成和保持其為一塊石頭、木頭的存在。但它還不能使事物自己運動，因此這些東西只能靠外力推動。

B. 在動物、植物、和火、泉水等等被認為是能自己運動的東西裏，則除了賦有「貫通連續力」外，還有「自然力」(phusis) 和「靈魂」(soul)，這是普紐瑪的較為複雜的形式。因此，這些東西能自己運動。

然後，還要研究生物中間的分別：

C. 植物只有「自然力」，能使自己得到營養和生長；

D. 動物在「自然力」之上又加上了「靈魂」。由於有了靈魂，動物就能獲得表象，並在表象刺激下，使自己的欲求成為驅動力，從而產生自己的行動。

E. 在人的靈魂中，不僅有欲求能力、表象能力、驅動能力，而且在這些能力之上，又加上了「理性」的能力。

請注意，自然或神所賦予人的這個「理性」能力，同一般所謂的普紐瑪即「理性」既有關聯又不相同。人的「理性」一詞是有其特定含義的，它來自普紐瑪，卻又只是普紐瑪中一個特定的形式。它是自然階梯中最高級的一種普紐瑪。因為人的理性直接來自神的賜予，同神的理性處於幾乎同樣等級的水平上，因此人能憑此理性同神直接相通。而其它無機物和其他植物、動物中的普紐瑪（從根本上說也是自然的理性的一些形式）則只具有較低級的性質，所以這些東西只能單純地服從自然對它們的安排，而人則有可能既服從自然又有其自由。

人有理性，因此人能用它統率其所具有的較低等級的普紐瑪因

素，並支配自己的行為。❷

　　可見，這個遍及一切的普紐瑪的學說，是斯多亞派綜合說明自然階梯有機性存在的依據，並形成了一整套的系統解釋。

---

❷　參見 Brad Inwood, *Ethics and Human Action in Early Stoicism,* pp. 21–27, Clareden Press, Oxford, 1985。

第五章 論人性

在上述自然觀基礎上，斯多亞派提出了他們的人性學說。人作為整體自然的一部分，在自然階梯中處於一個特殊的地位。所謂人性，human nature，按其本義指的就是「人的自然」，即人自身的自然結構和由此而來的性質。所以，關於人性的研討，原是自然哲學的一個部分。

人最關心的是人本身。認識自己，以便按照正確的自我認識指導自己的生活和行為。那就是倫理道德學所要研究的問題了。所以人性論是倫理學的基礎。而它本身又總是以自然哲學為基礎的。

這個意思，同我們的經典《大學》中所說的「天命之謂性，率性之謂道，修道之謂教」三句教的意思相同。此語中的「天命」即指上帝的意志或神意、自然法則或天道，對它的研究便是「天學」或「道學」，相當於希臘的自然哲學；「性」在這裡指的就是「人性」，對其研究便是「人性論」；而「修道之謂教」，在希臘人即是他們的「倫理學」。 中外一樣，差別只在我們的主流哲學儒家以為「天道遠，人道邇」，所以一直以談「人道」、「人性」為主，對於「天命」的研究就不像人家那樣突出。至於對人性的看法上的差別，或重點的不同，那是由於中國先秦同希臘在歷史情況和人的生活境況非常不同造成的，我們可以再加討論。

斯多亞派對人性作了相當深入的思考研究，提出了一些重要規定。其中有些規定，無論從希臘哲學本身的發展來看，還是從中西比較的角度來看，都是非常有新意的，很值得注意。

現在我們就來考察一下他們人性學說的幾個最重要的基本論點。

第一節　人的第一驅動力是自我保存

首先值得我們注意的觀點是，他們認為，「一切動物的第一驅動力是自我保存 (an animal's first impulse is to self-preservation)」，人也是動物，同樣如此。按照斯多亞派哲學的奠基人之一克里西普在其《論目的》中的說法就是：

> 對每一個動物來說，從牠（請注意：如下所述，這裡所說的「動物」是包括人在內的，但中文「牠」則與指人的「他」／「她」互相不容，不能表達作者原意。應讀作「牠／他、她」──楊適注）一出生，第一件事情就是要適合牠自己的結構並保持對自己結構的意識，因為自然不會讓動物把自己看作是陌生異己的東西，不會使牠對自己的結構和感受漠不關心。我們必須承認自然構成動物是讓牠接近和親近牠自己，因而牠要排斥一切對自己有害的，趨向對自己有益的。❶

因此,斯多亞派對人性和每一個人的本性的第一個規定便是：他是自我保存的。這是自然對每個動物從一開始就賦予牠的特性。

---

❶ *D. L.*, 7. 85.

　　這種規定和我們中國人的想法有很大的差異。我們的傳統，總是從「人之異於禽獸者幾希」來講人性。但是，希臘人西方人並不羞於承認自己也是一個動物，總是首先講他和動物的共同點，然後再談差別。由此，他們認為人的本性也和動物一樣，首先是自保、自愛、自利。這在我們聽來，豈非主張個人主義？而個人主義在中國文化中總是個貶義詞。我們很容易認為西方由於個人主義盛行，就不如中國人講道德。但是他們則不作如是想。

　　大家知道，在西方哲學和倫理學的歷史上，最重道德的一個學派恐怕就要算斯多亞學派了。而且，他們同只重個人主義的伊壁鳩魯派的原則區別，就在於他們最重視自然的整體性，和社會關係的統一和諧。可是，就連這樣的學派都把人和個人的自保、自愛、自利當作人的第一個原初的基本的本性。這是怎麼一回事？是不是也在宣揚個人主義？

　　關於「個人主義」的問題，我想我們最好不要先有一個過於固定的定見。那是比較容易的，卻不能給我們以多大收益，並且會立即堵住我們的思路。我們不妨先看看人家講的有沒有一些道理，然後再下結論也不算晚。

　　我以為把自保作為人的本性，其實不過是說出了一個基本事實：一切有生命的都以保持它自己的生存、生活、生命為前提，否則它就不是一個生命。在這點上，人和動物是一樣的。我們古人同樣強調「生生之為大德」，只不過儒家聖賢特別注重人獸的差異，對這個共同點講得少些而已。希臘人西方人既講共性也講差別，承認「自保」是人的本性。當然，從這種承認中，既可以引出壞的意見，也可以引出好的結果。但總得承認這是一個事實。斯多亞派是特別講道德的哲學，但他們認為要講道德就必需從人的實際需要和

生活事實來提出問題，其中首先就應當認真對待人有自保本性這個基本事實。

愛比克泰德有一段重要的議論，是與此有關的。他說，一個缺少教養的人很容易自誇，尤其是有點權力的。一個暴君會動不動就說：我最有權力。

——好，但是你能把我怎麼樣？

——我能砍你的頭，鎖你的腿。

——那是在你的權力之內的，隨你的便。但是你讓我聽你的，那就是另一回事了。

——我要叫你知道我是你的主人。

——你？你怎麼可能？宙斯已經給了我自由，你以為他會讓他自己的兒子去當奴隸？

——你是說你可以不注意我，不聽我的話？

——不，我注意的只是我自己，只聽我自己的話。如果你要我注意你，那麼我可以告訴你，我也會注意的，正如我也注意我那個水罐子那樣。❷

按照希臘人的傳統，愛比克泰德把富貴不能淫，威武不能屈的道德品質，定義為自由。這是他的道德哲學的中心概念。而在這裡，他把這種追求自由的道德品質的根源，就歸之於神和自然所賦予人的自保本性。在接下去的一段話裡，他更加明白和透徹地說：

這不僅是自愛，因為每個動物都是這樣構成的，們做任何事

---

❷　《論說集》，1. 19. 8–10。

情都是為了牠們自己。即使太陽也是為了它自己，宙斯也是為了祂自己。祂願意被稱作水和果實的賜予者，眾神靈和人們之父。你們看到，如果祂不有益於人，有益於公共的利益，造就人這種理性動物的本性，得到自己的善，祂就不能得到這些名。在這個意義上和方式上說，一個人做一切事都是為著他自己，並不是不能和社會一致的。此外你還期待什麼？一個人會忽視他自己和他的個人的利益？要是那樣，支配一切行為的原則——行為和自己的本性一致、和自己的需要適合——還如何可能？❸

這就是說，人的自由本性，不僅來自與動物一樣的自愛，而且直接是仿效神的。因為就是神宙斯，也同樣把祂自己的利益作為祂的行為的根本準則。

「善」這個詞，本來的意思就是「好」，就是利益。生活得好，行為得好，都是為了利益。只不過「好」或利益有高低之分而已。人都是需要「好」和「善」的。所以，在愛比克泰德看來，神宙斯也不能不是如此。當然，神自己的利益、善同人有所不同，它是最高的意義和價值，是純道德的善，因為神為自己，也就是為祂所創造的全部自然，為祂所特別創造的所有人的。因此，作為神的兒女，人也應當仿效神，把自保、自愛、自利提高到這種道德的水平，協助神來為別人、為整個自然的好或善工作。

人們會說，只有捨己為人，否定了個人的自利，才能為他人，為社會和世界的利益工作。這在一個層面來說無疑是對的。但是，若從更高的層次或根源上說，一個人為什麼要捨己為人？豈不是他

❸　《論說集》，1. 19. 11–15。

認識到這才是他做人中更大更高的意義和價值之所在嗎？而所謂意義和價值，說到底不也就是一個人所認為的「好」嗎？如果一個人不認為過有道德的生活對他是真正的好或善，他何須為此努力？可見，道德其實也是一種利益和「好」，不過是提升了的利益或「好」，它使一個人的自己的利益能夠同他人的、世界的利益統一起來，達到和諧，這樣他就去努力實現他的自我，他的最大的利益和「好」。所以，在這個層次和意義上的自愛、自保、自利，正是一個人有道德的根據，並且是任何人包括聖人在內的道德，都必須由之出發的原動力。

因此我們可以說，肯定人性是自保、自愛、自利這一點，或西方人所說的「個人主義」，決不等同於肯定不道德。它不過是講出了一個事實，他們認為講道德也不能否認這個原本的事實，只是要把自保自愛提高到一種水平。用斯多亞派或愛比克泰德的話來說，就是要以神的自保自愛作為標準才是真正的自保、自愛，而人因為是神的兒女，就可能達到這個水平。所以，做適合於自己利益的事，並不是壞事，而是自然和神以及人都必然要如此的普遍法則。

在這裡，人同神的差別，在於各自的自然結構不同，各自的「自我」有別。

就神而言，他是一個整體的自然生命，所以他的個體也就是整體，他的自保自愛也就必定要和維護公共利益、愛所有的人相一致。

而人作為個體的人，只是自然中的一個渺小部分。就他是極小的部分而言，其自保、自愛本性有其極渺小和局限的性質；不過人又分有了神的理性，因而就能突破其局限性，使自己的自保、自愛提高，仿效神，與整個自然和社會相一致，與關愛他人利益相一致。這種一致，既是道德的原義，也是自由的原義。就此而論，雖然人

和其餘的動物都以自保為本性，但動物自保只是對自然法則的順從，人則能在順從此法則的同時認識神並按照神意來生活和行動，這樣人也就同神一樣有了自由。所謂「自由」，原是一切思想行為都是「由己」而出的意思。人的自保、自愛、自利的本性可以與神一致，而神的自保即是他的自由，那麼，人豈不也就有了自由的本性了嗎？

愛比克泰德正是這樣看問題和進行論證的。所以他說人從自己的利益出發，模仿神的自利行為，就可以贏得自由，對一切非正義的奴役人的勢力能夠進行堅定的抵制和反抗。

前面我們曾說到，儘管斯多亞派突出的是整體性而伊壁鳩魯派是個體性，但不能對此作簡單化的理解。現在，當我們知道斯多亞派把「自保」作為人的生活和行為的第一驅動力時，就可以更具體和深入地來討論這個問題了。

當斯多亞派提出自然的整體性原則時，決不等於他們就否認了個體性。因為，第一，他們明確說，自然作為一個整體生命，此整體本身就是一個個體，他們稱之為神。宙斯神作為一個自在自為的個體，其本性也是自我保存；其次，作為自然的各個部分，如一塊石頭、一個植物、一個動物和人，其存在的形式也是具有自保能力和本性的個體。一塊石頭也有自保的能力，靠的是其內在的連續貫通力；每一植物的自保是它能營養和生長自己；每個動物又加上了靈魂，能以自己的感覺表象力、驅動力和位移力來自保其生命；而每個人則因又加上了理性力，使其自保能力上升到自然萬物之上、僅次於神的高度。簡言之，「自保」就是個體存在的本性和能力，動物有了靈魂，就能以此為其驅動力。可見斯多亞派決沒有否定個體性的原則。

那麼他們同伊壁鳩魯派觀點的差別何在？差別在於，伊壁鳩魯

是從分離開來的個體即原子論的自然哲學出發，來論證解說個體性的個人是根本，以及其個人主義的。因此自然的整體性就不是伊壁鳩魯理論關注的所在，或者說是被忽視甚至否定了。但是，斯多亞派則不然，他們是從整體性的自然出發來談個體的，包括那個既是整體也就是個體的神，和自然中作為部分存在物的個體。這樣，他們對什麼是個體的看法，以及相關的倫理結論就大為不同。

例如，伊壁鳩魯的神也是原子式的，他只管自己的快樂和自由自在，不管人間的事，因此每個人也應如此。但在斯多亞派，神這個個體，由於是自然整體，所以他必定要保持這整體自然中的各個部分的存在和秩序，使之各得其所。他特別要關懷和治理人和人間的事務，使之為善。簡言之，神的自為自保是同萬物和人的生存與自保一致的，所以神是完善的。但是其他的自然事物就不同，因為它們只是整體中的部分，就像人體中的各個肢體那樣，就某個肢體來說決不可能獨立自存和實現什麼完善。人也只是這樣的一個自然中的部分，所以單獨的個人不可能完善和自由。只有在他運用了神特別賦予的理性，在思想和行為中與自然相一致時，才可能完善他自身。可見，兩派所肯定的個體性，和自保、自愛、自利的根據不同，途徑不同。

就兩派都肯定個人的自保本性說，我們不妨都稱之為「個人主義」。但是，即使伊壁鳩魯的「個人主義」也不贊同去侵犯別人的自保、安全、幸福、快樂和自由。他提出的社會契約學說和關於友愛的強調，就是證明。更何況斯多亞派？所以，那種認為一講「個人主義」就是反對道德的說法並沒有充分的證據。這種說法或流行的見解從來不曾有過認真的論證，只是一種流俗的意見罷了。只有一種「個人主義」是非道德、反道德的：以侵犯他人的正當權益來

滿足自己的利益。對這種個人主義的否定，並不是否定一切個人主義的充足理由。問題只在於對「個人」的本性應當怎樣認識和自處。如果一概否定「個人主義」，連個人的自保本性也否定了，個人的正當權力也否定了，那麼人還怎樣能夠生存、發展和進而成為一個有道德的人呢？就統統不可能了。

所以愛比克泰德說，正是人的自保、自愛、自利的個人主義的本性，是他存在和生活的基礎，也是他通過教育和實踐能發展成有道德的人，與自然相一致的基礎。

這是因為神或整體自然固然是善的根源，但是人的存在總是個體性的。他的生活、思想、行為總得從個人的欲求、表象、驅動力和理性出發，他只能從自己的這種有局限性的自然結構和本性出發。這種個體性本身並不是惡或錯誤，禽獸都會自保，那是自然賜予牠們的本性。

當然，在人的原初的自保本性（那是和動物同樣的）和所應達到像神所具有的那種自保的本性（神的理性＝自然法則）之間，有著極其巨大的差距，需要走漫長的路。這種差距形成了極其巨大的張力。動物的自保是沒有什麼道德可言的，因為牠只能局限於牠的局部性、渺小性。而人的原初的自保也與之類似，可是人還賦有了另一個自然（本性），那就是與神相近的理性，因此人的自保就成為運用理性的自保，行為便能由理性指導、判斷和選擇來決定，便超越了禽獸的水準，成為能分別善惡的有道德的生物。可見，理性和道德也並沒有否定他的自保本性，只是提高了他的水準。

因此，成為一個有道德的人，並不是要拋棄他的原初的自保本性。二者之間的差別，不是道德同個人主義之間的對立，而是在承認自保本性的基礎上，著重研究和解決自保、自愛、自利本身的內

涵及其內部的對立和進程。正是這種內在對立才會形成的真正的張力，它是有力地推動人自我發展的動力。如果把自保或「個人主義」當作只是反道德的東西，簡單排斥在做人的準則之外，這個張力和真實的道德提高過程，也就會從我們研究的視野中取消而無從談起了。剩下來的就可能只是空洞的說教。

所以我們看到，斯多亞派毫不猶豫地斷言：自我保存是人的第一驅動力。在這一點上，強調以整體利益為道德準繩的他們，毫不遜色於伊壁鳩魯對個人主義的強調。正如愛比克泰德所說，

> 「必須記住：除非虔敬和自我利益結合，任何人就保持不住虔敬。」❹ 「因為我很自然地傾向於我自己的利益」。❺

善惡不在於承認不承認我有自己的利益，只在於如何究竟什麼是我自己的利益或好（善）。 如果我把它看作是一個農場，要從我的鄰居那裡奪來，如果我把它看作是一件外衣，要把它偷來，就產生了戰爭、專制、動亂、陰謀。而如果我正確認識到我自己的利益在於聽從神，那就完全不同，就有了平安、自由和真正的幸福❺。

所以我認為，斯多亞派和愛比克泰德不僅肯定了人有個體性和自我利益，或者說肯定了個人主義，而且認為比伊壁鳩魯說得正確和更透徹。例如他們說，伊壁鳩魯派把快樂作為人的第一驅動力是錯誤的，因為快樂只是副產品，只要自然本身所尋求的適合於人維持其生存和結構的東西還沒有得到之前，快樂就不會到來❻。

---

❹ 《論說集》，1. 27. 14。

❺ 《論說集》，1. 22. 13 及其上下文。

❻ *D. L.*, 7. 86.

通過上述資料根據和討論，我想可以歸納出應當澄清的如下幾點：

⑴雖然斯多亞派以整體性的自然觀來與原子式的伊壁鳩魯自然觀相對立，但是不可因此就以為他們否定了自然的個體性和人的個人主義本性。不，不是這樣的。恰恰相反，他們是肯定和強調了個體性和個人主義的，只是解釋相反，一個只從原子式的已經分離開來的個人出發來講，另一個作為從自然的整體性的前提出發作為其中的一個部分來講。所以，在斯多亞派看來，正確地（即在整體性前提下）理解的個體性和個人主義，同樣是自然哲學的一個基本原則，因為它同整體性並不矛盾，而是相輔相成，甚至是同一的。

個體性、個人主義，對斯多亞派和愛比克泰德的人性論和倫理學來說，同整體性原則一樣，帶有基礎性的意義。

⑵因此斯多亞派的真正觀點毋寧說是同時肯定了整體性和個體性兩極，並在此對立兩極之間的巨大張力中所展開的辯證法研究。這是一個巨大的優點。

因為，伊壁鳩魯由於只從個人出發，有意無意地抹殺了整體性原則，就使他所主張的個人孤立起來，對他人、社會和世界採取漠不關心的態度。這固然使他能比斯多亞派更直接了當地肯定了個人的自由和快樂，卻也使他所主張的個人主義觀點片面化。伊壁鳩魯總是說，善是容易得到的，「一個獻身哲學的人，不須長期等待，他立即就會變得自由」❼，「走向自由的道路到處都是開放著的，這些道路是很多的，是很短的，容易走的。因此，謝天謝地，在生活中沒有人可以被束縛著」❽。但是對斯多亞派，這條路就不那麼輕

---

❼　塞內卡，《書信集》，第8封信，轉引自《馬克思恩格斯全集》，卷40，頁153。

易可走，沒有嚴格的努力和訓練就不可能達到目的。

因此，斯多亞派在哲學的內容和發展上，要比伊壁鳩魯派豐富、深入的很多。從上述分歧來說，此種差異就無足驚異了。

第二節　人的自然本性是結成群體和共同體

有許多文獻資料記述了斯多亞派持有這方面的觀點。

克里西普說，即使野獸也有一種出於自己本性的對其幼仔所需的關懷❾。

斯多亞派 Hierocles 說，對每個人來說，與自己相適合的本性是仁愛，是關懷他的親屬，我們愛我們的孩子，愛我們的財產，愛對我們的需要有益的東西。我們是動物，不過是群居性的，我們需要別人，需要友愛，需要城邦❿。

斯多亞派的 Cato 更有一段很長的論說。他說：自然讓父母愛自己的孩子，認識這點是重要的。我們所尋求達到的人類普遍共同體就由此而起。首先把自己身體的形狀和肢體再生產出來，是自然所具有的原理。欲生產幼仔卻不管幼仔需要愛，是與自然不一致的。在動物生育、撫養中，我們可以聽到自然的實在聲音。因此，人與人之間互相吸引也是自然的。人之為人使他對另一個人有責任而不是漠然對待，正如人的肢體的各個部分有不同作用又互相服務，每

---

❽　塞內卡，《書信集》，12. 24，轉引自馬克思《博士論文》附錄，中譯本，人民出版社，1962年，頁60。

❾　Plutarch, *On Stoic Self-contradictions*, 1038b.

❿　Hierocles, 9. 3–10, 11. 14–18, *THP* 57D.

個螞蟻、蜜蜂做事也為了別的螞蟻、蜜蜂那樣。在這方面人的習性是更加緊密地聯繫在一起。因此我們按本性適於形成聯合、社會交往和國家。斯多亞派認為世界是有神的意志治理的：就像是一個人們與眾神靈組成的城邦或國家，我們每個人都是這個世界的一部分。從這裏我們可以得出一個自然的結論，我們樂意選擇共同的利益。這也就說明為國犧牲的人何以值得讚揚，因為我們認為國家比我們自己更親❶。

從這些說法，我們立即可以得到兩點印象。

第一，同上節講「自我保存」是人的本性時我們的感受非常不同。在那裡，我們覺得斯多亞派的人性觀是強調了個人主義，同我們中國人性論傳統好像非常格格不入。而在這裡，他們又強調了人的親情，家國共同體的密切聯繫，比較接近我們所說的人倫之道。

第二，如果說斯多亞派以自保為人的第一驅動力的論點也肯定了個人主義的人性觀念，同伊壁鳩魯派不容易分清的話，那麼，看到他們以上所說的，二者的分別和對立就十分清楚了。

這種印象是否正確？如果說是，又正確到什麼程度？

斯多亞派提出了人的本性中必有群體性社會性的觀點，是非常重要的。由於它涉及我們中國倫理中最關注的人倫之道，涉及對各種形式的人類共同體的看法，就尤其讓我們關心。這是倫理學中十分重要的地方，他們和伊壁鳩魯派對立中最尖銳的地方也在這裡。但是，他們的這些說法，是不是同我們中國人的想法真的相同？下面我們會看到其實大不然。所以，上面引述的那些話雖然初看上去很簡單明白，實際上並不是全如我們以為的那樣。

因此我想我們需要好好琢磨一番，而上述兩點印象，正可作為

❶ *Cicero on ends*, 3. 62–8, *THP* 57F.

討論的引線。讓我們先從第二點說起。

1.伊壁鳩魯派否認人的社會性必陷於自相矛盾的境地

在愛比克泰德《論說集》中，有好幾章是專門批評伊壁鳩魯派或同他們論戰的。我認為他所說的雖然不夠全面，不像塞內卡那樣能較多地看到對方的優點，但在批評對方的毛病上仍是抓住要害相當中肯的。

有一個羅馬城市的長官是個伊壁鳩魯派。愛比克泰德對他說，我們能想像一個由伊壁鳩魯派組成和管理的城市嗎？按照伊壁鳩魯學說，人人不參與公眾的事務，不結婚，不要孩子，公民從哪裡來，誰教育他們，誰來關心青年人，誰來指導體育訓練，誰接受教導？豈不是毀掉城市、國家，使家庭受到毒害？伊壁鳩魯也要人「別偷盜」，但理由只是這樣做的人不可能確信不被發現。也就是說，是以個人利益作為善惡是非的標準，並非認為偷盜是惡。愛比克泰德說，但是如果手腳靈巧和小心地偷，不就可以逃脫被人發現嗎？此外，我們在羅馬有有權勢的朋友，而一般人又膽小軟弱，沒人敢去羅馬申訴。在這種情形下，你為什麼還要限制對你有好處的事，豈不是愚蠢？如果你告訴我，你能克制自己，那我是不會相信你的。因為人不可能同意一個顯然虛假的意見而拒絕一個顯然的真理，不可能禁止一個顯然的善（好處，good）。現在富有是一個善，而且是得到快樂的主要手段，為什麼你要克制自己，不去獲得它呢？我們為什麼不去同鄰居的妻行淫，如果能秘密地進行？如果她的丈夫要說什麼廢話，為什麼不擰斷他的脖子？這就是你應該做的事，如果你要同你的學說一致的話。❷

　　這是從公共生活的行為上提出的批評,下面一段則更進一層,直接批評伊壁鳩魯的主張同他本人的行為是自相矛盾的:

> 當他想要毀掉人們相互的自然夥伴關係 (natural fellowship) 時,他所運用的 (學說)同他所要毀掉的,正是同一個東西。

　　因為伊壁鳩魯總是說:人啊,別受騙被誤導而犯錯誤。在理性動物相互之間是沒有什麼自然的夥伴關係的。你們要相信我。別的說法都是欺騙,用虛假的論證來哄騙你們。

　　但是你為什麼要關心我們? 讓我們受騙好了。如果我們被說服,認為我們有互相的自然聯繫,並用各種辦法加以保持,這會給你的生活帶來什麼煩惱呢? 你豈不仍然可以過得安全快樂嗎? 你為什麼要讓你自己一清早就起來點燈寫你那些大著作,關心我們如何生活,喚醒我們? 你豈不是要阻止我們,不要受騙而相信神靈會關心人們,不要以為善在別處而只在自己的快樂? 但是如果情形果真如此,你就躺下睡大覺好了,過你認為是值得過的蛆蟲般的生活好了,吃、喝、性交、排泄、打呼嚕好了。對你來說,別的人在想什麼,做得對不對,有什麼關係?

　　這些就是你伊壁鳩魯要教導你的那派團體的同伴的東西。但你在行動中豈不是暴露出你向他們隱藏了最重要的一點,即我們生來就有一種同伴的天然感覺,自制是一種善,所以他們應當友愛,對你保持友愛?

　　或者,在你看來,友愛只該對某些人保持,而不該對另些人保持? 那麼該對誰保持? 是向互相保持友愛的人,還是向損害它的人

---

❷　《論說集》,第3卷,第7章。

呢? 可是, 有誰對自然的同伴關係感覺的損害能夠超過你伊壁鳩魯, 因為正是你提出了這些論證?

那麼, 愛比克泰德接著說道:

是什麼力量把伊壁鳩魯從睡眠中喚起, 驅使他寫出他的那些著作的呢? 是一種自然的力量。它像復仇女神那樣, 把伊壁鳩魯從睡夢中喚起, 對他說, 「因為你持有這些反社會的意見, 寫下來傳給別人吧, 直到後來這些意見和你們自己的行為成為你們自己學說的譴責者。」

由此, 愛比克泰德得出結論說, 這種自相矛盾證明著人的本性是多麼強大, 不可征服。葡萄樹怎能不是葡萄樹而成了橄欖樹, 或橄欖樹能不再是橄欖樹而成了葡萄樹呢? 這是不可能的, 不可思議的。因此要讓一個人完全喪失人的情感是不可能的, 甚至閹割了的男人也去不掉男人的性慾。同樣, 伊壁鳩魯要割去使一個人成為人的一切: 家庭、公民、朋友, 還是割不斷人的欲望和意願❸。

我們看到, 愛比克泰德對伊壁鳩魯的批評, 依據的就是人的社會性, 它來自於人的自然。他指出儘管伊壁鳩魯在理論上說人只需自己快樂就夠了, 而不要管別人和社會的事, 但是由於他仍然必須生活在他人和社會之中, 他自己就有社會的人性, 就不可能不在實踐上關心這些聯繫。因而, 他的行為必定同他的學說自相矛盾, 不能自圓其說。

2.對人的人倫性應當確認

愛比克泰德尖銳地挖苦說, 伊壁鳩魯認為一個有智慧的人不該參與公共事務, 但其實他很知道這樣的服務是他的義務。他說: 伊

❸　《論說集》, 第2卷, 第20章。

壁鳩魯也知道，一旦孩子出生，你想不愛他，不照顧他，就辦不到了。可是他還是要說「讓我們不要生孩子」。但即使是一隻羊，一隻狼，也不會捨棄牠的仔，人怎麼能呢？如果一個人看到他的孩子摔在地上哭泣，誰會聽你的告誡？照我看，你的父母若是事先知道你會說這些，早就該把你扔掉才對！ **⓮**

愛比克泰德還教導人說：

> 你是個有擇善能力的世界公民；其次，要記住你是一個兒子，和什麼是作兒子的職責和品德。你的一切是屬於你父親的，你要服從他，不可對別人指責他，不可說和做傷害他的事，在一切事上聽從他、協助他；再者，你是一個兄弟，要尊重你的兄弟，盡到責任，說話和氣。除了擇善，決不對他宣稱你同他在任何爭執中你有什麼權利，愉快地放棄這些權利。這樣，在你的擇善能力範圍裡你就得到了更大的一份。想想你用一把椅子，一捆蔬菜的代價就能贏得善，所得的是多麼大！再則，你在任何一個城市中，記住你或是一個議員，或是一個青年，一個老人，每個這樣的稱呼都意味著一種適宜的行為。 **⓯**

這些話，我想我們中國人讀來都會感到相當親切。因為他同我們傳統所強調的孝悌之道，或廣而言之，人倫之道，是非常一致或十分類似的。他認為這是一個人做人的基本道理和品德。

所以，我們可以認為，愛比克泰德和斯多亞派的人性論，是贊

⓮　《論說集》，第1卷，第23章。

⓯　《論說集》，第2卷，第10章。

同人倫之道並把它當作重要內容的。他們對伊壁鳩魯的批評，在這裡也顯得特別有力量。

3. 人性中個體性和整體性的兩極。人倫之道在斯多亞派人性論中的位置

但是，他們所主張的人的人倫和社會本性，同我們中國人的看法是否就一樣了呢？

大家知道，我們的傳統人性論，特別是孔孟儒家正統的人性論，總是以人倫之道作為根本和核心的。孟子讓人思考「人之異於禽獸者幾希」的大問題，他認為，這「幾希」就在於唯人有人倫，能明白人倫之道。這也就是他所概括的「五倫」：父子有親、君臣有義、夫婦有別、長幼有序、朋友有信。孟子說人倫之道即「人道」原於天道，即是人性，極其自然。所以人們稱之為「天經地義」， 中國人常說，人倫就是「天倫」，也是這個意思。「明於人倫」是人皆有之的本心，也就是良知良能。

因為這個緣故，當我們讀到希臘人、猶太人等等古典文獻中說到有關人倫之道的觀點、論點和倫理道德教訓時，總有一種很親切的感覺，因為它印證了我們中國人的文化和道德有其普遍性的意義。我認為人倫之道不僅是中國文化道德的核心，而且是人性中最不可缺少的根本要素之一，因此古今中外一切民族的優秀文化中都有這個內容。同別的文明相比，我們中國人在這方面得到了特殊的發展，形成了深厚悠遠的傳統，又是我們特別的優長，這是一筆寶貴的文化遺產。但無庸諱言，已往的中國人倫文化中也有它的負面。因此清理這種人倫文化，是我們的責任。我們現在處於同世界上各民族文明進行廣泛深入的交流融合時代，有了比過去豐富得多的精神資

源，能開闊視野，幫助我們更好地進行這種清理的工作。這也同樣是個我們應當特別加以關注的大問題。所以，當我發現斯多亞派有這類論述時，自然特別有一種興趣。

因此，我們對斯多亞派關於人有社會的、人倫的本性的觀點，很有必要作更仔細一些的考察。

他們說，每個人都有其自然的、生來就有的同他人聯繫、同社會相聯繫的關係和本性；並且在說明這一點時，也總是從父子兄弟間的慈孝和敬讓的道理說起，然後由近及遠，一圈一圈地擴展來說的。

這些都比較類似於我們中國的傳統。現在要問的是，這種類似能否說明他們的學說和我們是相同的，或差異不大呢？細心些研究就會發現其實不然。因為，斯多亞派雖然也較為重視人倫關係，他們的立足點卻不在這裡，而在別處。而我們中國人的傳統的立足點或核心卻只在人倫之道。

由於這個問題很重要，需要用確切的材料作為根據來討論一下。

斯多亞派哲學家 Hierocles 有一段有關論述。他說：

> 我們每個人都是被許多圈子包圍著的，有些小些，有些大些，第一個最緊密的圈子是他自己的心靈。他圍繞著這個中心。這個圈子也包括了自己的身體，和為了身體的其他東西；第二個圈子是從這個中心推出又包括了這第一個圈子的，就是自己的父母、血親、妻子兒女；
> 第三個是叔、嬸、舅、姨，祖父母，姪、甥；
> 然後，再就是同一地方居民的關係；再就是同族的關係；再

就是公民同伴；再就是鄰近的城市和同一個國家的圈子；
最大的圈子，包括了所有其餘的人，就是全人類。

他接著評論說：

一旦我們觀察到所有這一切，有教養的人就該適當地對待每
個這樣的圈子，把它們都指向中心，並聯繫起來。我們有責
任尊重人，把第三個圈子的看作是第二個圈子的，然後又把
其他人看作好像是第三個圈子的。雖然從血緣說距離更遠，
減少了親近感，我們仍要努力同樣地看待他們。 ❶

從他所說的每個人有幾層圈子的說法，可以看出，斯多亞派對
人際關係的看法從第二圈起的中間各圈都同我們相近。而在兩點上
卻顯然同我們有重大差別。

首先，「第一個圈子」的說法是我們所沒有的。因為它指的就
是「個人本身」，對它的肯定也就是「個人主義」。

我們中國人也講「自處」的問題，但那是從道德倫理的意義上
說的，從沒說過那是什麼「圈子」。我們講一個人應當「何以自處」，
是從人倫之道上去規定其內涵的，比如說，做一個人就是當一個「孝
子」、「忠臣」、「賢妻」、「好爸爸」之類。很少說什麼此外還有一個
什麼獨立的個人，也就不會有什麼自己就是一個圈子的說法想法。
但是希臘化時代的哲學家卻特別強調這一「個人」， 斯多亞派和伊
壁鳩魯派都一樣。

在中國哲學中，大概唯有莊子略沾一點對獨立的「個人主義」

---

❶ Hierocles (*Stobaeus*, 4. 671. 7–673. 11), *THP*, 57G.

的邊。他對宗法性的人倫關係持否定態度，連帶著對所有的人際關係和人倫之道都抱著一種消極的盡量隱退的態度，所謂逍遙遊，就是這個個人希望獨立自主。在這點上，他同伊壁鳩魯有更多一些相似點，但還是不同，因為伊壁鳩魯不僅力圖肯定個人的精神自由，也力圖肯定個人在生活現實中求得自由。至於斯多亞派，他們對個人的肯定帶有更多的積極態度，並且是同肯定人倫之道和社會性相關聯的。

所以，可以說，斯多亞派所說的第一個圈子是和我們的傳統很不一樣的。他們把「個人」和「個人主義」放在人性的中心和「第一」的地位。不是人倫決定它，而是由它來支配一個人對人倫關係和社會關係的態度。所以它有一個自己的內容，那就是一個人自己的心靈和理性，在自保基礎上發展到道德理性的自主獨立判斷，以及心靈所支配的肉體和相關的東西，即包括著自己的行為。

這是第一個「圈子」，簡言之，個人自身是圈中之圈，是一個核心。這是第一點。

第二個重要的區別是，他們在個人與別人的關係上往外推出層層關係時，固然也是從最親密的父子等等人倫關係出發，但並不像我們那樣始終強調親疏遠近，相反是強調要同樣看待，或者說，是強調要把外層的、疏遠的看作是親近的。**我們認為區別親疏遠近是適當的，他們卻認為一視同仁是適當的。**所謂「適當」，根據在自然。但為什麼我們認為是最自然的地方，他們卻不以為然，持另一種觀點？

這就涉及第三個重大的區別，即同他們所說的最後最大的圈子有關了。前面已經提到，斯多亞派有一種凡人皆是世界公民的世界主義觀點，它是一種全人類的整體觀。**「最大的圈子」**說的也就是

這個「世界主義」的意思。有人會說，我們中國也有「大同」思想。有「四海之內皆兄弟」的說法，豈不是一樣的？張載《西銘》說「民吾同胞，物吾與也」，是一種天人合一，普愛世界人類和萬物的偉大胸懷。

我非常同意和贊成中國文化和哲學中有普世性的偉大胸懷和眼光的看法，不過，這裡也有重大差異。我們的「大同」理念還是人倫性的，由親及疏、由近及遠推出來的。而斯多亞派所主張的「世界主義」和人是「世界公民」的觀點，則是從自然整體和人人都是神的兒女來的，而不是從人倫關係來的。所以，他們強調普世的人，不分民族和地域，無論彼此有無人倫關係，無論親疏遠近，都要當作平等的兄弟對待。可見，中西的人類一家觀念，雖然說來相似，根據卻不同。

正是這個觀點，使他們雖談人倫，卻並未當作人性的終極依據。在我們把人倫之道當作終極依據的地方，他們把神當作終極的依據。他們儘管也認為人倫之道重要，卻只把它視為一種非常相對性的要素。神和神對世界城邦的治理法則，才是支配人有種種人倫關係、社會關係的根源。這就同中國傳統觀念大相逕庭了。

總之以上幾點說明，他們在這方面的人性觀，雖然有同我們一致之處，可是仔細看去卻有原則性的分別。我們的人性論和倫理觀始終抓住人倫之道，以此為中心，然後再談到個人，並逐步延伸到人類，他們則是以個人和神（表示自然和人類整體）這兩極及其互相貫通為中心，再談到人倫和社會關係及其倫理道德的。

因此，如果我們簡約地說人性有三個基點，即(1)個體性、(2)人倫性、(3)與天道、上帝（整體自然）相關的全人類性的話，那麼，就可以把區別概括如下：中國人的傳統所緊緊把握的是(2)這個中間

的環節，由此再去看待和面向兩端；而斯多亞派和西方人的傳統則相反，他們最強調的是(1)和(3)這兩端本身，而尤其是(3)這個終極的神和他支配的最大的圈子，其次是(1)，即每個個人本身，他直接來自神，最後才是(2)，即由神和最大圈子及其法則所規定的人倫社會關係。這種根據上的差別，便形成了輕重緩急次序上的大不相同。

所以斯多亞派在承認人有人倫性時，只能給予它以非常相對性的價值。在愛比克泰德那裡，我們會經常發現似乎是很矛盾的說法，如他在批評伊壁鳩魯時非常強調人必有人倫關係和情感，然而在更多的時候，他會對父子、兄弟、朋友、同胞關係及其情感主張要採取最不在乎的和嚴峻的批判態度。他以犬儒第歐根尼對故土親人的全然漠視的態度，作為一個「世界公民」的做人榜樣。他還屢屢說到，當你親吻你的妻子兒女時，你就要同時在心裡說「他／她是會死的」，這樣，當你在發生這些事情的時候，就不會有任何悲傷了。這類說法還有很多，在我們中國人看來是難以理解和接受的。

我們的傳統只以人倫為本，並且只是用它來解釋天道和規定個人的。所以它反對一切離開人倫之道的個人突出，並且按照親疏遠近的傳統思維方式，對離我們越來越遠的圈子在關懷的程度上遞減，到了全人類關係，到了更加遙遠的天道和上帝，就必然會採取「敬而遠之」的態度。

斯多亞派關於人性的這一方面所持的抓住兩端的觀點，愛比克泰德有極為明確的說法。他一方面總是強調：「世界是一個城邦」❼，另一方面又總是強調一個人必須自主自由。他說，即使是單獨的一個人也決不是孤獨的。孤獨或被遺棄這個詞，按希臘文的意思是指一個人無助地暴露在要傷害他的人之前。人們的自然傾向是要與別

---

❼　《論說集》，3. 24. 10。

人聯合，互相友愛和交往。但他強調，一個人同時也要準備好獨處，能自足，能與自己交往。在這裡，愛比克泰德說，神就是這樣做的例證和榜樣。因為宙斯在宇宙大火的時候，還沒有赫拉（他的妻）和雅典娜、阿波羅（他的兒女），沒有兄弟、子孫、親友，但他並不孤獨。他在與自然中一切的聯繫中，也與自己交往，使他自己處於平安，思考他的治理，以適宜於自己的思想占據他自己。所以我們也應能與我們自己談話，而無需他人❶。

這種說法很明白，就是突出了人同自然和他人關係中的兩極：「個人」自身，和整體的「世界城邦」。注意：後者指的決不是羅馬帝國這個世界（那只是這種觀念之所以對人成為可以設想的世俗背景），而只是神的意志，也即統一的自然法所管轄的整個自然和全人類。

這種兩極性的觀點，最後的根據是神。由於每個人都是神的兒子，分有了神的理性，所以對人來說，他自己也有了一個自己的支點。這樣便確立了人的本性中有兩極。然後他才懂得如何去對待和處理他同別人的關係。

在這個問題上，我們可以見到中西倫理的深刻差異和原則的對立。

第三節　有「理性」是人高於其他動物的根本特點

上面所說的人性，在斯多亞派看來，還是人和動物相同的或有

---

❶　《論說集》，3. 13. 1–8。

些類似的特性。因為「自保」是一切動物都有的本性，人只是也不能例外罷了。而人所具有的同別人相聯繫和結成共同體的本性，有些動物如蜜蜂螞蟻也是有的。至於我們中國人所確認的人同禽獸的根本分別，人倫之道，如父子兄弟間的親近和關懷，在斯多亞派看來，也同一般動物都有關愛和撫養其幼仔的本能類似，還不能算是人異於其他動物的根本之點。他們承認，談人性應該先從上面這些地方開始，但是，他們強調，人作為一種特殊的和最高級的動物必定還有自己的特別的人性。而認識這點便是更要緊的。

　　從這裡開始，我們重點要談的就是斯多亞派所說的人異於動物之所在。

　　愛比克泰德說，神給動物以運用感官印象的能力和需要，而要我們理解這個運用。對牠們來說，吃喝、休息、生仔，完成屬於牠們的功能就夠了；但對我們，神還賜予了理解力。人和其餘動物的結構、作用和目的不同。加上了理解力的，光運用其本能的能力是不夠的，若不充分運用其理解力，將達不到他的目的 ❶⑨。

　　這個話表述了斯多亞派人性學說的一個基本見解：理性是在人性中起支配、主宰和決定作用的部分。動物有生命又有靈魂，但其靈魂中只有自保欲求、感覺表象和這種水平的驅動力，還沒有理性。唯有人又在此之上加上了理性,這個理性使人能理解他自己的行為，把自己的一切其餘的能力都置於其統治之下，有如一個王國中有了國君，一個軍隊有了一個司令部，就能在國君或司令官的治理統率下，有目地去實現人的願望和目的。一句話，人因有了理性，是個有理性的動物，因而他才高於其他動物。

　　在說到人有理性時，我們首先要知道斯多亞派的「理性」概念

---

❶⑨　《論說集》，1. 6. 10; 1. 6. 13–17。

有廣義和狹義之別。人的理性屬於狹義或嚴格意義的概念，雖然它同廣義相關、貫通。當他們說整體自然的主動本原是理性時，是廣義的，這個理性就是神、邏各斯，即貫穿於整個自然中的動力和法則，也是所有自然事物中都有的普紐瑪。

人的理性同廣義的理性不同。一方面，它不如神，因為人只是自然的一部分。但從另一方面說，它又比其他自然存在物中分有的那些普紐瑪要高，因為人的理性是在植物動物的普紐瑪的基礎上又新加上去的一種最高的普紐瑪，它能統率人的靈魂中所具有的一切比較低級的普紐瑪。

從另一角度說也是一樣。人的理性之所以是普紐瑪中最高的，是由於那是神的特別賜予，神把他自己的理性給了人。而它之所以還是不如神的理性，是因為人終究是整體自然的一部分，因而人的理性也只能是從這個局部出發。達到神的理性的高度是可能的，但必須努力。

人的理性是在這樣的關係中規定的，所以當我們看到斯多亞派在不同場合和意義上使用「理性」一詞時，應當注意是有分別的。這樣讀起來就不致感到困惑。

斯多亞派以理性作為人區別於其他動物的根本標誌的觀點，是同希臘古典哲學一致的。但在對人的理性的理解和詮釋上，他們主要是繼承了蘇格拉底和犬儒派的傳統。他們在繼承中用許多新的思想成果加以充實進一步詮釋，有重要的新發展。斯多亞哲學在古代西方哲學史上占據著一個顯著地位，在自然哲學、邏輯學和倫理學上都有其突出貢獻，是同這點分不開的。本書從這裡往後所要述評的主要內容，都將圍繞他們的「理性」概念展開和逐步深入。這對於我們中國學者來說，會有很多重要的啟發和借鑑。

以探討人生道德問題為宗旨的斯多亞哲學，是在人有理性的光照下分辨人的善惡二重性的，與之相關，人被分別為種種二重性的存在也是以他有理性作為根本標準來劃分的。

例如，首先，人有理性是神的特別賜予，它使人具有了神性，有能力學習和接近神那樣的善和智慧，這樣人才同其他動物分別開來，成為一種最高級的動物；但另一方面，儘管人高於其他動物，他畢竟仍然是一個動物，因此他的理性又不能不受到他的動物性的影響和制約，與神的理性保持著差異。

沒有理性的動物就沒有倫理道德上的善惡可言，也就沒有這種意義上的二重性質。可見，有理性是人的倫理二重性得以成立並得到顯現的根源。

再者，人的使命就是求善去惡，而使人能實現這種根本使命的根本力量也在他有理性。

與此相關，對於具有二重性的人來說，他的理性本身也就需要聯繫於他的二重性的種種條件來加以分析和詮釋。它一方面同神、神的理性相關，另一方面同人身上帶動物性的身體和靈魂的自然結構相關。所以，人的理性的問題，是一個同人的二重性密切聯繫著的複雜問題。

下面我們就先來扼要談談斯多亞派在這問題上的一些主要論點。

第四節　斯多亞派的人的理性概念

1.斯多亞派所說的理性主要是道德理性

　　人們經常把理性看作求知的能力。許多哲學家是從這個角度來看待和研究理性的。但人求知總是有目的的，這目的就是使人自己生活得美好。然而生活得好的意思非常寬泛，可以有許多角度，從最低級的直至最高級的不同層次，所以必需分析。人們承認，所謂生活得好，最根本的好是生活得幸福，內心的平安寧靜，而這唯有道德的好（善）才能起決定的作用。所以，哲學家都認為唯有道德的好才是目的，同它相比較，其它的各種好只能處於隨附地位，或者說只是些達到道德善的準備性或中間性的手段。

　　蘇格拉底突出了這個看法，他認為人的本分，是應當求自己靈魂的善並付諸實踐。因此他所強調的理性，主要的就是人的實踐的或道德的理性。理性的求知是重要的；但對人來說，沒有任何別的知識比生活實踐中分別什麼是善惡的道德真知更為要緊。所以他把道德的善和求知二者結合，提出了「美德即知識」的思想。這個觀點意義非常重大，因為它指明，第一，求知的目的主要在於認識和實踐道德；第二，真正的道德是必須建立在真知上邊，否則我們誠心誠意想追求的善，其實很可能是偽善，那就事與願違，問題更大了。所以「美德即知識」就是要把生活的終極目的本身當作知識的根本，使道德理性在理性中占有中心或主要的地位。它高於其他的理性或知識。

　　從蘇格拉底發展出來的，並非只是柏拉圖派和亞里斯多德學派，還有犬儒派、居勒尼派和麥加拉派。麥加拉派把蘇格拉底所說的「善」同愛利亞派的「是」結合，以邏輯思辯見長。而犬儒派幾乎不談理論，只以實踐一種他們認為是最合乎自然的生活方式為目的。居勒尼派關注的同樣也是人應該如何生活，不過他們對生活的哲學態度是享樂主義，又正好與犬儒派相反。

斯多亞派對理性的看法，是接著犬儒派和他們所理解的蘇格拉底這條線索或傳統講的，與柏拉圖派和亞里斯多德的學派有重要的分歧。

2.在對理性的詮釋上與柏拉圖、亞里斯多德的分歧

斯多亞派同蘇格拉底和犬儒一樣，把關注心靈的善當作人的本分和最重要的事情，因為它支配著人的一切行為。他們認為人和其餘動物的差別，是他有分別好壞善惡的理性的能力。不具理性的動物，行為只受本能支配，便不存在什麼倫理道德方面的問題。人就非常不同了，他能運用理性對好壞（即善惡）加以選擇判斷，行為就有了鮮明的倫理道德性質。人能超越其它動物，在生活和行為上模仿和接近神明，原因就在他有這個理性。所以，他們所說的理性，主要指的就是道德理性或實踐理性。通常所說的知識和邏輯雖然也重要，但它們本身不是目的，只是為了上述目的的服務的工具。

所以，若用我們近代以來的所謂「目的理性」和「工具理性」的劃分的哲學用語來說，我們可以認為他們已經有了這個分別。後面我們會在討論他們的行為心理學時，著重談到他們所作的這種劃分，那時我們會對這一點有更為具體的闡明。這裡請讀者先記住，斯多亞派所說的理性，中心只在道德理性。

我們在前面已經說過，他們在「城邦」(Politeia) 觀上同柏拉圖、亞里斯多德有著原則的分歧。因此在對什麼是人的本性，和怎樣才算生活和道德的善，在看法上有一系列的對立。現在我們還可以見到他們之間在對「理性」的看法上也有很重要的差異。

其一，儘管柏拉圖和亞里斯多德這兩位大哲學家也很重視生活倫理的善，也以理性為根據來討論倫理和道德問題，但是在斯多亞

派看來，他們還是過於偏重了理性的純思辯方面，因而相對地說，便貶低了實踐的道德理性。事實上也有這方面的情況，例如，亞里斯多德就明確地說過，人在閒暇中從事思辯理性的理論活動，是人生中可以得到的最為神聖的和最完美的幸福❷。

其二，斯多亞派和柏拉圖、亞里斯多德還有一個很具原則性的分歧。後者認為，除了理性之外，情感也常常能支配、決定人的行為。斯多亞派不同意這種意見。認為這種說法，就是主張了人的行為動因是二元論的，是對唯有理性才是人的靈魂中最高主宰的原則的背離。

斯多亞派特別重視對情感問題的研討，是因為它對行為影響極大。如果說人的高貴之處在於有理性，能自己決定其行為的善惡是非，那首先就要表現在他能用理性來支配自己的情感好惡。如果同情感問題分開來談什麼理性，就會成為空談而失去意義。因此他們堅持認為，人的情感是隨著人有理性而來的，決定人的行為的不是情感而只是理性。當然這不僅是個理論問題，更是一個需要嚴格訓練才能做到的實踐的問題。愛比克泰德對此特別重視，有許多詳細的研討。

可見，這一分歧也具有原則性的意義。它在斯多亞倫理學中，是一個舉足輕重的重大問題。

從這些分歧我們可以發現，斯多亞派人性論中所說的人的「理性」，在概念的內涵和詮釋上同原先的希臘哲學相比，有了深入得多的重要發展。這種對理性所作的新詮釋，是我們研究斯多亞哲學和其中的人性論、行為心理學及倫理道德學說的一把鑰匙。

---

❷　亞里斯多德，《尼各馬可倫理學》，1095b114–20, 1177a15–b26。

3.理性是唯一能反思自身並支配其他一切能力的能力

在人身上有許多互相有關又彼此不同的能力和本性。就以知識的能力來說，也是不同的。愛比克泰德提問道，在人的各種知識能力中，什麼是能反思自身的？

他分析說，語法的反思能力只評判語言，音樂的技藝只評判旋律，都不評判它自身。當一個人考慮是否要寫信給朋友時，語法只能告訴你寫的方式，不能告訴你是否要寫。你在什麼時候該不該唱歌彈琴，音樂也不能告訴你。能告訴你這些的，唯有一個既反思自身又反思一切其他能力的能力，那就是理性的能力。

唯有理性能力能夠抓住這二者：它能抓住它自身是什麼，能做什麼，什麼東西有價值也是靠它來給予的；它還能抓住所有其他的能力，它們是什麼，能做什麼，它們能給我們什麼有價值的東西。

愛比克泰德把理性的上述能力，概括為「運用表象」。「表象」一詞在愛比克泰德和斯多亞派的行為心理學中，是一個十分重要的概念，它概括了我們在一切情況和場合下，對外部事物和自己內心中出現的一切觀念，包括從感知直到思想、判斷等等，即人對一切的感受和認識，也就包括了人的一切能力。對於這一切，誰能駕馭？愛比克泰德和斯多亞派認為，唯有「理性」。理性能對這一切發揮它的支配作用，這就是「正確地運用表象」。

他說：

除了理性而外，還有什麼別的能力可以告訴我們金子是美的？金子本身不能告訴我們。只有能處置表象的理性能力，才能告訴我們這一點。還有什麼能力可以區別語法等等技藝和能

力，知道它們的用處，指導我們對其運用？沒有。

神靈們把這個最好的能支配其他能力的能力，正確使用表象的能力，而不是把別的東西，交給了我們，是恰當的。他們也願意把別的給我們，但是不能。因為神看到我們生活在地上，限制在一個泥土做的身體裡，在泥土做的同伴之中，怎能不受外物的束縛呢？

宙斯怎麼說？「愛比克泰德啊，如果可能，我就會使你那可憐的身體等等自由，不受束縛。但你不可忘記，這可憐的身體並不是你自己的，它不過是一團造得精巧的泥土。因此我不能給你這種（身體、財產等的）自由。我給你的是我自己的某個部分：運用自己的該做或該不做、欲求或拒絕的驅動力的能力，正確運用表象的能力。如果你專注於它，並把你所有的一切安排在它的照料之下，你就決不受束縛了，就不會哀嘆，沒有缺失，無需獻媚任何人。這些好處，你以為還小嗎？」

——我向神靈禱告說，這是我所滿意的。 ❷❶

簡言之，愛比克泰德把人有理性作為人是最高貴的生物的根據，道德和自由的根據。其理由便是，唯有理性才是能夠反思一切事物並反思它自身的能力。這種反思力也就是行動的統帥能力，人有了它就能統帥自己的表象、驅動力❷❷和行為，也能支配他的其餘能力，從而使人區別於禽獸而有道德追求和責任，這也即是他的自

---

❷❶ 《論說集》，第1卷第1章。

❷❷ 「驅動力」，impulse，同表象等等一樣，是斯多亞行為心理學中的基本概念。詳見下一章中的解說。

由。因為這自由是他的理性決定的，完全屬於他自己的能力範圍。

　　另一方面，作為人或個人，他畢竟只是萬物中的一個部分，是同自然中的泥土般的身體、財產、親友、同伴結合著的。就肉體和與之相關的方面來說，一個人的理性是不能完全加以支配的，連自己的身體也不能，財產也不能，他也不能支配別人。因為這些都是服從自然律的，它們各有自己的自然（本性），　那是由整個自然、神所決定的。神才有整體的理性，他才能決定這一切。神給我們以他自己理性的一部分，使我們優於別的生物，但是他也要按照自然律辦事，給萬物以各自的本性，並特別給每個人以理性。所以，萬能的神儘管樂意人有更大的自由，他也不能給我們以支配自己的身體等等的自由。這就給我們每個人所能支配的東西以一個界限。

　　所以，愛比克泰德說，分清我們能力範圍之內和之外的界限，是我們做人最根本的事情。但是，我們有理性，就能正確地運用一切表象。這個能力已經是夠大的、夠使我們滿意的了。除此而外，我們還要祈求什麼？我們為什麼還要作非分之想？實際上，我們還遠遠沒有充分認識、開掘和實踐我們自己分內的這一能力和自由。這才是我們應當努力的本分。

　　愛比克泰德的道德學說，就是從他對人性中最重要的理性所作的這一新詮釋入手的。這種理性的意義和作用就在於「運用表象」，這就涉及到斯多亞派特別研究過的行為心理學的範圍。對此我們也需有一個了解，才能準備好去研究愛比克泰德。

第六章　斯多亞派的心學

第一節　行為心理學在斯多亞學說中的地位和研究的困難

1.西方古代的「心學」

　　在二十世紀中後期西方學者對斯多亞哲學的新的研究熱情中，有一個突出的重點，就是對其行為心理學的新認識和新發現。Brad Inwood 寫了一部名為《早期斯多亞主義中的倫理學和人的行為》（1985年出版）的著作，他認為斯多亞派有一個很有特色的行為理論，那就是他們發展了一個相當系統和深入的「行為心理學」(psychology of action)。我讀他的這部著作印象頗深，感到他做的研究不僅在資料來源的掌握和發掘上有新的重要進展，也很有新的見地。我認為他的試圖重建斯多亞派行為理論和行為心理學的努力，取得了某種成功。這一努力，為人們重新認識斯多亞哲學提出了新問題，開闢了一個新的極有意義的重要研究方向。

　　另一個我認為值得注意的成果，是 A. A. Long 在1991年發表的

題為〈斯多亞主義中的表象和自我〉(Representation and the Self in Stoicism) 的論文，對斯多亞「心靈哲學」(philosophy of mind) 作了在我看來在某種意義上說是更有深度的探討。他所說的心靈哲學和 Inwood 所說的行為心理學其實是一樣的，為了統一起見，我想還是採用「行為心理學」一詞來表示斯多亞派的這一學說。

毋庸多言，除了這兩位，還有更多的學者作了相關的研究，也有成果。我之所以特別提到這兩個成果，不僅是因為它們最為突出，而且是因為同我們這裡的關注有十分密切的關係。

行為心理學，是斯多亞學說中一個相當精深之處。它對於我們認識愛比克泰德尤其關係重大，因此，討論這個方面是本書的一個重點。

斯多亞派的這個行為心理學，若用中國哲學史上我們所熟悉的用語說，我以為可以簡要地稱之為「心學」。 這是因為它研究的是人的心性問題，和我們的心性之學相同，並且都以倫理道德為指歸。

用「心學」這個詞還有一個好處，那就是可以促使我們注意到，這裡正是一個做中西文化與學問對比研究的關鍵之處。它能告訴我們，心性之學並非中國一家的特產，實在說來，在西方也是古已有之、源遠流長的，並且在斯多亞派那裡已經達到了相當精深的地步。有些先生一說到心性之學總有一種旁若無人的氣概，這就不容易使自己的精神視野有較大的空間。也有的涉獵西方，可也只談康德。康德當然值得參照，可是康德也有其歷史淵源，是我們應當知道的。否則也不易澄清其精神所在。其實凡人皆有心性，人家的哲人也有其心性學問，留意於此，對我們是大有益處的。當我們看到彼此有共同之處時，其間的差異也就更會引起我們的注意，為何會在深一層的看法上很不相同？這樣，當我們再談心性道理，特別是它的普

遍性的時候，就要動腦筋多多思考一番了。

　　但是，儘管人們知道斯多亞哲學在西方已有久遠的歷史和深刻的影響，可是對它的行為心理學作認真的研究，應該說還是新近不久的事情，還處於剛啟動的階段。資料的收集整理如此，深入的思考詮釋更加如此。難點很多，做起來不容易。

　　就資料而言，我們從拉爾修的《古代哲學家言行錄》中所列出的芝諾等人的著作目錄中可以知道，早期斯多亞派已對行為心理學有所闡述。但很可惜，他們的原著並沒有留存下來，我們只能靠輯佚來適當地彌補這個缺口。在這方面，Long 和 Sedley 從廣泛的各種古代文獻中輯佚而編成的《希臘化哲學家》一書給我們以相當的便利。相比之下，晚期斯多亞派三個有名哲學家留下了著作，是更可靠的資料依據。不過，那又多屬心學的運用，理論上缺乏嚴密仔細的系統表述。因此今天要想系統地理解和重建其原貌，是件不容易的事。所以，我在這本書裡只能努力根據原始資料，參照吸取西方學者特別是上面提到的兩位的已有成果，對它作一個盡可能確切、明白和扼要的，然而終究仍是非常初步的介紹。

2.斯多亞派的「心學」和他們的自然哲學、倫理學的關係

　　斯多亞派的行為心理學是他們的自然哲學和人性論的延伸和深入，又是他們的倫理學的一個重要組成部分。我們知道，斯多亞倫理學的宗旨是正確規定生活的目的；而生活是靠行為構成的，生活和行為又是由人的心靈來指揮和支配的；所以倫理學就離不開心學的研究了。

　　具體地說，斯多亞派認為，人的生活目的，可以一言以蔽之，

那就是:「與自然相一致」。在這裏,他們所用的「一致」或「一貫性」(consistancy, ὁμολογία) 是很要緊的一個詞。一個人憑什麼能同自然相一致?是因為他有他自己的「自然」或「人性」(human nature)。人所具有的自然(人性),雖然只是整體自然的一個小小的部分,卻因有理性而能與神、與自然的整體相通,有著同一性、貫通性。所以人縱然同自然(整體自然、神,和自然中所有的部分)有重大分別,又能與之相一致,應當與之一致。此中情形,前面我們已經作過一番說明,不再贅言。

行為心理學的任務是把這一研究更深入一步。人是在各種處境中生活,其行為和內心是經常處於矛盾狀態之中的。我們不能設想一個自相矛盾的人能夠做到「同自然一致」。 所以,對每個人來說如何能做到「與自然一致」, 一個必要的和根本的條件,必然就是行為者本身如何能做到保持他的自我的一致。

斯多亞派非常看重這一點。塞內卡就經常強調,一個人應當同他的自我保持一致。而做到這點的辦法,便是糾正自己的行為和意欲,使之與自然或神的意志一致。所謂一致(一貫)的東西,都是指合於理性的正確的東西。塞內卡說,因為人們是決不會喜歡同樣的東西的,除非那是正確的❶。而克里西普更早地說到了這一點,他說,生活的目的,就是按照我們自己的自然和宇宙的自然而活著❷。

可見,在斯多亞派的人的生活應當與自然一致這一命題裡,包含著三項:㈠自然整體的一致一貫;㈡每個人的自我的一致一貫;

---

❶ Seneca, *Epistulae Morales* (《倫理書信集》), 34. 4; 35. 4; 120. 9 ff.; 95. 58; 20. 5.

❷ *D. L.*, 7. 88.

㈢每個人（他的自我）與整個自然的相互一致一貫。這些一致一貫是如何可能的呢？在斯多亞派看來，都是由於「理性」，只不過在這三種情況裡，表現的形式各異罷了。人因為分有了最高的理性，就能使這種可能性得到實現。整個斯多亞的哲學都是圍繞著這個中心來研究的。

在這三項中，人在其生活與行為中的自我能否保持一致，是他能否同整個自然保持一致的必要條件，也是人能夠並應當憑自己的努力去做的。它的依據來自神。神給人理性，是為了使他有道德，同整個自然相一致。因此那違反神的道德命令的人，就不可能保持自我的一致和一貫，這也就等於是拒絕了他自己的真實自我和本性。

生活由行為構成，就意味著人性並非靜態的東西，而是在活動中實現的。人的本性和生活的一貫性，必須體現在他的行為的一貫性中。各種情境中的行為是具體多變的，而管住行為的是人的心靈。因此，研究人的生活、行為如何才能正確和一貫，就要深入到他的內心最深處，這樣，正確和嚴密地研究和規定人的內心的活動機制，就成為斯多亞哲學中的一大關鍵了。

斯多亞派的行為心理學，就是這樣一套關於人在生活行為中的內在心理活動的研究，它關注的是，我們的心靈的活動怎樣才能確保我們的行為與自然一致，使我們的自我能夠做到一致，即我們的內心活動本身正確和有道德。它是倫理學的重要部分，是行為中的人性論，因而也是斯多亞自然哲學落實到人和倫理道德實踐的重要理論環節。

在上面我說它或許可以稱之為「心學」。但若稱作「理學」似乎也無不可，因為它是從宇宙和人的自然（本性）之理（邏各斯，理性）來講的。在天謂之理，在人謂之人心中的理性。所以，斯多

亞的行為心理學，是一種關於人及其行為中的「性理」或「心性」
如何能夠一致貫通的學說。

第二節　亞里斯多德的背景

斯多亞派雖然對亞里斯多德的倫理學不滿意，但是亞里斯多德
對人和動物的行為所作的科學研究成果，仍然是斯多亞派行為心理
學由以出發的主要理論資源。

亞里斯多德認為，動物的運動同無生命東西的運動不同，後者
只是靠外力，而動物既有外力的作用，也有自己運動的能力。因為
動物有靈魂，能按照自己的需要對外部事物作出選擇性的反應，推
動自己的身體去作位移的行動。他對動物的行為作了如下的一般分
析：

> 一切動物都是為了某個目的而運動或被推動，……我們發
> 現，推動動物的東西是理智、想像、目的、意願和欲望，而
> 所有這些都可以歸結為思想和欲望。因為感覺、想像和思想
> 屬於共同的一類，三者都是分辨的能力，雖然彼此有別。而
> 意願、驅動力、欲望乃是三種意欲的形式，目的則屬於理智
> 和意欲二者。❸

---

❸ Aristotle, *Movement of Animals*, 700b18–23。這一段中涉及諸多術語，
有些中文翻譯起來不易，為了避免容易的混淆，需了解其原文和英譯。
如「理智」──διανοια, intellect;「表象」──φαντασια, imag-
ination, or presentation, representation, etc.; 特別是「意願」、「欲望」
這些詞很難用中文準確表達，更宜查對，希臘文的ορεξις, 英文譯為

當人們為了某種由感覺、表象和思想所確認的目的而進行活動時，他們直接做想做的事。願望的實現取代了探究或思索。欲望說，我想喝水；感覺、想像或思想說，這是飲料。那麼我就直接去喝。動物就是按照這種方式所驅使而運動和行動的，願望是運動的最終原因，而願望又是通過感覺、想像或思想產生的。❹

　　亞里斯多德的這個分析非常重要，奠定了希臘哲學中行為理論藉以發展的出發點。其要點是：

　　⑴他指出動物有自己運動的能力，它是動物自身的有目的的行為。

　　⑵這種有目的的行為，是由動物的自身結構和外部事物發生關聯的結果。在動物本身，是兩個因素的關聯：

　　一個可概括為由動物自身結構有關的需要而來的「意欲」；另一個是動物對外部事物的感知和思想，亞里斯多德把這些概括為「分辨的能力」，即分辨某個事物是否適合自己的需要，對自己有利還是有害的能力。這種能力所產生的東西就是「表象」。用我們現代

---

desire，但在希臘作者中這個詞還有更多含義的發展；βουλησις，指經過思考後的意願，英文譯為 wish; επιθυμια 則多指較為低級的或直接本能的欲望，英文譯為 appetite。亞里斯多德在研究中使用了許多名詞術語，斯多亞派採用了許多又增加了若干，他們在運用中又演變出一些含義。因此弄清這些術語是很複雜的專門研究工作，西方的專家也感到理解和翻譯的艱難，中文表達就更有困難。我在本書中無法一一予以說明，只能對其中若干重要的又容易混淆的作某些最必要的說明。

❹　同上，701a30-35。

人習用的語詞來說，後一要素就是「信息性的因素」。

從上述兩個因素的結合，即「意欲」加上「表象」，就產生了「驅動力」，接著就是行動。例如我想喝水，是一個欲望或意願；我見到有水在某處，這是一個適合我的意欲的表象。把這兩個因素加在一起，我就決定走向水，產生喝水的行動。

因此，動物的行為和行為心理過程，可以用如下公式來表示：

$$意欲＋表象\longrightarrow驅動力（＝行為的直接動因）$$

(3)上述公式對於動物的行為來說，是帶有必然性的。亞里斯多德說，行為雖然同認知的過程有別，但也是一種「從兩個前提產生的結果是一個結論」的必然過程，它可以用邏輯推理的三段論方式來表示。它的結論就是「一個行動」。「例如，當一個人想到每個人都應當行走，而他自己是一個人，那麼他就直接行走；或者，在他想到在當下場合沒有人應當行走，他是一個人，那麼他直接就保持靜止。」❺

這當然並不等於是一個有意識的推理過程。動物的行為並沒有理性指導，即使有理性的人的行為，也不總是有意識地通過推理來進行的。許多情況下行為者對自己的意欲視為理所當然，不加反思，甚至毫無覺察，他只注意到外物所給予的刺激就行動了。但是，它仍然是一個合乎邏輯必然性的三段論，發現這一點是亞里斯多德的功績。

這是一種不同於一般邏輯論證形式的「行為邏輯」模式。人們給它取名為「實踐的三段論」(practical syllogism)。

❺ 同上，701a9-15。

它是行為者有目的性的行為三段論。在這種三段論式中，行動者被設想成自己對自己說：「我欲吃一切甜的東西」，這是大前提，表示出他的欲望；「這東西是甜的」則是一個小前提，它是個表象或信息的成分，既與環境有關又同行為者的欲望有關；於是結論便是必然的：只要沒干擾，就有了行動。

⑷在這種三段論式中，表象激發了欲望，而那被激發了的欲望就是驅動力，它是行為最切近的原因。驅動力作為最切近的原因，不是原來單純的欲求狀態，也不是單純的信息，而是二者的結合，是二者結合所產生的被激發了的欲望。

由於驅動力裡已經包含了欲望，所以這兩個詞常常可以替代著使用。但是在驅動力中，除了欲望，還有表象的成分，這是必須注意到的。在這裏順帶說說為什麼筆者不把 impulse 譯為「動機」，而是譯作「驅動力」的理由。這是因為在中文裏，「動機」常常會被理解成單純主觀的想法，就同欲望、意願容易混淆。而亞里斯多德和斯多亞派所說的 impulse，乃是「欲望＋表象」的結合物，已不再是行為者的純主觀的欲望和意願。

⑸可見信息性的因素，對於說明行為是多麼重要。它是激活欲望使之轉化為行為驅動力的關鍵要素。亞里斯多德認為從感覺、知覺直到思想等等都屬於其內，並且在《論動物運動》第6、7、8各章中用了 φαντασια 一詞來指稱它們，這個術語在英文中有不同譯法，如 impression, presentation, representation 等。但有些譯法，如 impression（印象），是會引起誤解的，西方學者已經有所討論。採納他們的意見，我想中文還是譯作「表象」(representation) 比較妥當些。其理由後面再加以說明。

表象一方面是行為者從事物得到的一個信息，另一方面又同行

為者的意欲相關。它是行為者按照自己的意願對事物是否適合自己的需要所進行的分辨、解釋和評價的結果。因此它不僅僅是外部的信息，也是內在的意願對某個外部信息的評判和解釋。

有學者分析說，在伊壁鳩魯派行為心理學中，那種把行為看作是由相關的一個「影像」(image, εἴδωλον) 所刺激而引起的觀點，是和亞里斯多德的表象說一致的。而斯多亞派的觀點則作了另一種發展，那就是，不僅把表象看作外來刺激所帶來的信息，也要把它看作是一個可由行為者的意願、意志或理性給予解釋的因素。不過，如 Inwood 所指出的那樣，亞里斯多德也有關於表象的解釋性功能的看法❻。我們知道，愛比克泰德對此有重要的發揮。他說人的權能即在於「運用自己的理性於表象」，就是強調人對自己的表象要作理性的分辨、評價和重新解釋。

不過斯多亞派最主要的發展，還在於沿著亞里斯多德所提出的「實踐三段論」的思路，通過深入的研究，形成了一整套的系統的行為心理學。亞里斯多德所發現的「實踐三段論」，為研究動物和人的行為的內在心理過程提供了一個邏輯性的基礎，他也研究了與之相關的人的倫理行為。但他所說的這個實踐三段論式，對於研究和解釋十分複雜的人的行為心理機制，是遠遠不夠的。為了給人的倫理道德奠定一個行為心理學的可靠依據，斯多亞派在這一方面作出了巨大的努力。

---

❻　近人 Nussbaum 和 Inwood 都特別指出了「表象」的「解釋性」的哲學意義。參見 Brad Inwood, *Ethics and Human Action in Early Stoicism*（以下簡稱 *EHAES*），Clareden Press, Oxford, 1985. pp. 11–13。

第三節　人的行為心理結構和其他動物的差別

上節說到「欲望＋表象─→驅動力」實踐三段論公式。這是個一般的行為心理學的基本模式，但運用到不同對象，則有不同的特點和形式。

對沒有理性的動物來說，其欲望是本能性的，其表象只限於感官知覺，因此其行為的心理學模式只處於「刺激─反應」的水平。例如，讓一條狗注意到牠所欲的一塊肉，牠就會行動去得到這塊肉。人的行為不能只用這樣粗陋的理論來解釋，不過對人來說，它同樣也是一個基礎或初階。只是還應該在這個基礎和初階上，按照人所具有的新的心理因素，以及由此而來的種種發展和變形，來作進一步的深入研究。

顯然，無論對動物還是對人的行為心理的研究，都是同自然哲學中的自然階梯學說有關的。前面我們已經談到亞里斯多德和斯多亞派的這一學說。在自然階梯中，動物已經有靈魂並能自己作位移運動。其機制便是動物靈魂中有欲求和感知能力，二者結合就產生了能推動一個行為的驅動力。而人，則在其靈魂中又加上了理性的能力。但是亞里斯多德雖然已指出了這一劃分，並對人的行為心理機制也有所研究，卻遠未深入。這個進一步深入研究的工作，是由斯多亞派來完成的。

人的靈魂是由理性支配的，對這種理性靈魂的本性或自然結構的研究開發，是斯多亞派行為心理學的真正基礎。

有資料說，斯多亞派認為人的靈魂主要可分為八個部分，即五種感官，加上控制語言的部分，控制生殖力的部分，和心靈本身亦即控制和規整所有其餘部分的那個部分 ❼。據說這種區分可追溯到芝諾本人。

其實，在這張單子上還應加上更為基礎性的普紐瑪即聯結貫通能力(連石頭之類的無生命的東西也有的，即自然中最普遍的能力)、營養生長能力（植物也有的）等等。因為凡在自然階梯上層的，也具有在其下層的事物的本性，作為自己本性中最高部分的附屬成分，雖說也是其更為基礎性的因素。

在八個部分中，占據著最高的地位，能支配人的全部其餘能力的能力，是「心靈」(mind)。有時也可用「靈魂」(soul) 一詞來稱呼它。

只說靈魂有八個部分，對我們了解斯多亞的行為心理學沒多大幫助。在這個問題上，對斯多亞派有研究的柏拉圖派哲學家揚布里科 (Iamblichus，西元前3–4世紀) 提供了進一步的線索。他在其《論靈魂》中說，「芝諾的門人教導說靈魂有八個部分，而在靈魂（即心靈）中有著這些能力，例如，在心靈中有表象、同意、驅動力和理性。」❽他還把這八個部分分為兩組，一組是有形的普紐瑪，指五官的功能；另一組是有質的特點的「能力」(δυναμεις，其單數，用拉丁文直接改寫是 dunamis——引者注)。 這是什麼意思呢? 他打比方說，就像蘋果在它的同一身體裡還有甜味和芳香那樣，心靈

---

❼　見 *Aetius*, 4. 4. 4; *D. L.*, 7. 110; Galen, *On the Doctrines of Hippo-cratesand Plato*, 5. 3. 7 等等。新柏拉圖派文獻中也對斯多亞派的這個理論有報導。

❽　見 Stobaeus, *Eclogae*, 1. 369。

在它的同一個物體內還有表象力、同意的能力、驅動力、理性的能力。可見它們同五官的能力有其質的區別。

揚布里科的這個說法，對我們認識斯多亞的行為心理學就很有幫助了。

這裡所說的心的「能力」，dunamis，這個詞在斯多亞派那裡的含義，是指能夠引起許多事件並控制從屬於它的各種活動的能力。它是心靈的一種張力，把許多不同東西繫緊在一起的有張力性質的能力 (τόνικη δυύαμις)。張力 (τόνος, tension) 是能把自己結構中的許多東西聯繫在一起並加以支配的力量。靈魂的能力，作為張力，便能把自身結構中的各種能力繫緊並加以控制，並由此控制主體如何對待其環境的關係。例如，斯多亞派說人的知識就是心靈接受種種表象的一種張力和能力。又如克里西普說，記憶是心靈中的一個能力，它是表象的儲存庫，能在自己結構中把各種表象保持住，可以長時間不活動直到被激發。他們還說驅動力是心靈的一種張力或能力。這種把能力視為張力的觀念，是同斯多亞派自然哲學中的整體性、貫通性的觀念，同他們把連貫性 (ἕξις, hexis) 當作自然界中連石頭也有的能力或普紐瑪的觀點，是一致的。在一個具有連貫、持續性的張力的支配下，有差別東西得到了統一。它來自理性、邏各斯、神。人的心靈由於具有直接來自神的最高的理性，便具有這種最高級的能力，就能支配自己的各種性能和行為。

Inwood 強調，斯多亞派的行為心理學之所以被稱作一元論的，只在於它把理性能力安置於控制產生行為的過程，不給靈魂中任何反對理性的能力留下餘地來干擾其控制作用。而在柏拉圖和亞里斯多德那裏，則有同理性競爭的因素，所以其行為心理學是二元論的。❾

因此，我們若要深入了解斯多亞派行為心理學，就需要知道他們對於這四種能力及其相互關係的研究和規定。

在這個問題上，我以為 Inwood 和 Long 的論述都相當有成就。不過他們兩人強調的重點不同。Inwood 在其《早期斯多亞主義中的倫理學和人的行為》一書中，一直強調「驅動力」是斯多亞行為心理學的中心概念。A. A. Long 則在他的《斯多亞主義中的表象與自我》一文中說，他贊同 Charles Taylor 的說法，即斯多亞派突出「同意」，把它作為人的能力的中心，發展意志的源泉，是他們在道德學說引起重要變遷的要點。因為，對我們有道德嚴格意義的東西，不僅在於其他哲學家也會談到的自然原則或理性原則，而且就在人有對自己的表象是否給予「同意」的能力。不過 Long 又有另一個說法，他說，研究芝諾的殘篇，直到愛比克泰德和馬爾庫斯‧奧勒留，都可以清楚看出表象的中心地位❿。這樣，對於斯多亞行為心理學中的四要素，即理性、表象、同意、驅動力四者中，何者才是最重要的或中心的概念，就有了幾種不同的說法了。

我認為 Inwood 強調驅動力重要不是沒有道理的，但它的重要只在於它是行為的直接決定者，Inwood 所說的也不過如此。但僅憑這點就斷言唯有驅動力是中心概念，我認為並不妥當，也不符合斯多亞派自己的論述。因為單就驅動力是行為的直接決定者來說，對人和動物是共同的，並不能解釋人的行為及其驅動力的根本特點。要說明人的行為和心理過程的根本特點，就必須把重點放到「理性」

---

❾　*EHAES*, p. 33.

❿　A. A. Long, *Representation and the Self in Stoicism; Psychology, Companions to Ancient's Thought,* ed. by Eveson, 2, chapter 6, Cambridge University Press, 1991, pp. 103–5.

上來，放到人的理性的「表象」和「同意」上來。例如，愛比克泰德就把對「表象」是否給予「同意」，作為人是否運用了他的理性於行為（驅動力在內）的根本問題。所以，相比起來，Long 的說法就似乎更為可取了。不過他有時把「同意」當作斯多亞行為心理學的中心概念，有時又說表象是中心，也就不知道究竟什麼是中心了。

　　所以我想，究竟孰為中心的問題似乎可以存而不論，甚至也不必把這當作什麼要緊的事。最要緊的是，這四個要素在斯多亞派那裡原是相互關聯的，在聯結中有其各自的地位，因此我們應當注意對此多作切實的研討。其實 Long 和 Inwood 的不同強調，主要是由於研究進路上的某種差異引起；而他們在具體論述到斯多亞派的行為心理學內容時，大多仍是一致或互補的，都有相當的深度，因而其成果不妨都作為我們的參考。

第四節　Inwood 的研究進路和行為心理要素的分析

　　簡要地說，Inwood 是從斯多亞派如何解決決定論與道德責任的對立的問題，來考察他們的行為心理學的。

　　斯多亞哲學認為自然法則或神意、命運是決定一切的，人只能服從。既然如此，那麼人對自己的行為如何會有道德責任？決定論與自由意志的對立問題，在希臘化時代變得特別突出。對於斯多亞哲學尤其有這個問題，因為它的體系本身就有這個內在的尖銳矛盾。它的整體性的自然觀使它的決定論顯得極為突出，自然的必然性、

神、命運是絕對的統治者，人，個人，還能有自由嗎？若沒有自由，
人對自己行為還能有道德責任嗎？Inwood 認為這是斯多亞哲學面對
的最重大而尖銳的問題。因此他從這個問題入手，來研究斯多亞派
行為心理學的意義，考察他們對行為心理機制及其要素的分析規定。
我想這樣做是有道理的。

　　他認為，行為心理學，無論說的是理性的還是非理性動物的行
為，中心都在「驅動力」的概念。但他接著就指出，對驅動力也要
放在不同要素之綜合總體中來考察，它不是一個孤立的精神成分，
只有在一個解釋性的理論框架中，才能對驅動力作出恰當的描述。
但他像是怕人會忘了似的，又強調說，唯有驅動力才是這框架中的
關鍵部分。

　　我們還是先注意他對斯多亞行為心理學整個框架的研究。按照
斯多亞的觀點，在人的行為心理中不僅有「表象」和「驅動力」，還
加上了「理性」和「同意」，　而這四種能力都是在心靈的支配之下
起作用的。因此，必須綜合地考察它們之間的更為複合的相互關係。

　　Inwood 分析說，首先是⑴「理性」。希臘傳統用理性作標誌說
明人高於動物，斯多亞派讓理性在心靈中占統治地位，它是理性靈
魂的領導成分。理性首先包括著語言的運用，通過語言表象意義，
使思想成為可能。⑵因此人的「表象」就有了新的發展，它在理性
的作用和影響下，不再像動物那樣僅限於感知，而有了思想、情感、
記憶等等，並能用語言來表象。⑶「同意」是理性產生的，它的力
量就是理性通過語言得來的。同樣，⑷在人的行為心理中，「驅動
力」就不再只由其動物性的本能和感知性的表象來決定的東西了，
它是由理性和理性的表象和同意來決定的。

　　簡言之，人由於有了理性，不僅在原先的動物行為心理要素上

添加了「理性」和「同意」兩種能力，而且使表象、同意、驅動力都發生了改變，從感性水平上升到理性高度，並在相互關係中貫穿了理性。斯多亞派在其行為心理學中經常只講表象、同意和驅動力三個要素，但其中都已經貫穿了理性的作用，或者說，理性是統管，它的作用就落實於這三個要素。一個人通過教育和訓練，這些能力就會形成更具持久穩定性的性格、品質。人的性格和這些要素之間是互動的關係。

對行為心理的諸要素的認識，不僅需要分別的靜態的，更需要動態的過程的分析。就其過程的「實踐三段論」順序來說，在一般動物，其模式是：

欲望（本能的）＋表象（感知性的）──→驅動力（公式１）

而在有理性的人，則在表象和驅動力間加上了同意這個環節，即是

意欲＋表象＋同意──→驅動力（公式２）

這是一個亞里斯多德那裡還沒有過的新公式。應當強調指出，在這公式中，諸因素的每一個，其所表示的心理內涵的豐富性和活動空間的廣度深度，都遠非一般動物所能比擬的。人的意欲，包括了從本能的直至高尚道德水平上的好惡；人的表象，可以從感知性水平達到以命題形式表示思想和真實確切的知識；人所特別具有的「同意」能力，則是他的理性中最具決定作用的所在，那是其餘動物根本不可能有的。所以，人的驅動力和由此產生的實際行為同動物有原則的不同，它是加上了「同意」之後的驅動力，即經過了理性批

准或拒絕之後的，動物的驅動力只是本能欲望加上感知的信息就足夠產生了。

另外，由於在通常的表述中，「表象」裏已經包含了「意欲」這一初始因素，因此，人的行為心理模式也可簡略地表述為：

表象＋同意──→驅動力（公式 3）

這個用法更為經常，所以斯多亞的行為心理學理論框架，常常就成為主要對上述三個要素的分析，及其相互關係的研究。

在這種初步輪廓的基礎上，Inwood 就來考察斯多亞派是如何來解決道德責任和決定論的悖論。他引用了斯多亞化的學園派人 Antiochus of Ascalon 的一段論述，並從這裏開始說明他本人的那種把驅動力當作中心概念的觀點。這段引文的大意是：

克里西普認為，在人的行為動因中可區分為兩類，一種是完善的和根本的，另一種是輔助的和切近的。因此當我們說一切按命運（因果連鎖）由先前的原因而發生時，並非只指完善因，它也可以指切近因。前者是不在我們的能力之內的，但不能由此得出結論說我們行為的驅動力也不在我們的能力之內。如果我們說一切都是由完善和根本的原因發生，而由於這些原因不在我們的能力之內，那麼就會得出似乎驅動力也完全不在我們能力之內的結論。那些把命運同必然性如此聯結的人，就得服從這個論點的力量。但是那些不認為先前的原因都是完善的根本的原因的人，將完全不屈從於這個論點。如果有人說同意總是靠先前原因而發生，克里西普說這是容易回答的，雖然同意不能沒有表象的刺激而發生，但表象是切近的原因而不是根本的原因⓫。

　　克里西普用來解決道德責任問題的辦法是：我們當然必須肯定一切都是由因果律決定，但是，產生人的行為的原因卻可以區別為兩類。一類是整體自然和外部自然的規律性，它是我們行為的「完善的、根本的原因」，不在我們的能力範圍之內，因此我們只能服從。另一類則不同，它是我們行為的「輔助的、切近的原因」，我們的表象、驅動力就屬於這一類原因，而它是在我們每個人的能力之內的。如果「命運」作為因果鎖鍊的意思是只指前者，那就談不上人對自己的行為有道德責任。但是，克里西普說，情況並非完全如此，因為還有另一類因果關係。人也是靠切近因行動的。而它在我們能力之內，因此人就要對自己的行為承擔道德的責任。

　　Inwood 認為這就說明，斯多亞派是把驅動力當作人的行為的切近因看待的。其實上述引文中也有把同意和表象作為切近因的話，但 Inwood 認為這說的也就是驅動力。他又引用另一文獻資料作為斯多亞派把驅動力作為行為切近因的證據。

　　有人對克里西普提出質難，如果萬事萬物由命運推動和統治，而命運所決定的都不會有偏斜也不能逃避，那麼人們的錯誤就不應引起憤怒，也不應歸之於人們自己及其意志。因為這不過是命運的必然，法律對罪惡的懲罰也不公正。

　　對此克里西普回答說，雖然一切都被命運的必然性所作的根本安排所驅使，但我們心靈的稟賦乃是按照它們自己的性格和性質來服從命運的。如果它們從一開始就以一種健康和有用的方式按照自然來塑造，在經歷命運由外部施加於我們的壓力時，在接受和處理上就會有較好的方式。但如果稟賦粗陋，缺乏教育開導，未得到美德的支持幫助，那麼在它們遭到命運的不幸襲擊時，就會由於自身

⓫ Cicero *De Fato*, 41–2.

的弱點和自發的驅動力而總是犯罪犯錯誤。這也可說是命定的，壞的稟賦不能擺脫罪惡和錯誤是必然的。他說，正如你扔一塊圓的石頭下一陡坡，這真的就是它下落的一個原因和開端；不過，它接著往下滾，就不是由於你還在推動它，而是由於自然法則和這塊石頭的形式是能滾動的。可見，命運的秩序和必然性是以不同的方式變換著自己的種類和原因（因果連鎖）。而我們的思想、心靈和行為的驅動力是受每個人自己的意志和心靈的稟賦來控制的。正如畢達戈拉派所說的那樣，神知道人們遭受不幸是咎由自取，每個人有他自己的權能，所以他們犯錯誤，是由於他們自己的驅動力。

因此，克里西普說，我們不應容忍那些做壞事和懶惰有罪的人，當他們被確認做了錯事和有罪時，總把命運的必然性當藉口，好像躲在廟裡把它當作庇護所的人那樣❷。

Inwood 說，從這一段話可以得出的結論自然是：同意引起驅動力，而驅動力引起行為。一個驅動力作為一個行為的原因，是這一行為的必要和充分的條件。

他強調，驅動力不僅是行為的必要條件，也是它的充分條件。他對自己的這個說法作了一番論證。遺憾的是，這個論證在我看來其實並不清楚，似乎也沒有多大的必要。因為他反覆說的無非是這樣一個簡單的事實：驅動力是引起行為的最直接、最切近的心理原因。而這並不是什麼新發現，對研究行為心理的過程也沒有多大幫助，因為驅動力已經是行為心理過程的終了的環節。他如此津津有味地反覆強調這點，我想不過是他想論證說，唯有驅動力才是斯多亞行為心理學的中心概念。但在四要素中這樣突出驅動力，實際上只能起貶低「表象」和「同意」的作用，不利於具體深入剖析行為

❷　*EHAES*, pp. 48–50.

心理的整個過程，也不符合斯多亞派的原意。所以我認為，儘管他抓住必然和道德責任的關係問題來研究很對，但在行為心理四因素中孤立地強調驅動力，仍然是不妥的，並沒有充分的根據。

實際上他在自己的論述中不免自相矛盾。因為他要說驅動力，就必須同時說明表象、同意在斯多亞的行為心理學中的重要地位和作用。這時，他就不得不也突出了後二者。例如，他先說了如下的意見：「一個驅動力就是一個行為的原因，是它的必要和充分的條件，它不可避免地產生一個行為，只要沒有外在的妨礙阻止身體的實施，就可以等同於行為。它比一個意向、一個行為的意志、決策還要多一些東西，因為它的角色就是一個行為的原因。」 然後緊接著就不得不承認：

> 在（斯多亞哲學的）文本把表象、同意和驅動力作為系列的步驟引向一個行動之中，克里西普把同意作為關鍵術語。表象是外在引起的，驅動力產生行為，同意則是驅動力的經久不變的原因。人是負責的，只是因為他有「同意」的能力。對整個過程來說，一個表象是系列的開端，是一必要的卻不充分的條件。行為不會由心靈自發產生，要喚起或刺激一個驅動力，永遠需要有一個表象。有表象不是我們可以控制的事，但「同意」與否則是在我們能力之內的事。

顯然，在這裡，他還是把「同意」作為整個過程的「關鍵」， 也即決定性的中心環節了。既然如此，要說明斯多亞哲學解決道德責任與必然性的對立的思路，就不該只強調驅動力，也要強調其表象和同意的概念，尤其是「同意」的關鍵意義。

　　因此，我以為不必對他把驅動力當作中心概念的意見過於看重，還是如實地研討斯多亞派對四要素及其關係的論述本身為好。事實上，Inwood 在往後的論述中，對表象和同意作了許多詳細認真的分析，是非常有價值的。我們可以大略地摘其要者說說。例如他指出：

　　——斯多亞派行為心理學所關注的「表象」並不是單純認知性的，而是與行為相關的「有驅動力的表象」(hormetic presenta-tion)；表象成為「理性的表象」(rational presentation)，其特點是不僅有感性知覺，也包括著記憶、思想等等，並集中表現為語言中的命題形式。因此我們必須注意斯多亞派所說的命題形式的表象；

　　——這種理性的又是有驅動力的表象，其語言命題形式便不是陳述式的而是「命令式」的。對於這種命令式的命題，斯多亞派還作了語法和邏輯的分析；

　　——正是這樣的表象，才是「同意」的對象。同意不是對著感知和陳述性的命題而發的。例如一個看見一塊餅的人，假定他是愛甜食的，當他有了這個印象之後，就會在心中產生一個命題來表述這個所見的內容。可以有一種命題，「這裡有一塊餅」，但那是認知性的，是否同意都不會激起他的行為。另一種命題是「吃這塊餅對我是合適的」，這個表象對他的行為就很重要了。對於許多人來說，就會形成一個命令的語式：「那你就吃這塊餅吧」。但是，由於人有理性，一個有智慧的人在經過倫理的和謹慎的考慮之後，就能拒絕這個命題，「不，我不可這樣做」。這樣，由於「同意」的能力的作用，就決定了一個驅動力是否發生，如何發生；

　　——這樣，「驅動力」可定義為由於「同意」（包括同意和拒絕的心理行為）某個「有驅動力的表象」（具有命令形式的命題）而

得到理性的控制和決定的一個心理事件。是否同意一個純認知命題，那是一個認知事件，它不會引起行為。一個看見着了火的房子裡有個孩子的人，知道他該去救孩子，但他是否去做？有沒有一個驅動力？不，知道並不能保證他有驅動力去行。認知的、理解的智慧同實踐的、行動的智慧不是一回事。斯多亞派並不否認認知性的表象（知識）的意義，但把實踐的智慧放在最重要的地位，要人把知識付諸行動，把它們聯繫起來。

Inwood 在分析闡述了斯多亞派關於人的行為過程的諸因素及其在過程中相互關係的模式之後，認為這就證明了他們的行為心理學是以驅動力為中心的，並由此協調了命運同道德責任。

他參照了 Charlotte Stough 的意見，他認為這是新近的一個最好的說明，它對斯多亞派協調命運與道德責任的理論作了如下解釋。大意如下：命運的運作就是原因的運作。但原因不都一樣，有不同種類。人的行為有兩種不同的原因，外在原因和內在原因。前者是關於環境的信息，後者是行為者靈魂的稟賦，它決定了對外因的反應。人按命運是一種理性動物，因此命運在人是通過他的理性來起作用的。理性控制、引起行為的方式是通過「同意」。人的行為永遠受理性的「同意」的決定作用所控制，而這個理性的同意，是對著由表象而生的有驅動力的命題的。因此，我們的行為在我們的能力之內，並沒有割斷命運的因果聯繫。我們有著至少是對自己負責的自由。

在斯多亞派行為模式裡，人並非最終的自我推動者。一個理性行為者對刺激會作怎樣的反應要受種種因素制約，他的理性素質也是由各種原因造成。命運通過行為者的人起作用，其中就包括他的理性，也包括由他的經驗所形成的品格。克里西普也說到這兩個方

面，說到那些外在因素通過影響人的理性和品格，而表現為決定人行為的命運之力。

有內因外因之分，但內因還是有外因作為形成的重要因素。如果說行為由「同意」決定，那麼同意又從何而來？如果我們的同意由我們的品格決定，可是我們的品格又從何而來？豈不終究還是由不受自己支配的外部因素造成？那麼，我們如何能說人要對自己的行為負責？我們還能指責那些沒有機會成為善人的可憐的靈魂嗎？如果神意是終極的原因，惡人的存在又如何解釋？

斯多亞派對此有一個回答。環境是重要的，但每個人生來有良知，它是自然趨善的傾向。它在某種環境下會受到阻礙而反常。不過斯多亞派相信，這些因素決不足以阻擋道德提高的道路。

這就需要對人和動物的行為差別作更仔細的考察。所有動物的靈魂都有其指導的部分，是它們產生驅動力的所在。在非理性動物中，這個指導的部分不包含理性能力，其結果是它們不能有「同意」。還有一個結果是，它們也不會有與理性對立的錯誤的情感 ($\pi\alpha\theta\eta$, passions)。例如塞內卡就說過，「發怒決不會發生，除非是在有理性的地方」。未成年的孩子也如此，所以基督教的教父哲學家奧尼金 (Origen) 說，未完全獲得理性的孩子，不會陷入錯誤的情感、意志薄弱和惡。這個觀點是從斯多亞派來的。斯多亞派不認為人出生時就有理性，克里西普把理性定義為一堆觀念和概念的集合，人要到七歲才開始獲得，到十四歲才算具有了理性的能力。因為孩子學語言、詞義及其聯結需要一個很長的過程，而獲得了確切的語言能力，還不等於能對自己的行為負責。所以法學家總要給人能對其行為負責規定一個年齡，道德哲學也是如此。斯多亞派認為，動物和未成年人由於沒有理性也沒有錯誤的情感，或者還幼稚，其行為和驅動

力就沒有道德的責任。

當一個表象由存在對象而來的時候，就伴隨著「服從」和「同意」（與否）這兩種不同的對表象的反應。人對「有驅動力的表象」的反應和動物不同，動物自動地對刺激回應，是被動的服從，人卻能按照自己的品格進行選擇，對表象給予同意或拒絕的決定，從而有主動的自由。

不過，斯多亞派的批評者說，他們所說的「同意」是難以與「服從」分清的。懷疑主義者主張對於印象和刺激持順從態度，這種順從本身也可以說成是他所「同意」的；這樣，人對他所同意的行為也仍然不必負責。

對此 Inwood 強調指出，有理性的人對外物和自己的表象作出同意與否的判斷決定，在斯多亞派看來，主要是一種「否定性」的活動。例如，一個女人出現在一個主張獨身的男子面前，並不是他放棄其主張的理由。挑逗發生了，但理性能加以拒絕，只要他的這種能力有訓練。因此，「同意」和「順從」是不同的。「同意」是人才具有的、能夠對自己的意欲和表象進行評判的否定性能力。所以人的整個行為心理模式，與動物只會順從自己的欲望和刺激來形成其取捨的驅動力的模式，就能明確地區別開來。

那麼，如果應當拒絕而沒拒絕，對此該如何看？斯多亞派認為這也是給予了一種「同意」，因為一個人總是有這種能夠自己決定棄取的能力的。所以可說他實際上仍然是「同意」了一個他應當拒絕、能夠拒絕卻並沒拒絕的行為，不過這個「同意」是錯誤的。這也許是不自覺的「同意」，但他是一個人，有「同意」的能力，所以終究也是一個「同意」（隱含的「同意」）。

斯多亞派認為，如果說一個應當拒絕卻沒有拒絕的「同意」是

由於行為者沒有弄清表象命題和同意的含義，那他還是有責任的。因為他有理性，就有可能澄清其含義，可是他卻沒有加以運用。若說是因為缺乏訓練，那他對於自己未加訓練也有責任。因為他有這個能力，這是在他自己能力範圍之內的事情。斯多亞派關於這種不自覺的或隱含的「同意」的說明，是想要證明：理性行為者對自己的一切行為和引起行為的心理過程，都是有責任的。

因此，斯多亞派理論認為：人的行為既是從屬於因果鎖鏈支配的，又總有自己的責任。他的責任，深究起來，就在於他必須注意使隱含的「同意」澄清起來，使「同意」真正起到它作為表象的看門人的作用。愛比克泰德總是教人要「正確地運用表象」，所謂正確運用的意思就是：當表象出現在你的心中時，你要讓它先等一等，決不要匆忙地作出決定。在這個時候，你要用自己的理性當法官，對它進行檢驗，然後再決定如何加以回應。Inwood 說，愛比克泰德的這個說法，抓住了老斯多亞派心理學和倫理學的中心❸。

從以上所述，讀者不難看到，Inwood 對斯多亞的行為心理學的研討是很有成果的。拋開他老是想論證唯有驅動力才是中心概念的說法不管，他實際上還是很全面地研討了理性、表象、同意和驅動力四要素及其互動的關係。驅動力是行為的最直接的原因，而驅動力是由理性的表象和同意來形成。表象提供內容，同意是把關人。理性統管三要素，使人的行為心理成為彼此緊密聯繫著的有機過程。

---

❸　*EHAES*, pp. 52–84.

第五節　Long 的進路：表象、同意與「自我」的關係

現在來談談 A. A. Long 新近發表的頗有新意的論文（見❿）。其新意在於，他是從「關於自我的哲學」(philosophy of self) 的觀點來研究斯多亞行為心理學（Long 用的是「心靈哲學」這個詞）的。他認為「自我」是一個心理學和倫理學的核心概念，而斯多亞的心靈哲學最有創造性和特點的地方，是它為個人自我的形成提供了理解的工具。因此，他從「自我」的角度，對斯多亞的行為心理學說和其中的範疇，作了一種在我看來是很有啟發性的詮釋。這個詮釋，在斯多亞的文獻中也是有根據的。

他評述說，近來有一個新的研究主題開始迅速發展 —— 關於個人或人格的思考及其歷史的主題。如 Rorty, Carrithers, Martin, Taylor 先後在八〇至九〇年代發表的論著都談到了這個問題。這是一個滲透於哲學、心理學、人類學、歷史學和文獻批判學各個範圍中的主題，其特別關注之處就是「表象」的問題。

他認為，「表象」一詞*，應指個體的人覺知他們的自我的方式，或者說，是他們得到的第一人稱者 (first-man) 所具有的世界觀和經驗。就此種意義而言，「自我」乃是某種本質上具有個別性或唯一性的人，每個人作為一個觀察者和對話者，都有其與眾不同的與世界

---

*　φαντασια, Long 自己曾譯為 impression，而通常在學者中還有 appearance, presentation, representation 等譯法。經過多年研究之後，他在這篇於 1991 年新近發表的論文中，認為還是譯為 representation 為好。

相聯繫的內在通道。

他評論說，Taylor 把斯多亞派所講的「同意」，看作古代哲學發展中的新奇創見，是很對的。它為嚴格意義上的人格，或個人的自我認同及其行為，提供了一個概念。接著他說，同樣新奇而有意義的，是斯多亞派對「表象」的看法也和以往的看法有別。對於斯多亞派來說，表象包括了心靈的全部生活。最好把它解釋為一個對意識的新的聚焦點，對覺知主體的個體性的新的聚焦點。它是人心的基本特徵。一旦我們認識到這一點，就可明白為什麼他們把控制和正確運用表象當作倫理學中最重要的問題。

可見，在 Long 看來，斯多亞派行為心理學中關於「同意」和「表象」的學說，都有其哲學史上的創意：它們都是屬於「自我」這個唯一性主體的心理活動，因此，應當聯繫到「自我」來理解它們的含義和作用。

於是，Long 就以「自我」的觀念為中心，對斯多亞行為心理學中「心靈」的兩個相關的要素——「表象」和「同意」，作了很有新意的闡述。

表象，通常都理解為認知性的。希臘哲學家（從恩培多克勒、智者到柏拉圖）都用這個詞表示「顯現」(appearance) 給人的東西和「感知」(perception)。亞里斯多德用它概括了感覺、知覺、思想、信念和想像等等心理活動。有學者認為，亞里斯多德只是列舉了表象的這些活動，還沒有把它們當作一個統一的意識，斯多亞派做到了這點，是一個新貢獻。Long 說，這雖然是對的，但還是表面的看法，尚未深入實質。他認為斯多亞派的創意和貢獻的真正要點，是在於他們把表象同行為者的自我覺知聯繫了起來。表象能夠有統一性，只因為它是個體自我的表象。個體自我是有同一性的行為主體，

所以他的表象有統一性，而且是同行為相關的，並非只是認知性的。

因此，斯多亞的表象概念，是一個關於個人自我及其行為的統一意識的概念。要闡明這一點，需要再一次地從頭說起。

在斯多亞派看來，心理學和倫理學是內在聯繫著的。對此，他們的思考是從人和動物的共性開始的，因為人雖有理性，也還是動物。動物的特點是有靈魂。有靈魂是一個行為主體的標誌，它使動物能推動自己運動。其動因，就是動物的靈魂中的兩種能力——表象和驅動力——的聯合作用。

亞里斯多德說動物的表象是感知能力，它總伴隨著動物的欲望能力。斯多亞派則特別注重二者的內在聯繫。「表象」是什麼，它表象什麼？他們認為，動物的表象能力雖然包括了五官對外部的感知，但是請注意——首先和主要的，乃是動物對牠自己的結構和需要的感知。動物是在對自己的感知中去感知外物的。

克里西普就說過這樣的話：「對每個動物來說，從一出生牠就要與之適合並保持住的第一個東西，就是牠自己的結構和牠對此的意識」❿。

羅馬帝國時期的斯多亞派哲學家 Hierocles 更提出了一個很長的論證。他說動物感知力的第一個對象，並不是外界事物，而是這個動物自身⓯。他證明動物從出生起之後，總是不斷地感知自己身體的各個部分及其特殊的能力，這種自我覺知，是它感知別的東西的前提條件⓰。

Long 說，Hierocles 強調「自我覺知」這點，是斯多亞派的標

⓮　*D. L.*, 7. 85.

⓯　Hierocles, *Elements of ethics*, cols. 1–6, ed. by Bastianini/Long, 1992.

⓰　同上，col. 6. 2。

準學說。這種學說是斯多亞的貢獻，決定性地標誌出他們的心靈哲學同以往的分別。

要點是：斯多亞派把自我覺知當作動物生存的基礎。為了生存生活，每個動物必有某種自我表象、自我感知，這種感知和表象使一個動物把牠自己當作了一個經驗的主體。如貓必有貓的自我覺知，狗必有狗的自我覺知，這種自我覺知是貓、狗等動物的感官發生作用的先決條件。事實上，動物的看、聽等等，同我們的看、聽是不同的。說到底，每個個體同其它個體，每個人同別人，都是不同的。因為每一個「自我」總有其個體性。不同的動物或人雖然有共同點，也都各有其特殊性，其自我表象必有差異，因而其對外部世界的表象也就必有差異。

與表象相關的另一個行為心理學的概念，就是自我覺知直接指向的「主宰者」，它是靈魂中下命令的部分，其作用就是進行表象和給出驅動力。因此，表象的主體和驅動力的主體是同一的，即我們稱之為「自我」或「心靈」的東西。事物顯現給它，它對某個顯現或表象作出「我要」或「不要」（棄取）的決定。除了這個「主宰者」外，就再也沒有什麼主體或自我了。所以，斯多亞派的學說是不容許有分裂的自我的。人的「主宰者」就是他的「心靈」，它為斯多亞派提供了一個統一自我的概念。

心靈的一個基本作用是接受表象。外部情境或內在狀態不斷作用於心靈，給它提供了某些確定的內容和覺知的對象。驅動力是這同一個體的心靈對他的表象所作出的反應，它引起行為主體的一個有目的的行為。因此，與自我和驅動力相關的表象，是具有連續性和統一性的；它是某一個心靈（即自我）的經驗，有其堅實的個體性內容。可以想像一條拴在行進中的車子上的狗，那自願跟著走的

狗同一條不馴服的狗之間就有區別。對於不同的狗，表象也不同。可見表象不僅同它所涉及的事物有關，也同它的主體自己如何相關。在上面的例子裡，同牠是哪種動物，牠所受的訓練和牠所形成的習慣有關。

斯多亞派認為，動物的表象是「簡單的」， 不同於人的表象，因為動物並不綜合和概念化牠們的經驗，牠們靈魂中的主宰部分是非理性的。成年人則不同，不僅是理性的，而且一直貫穿著理性。

正統的斯多亞派堅決拒絕柏拉圖派把人的靈魂分成一個是理性的心靈、另一個是非理性的情感部分的二元論觀點。他們並不否認人會「非理性地」行動和思想，但堅持這只是理性自身的缺陷(如缺乏自覺和訓練等)， 並非在人心中有另一個非理性的部分。成人的理性能夠持續一貫，是因為他們的一切經驗都能由於理性而用語言形成和表達，使表象以命題的形式清晰地呈現出來。

沿著語言和理性的發展道路，在人的靈魂中就發展出在表象和驅動力之上的第三種能力，對表象給予同意或拒絕的能力，這就是「同意」。

「同意」， assent， 其詞義是「投票表決」， 即對自己的決定表示明確的態度。作為一個能力，它是在表象和驅動力之間起中介作用的力量。

表象有權要求我們注意，但它並不迫使我們作出某種行為。某種行為的驅動力要成為是我的，還要依賴於我對表象的答覆：我是否同意。我有一個想法，得到某一筆錢是好的，我要不要這樣做？我可以停下來想想這樣做是不是真好，我可以阻止我自己去這樣做；進而，我還可以願望我沒有這個表象，也許我可以對自己說，我可以試圖避免這樣的經驗或表象。

所以斯多亞派把「同意」當作人最根本的決定性的能力，讓人把注意力放在他們關注的「自我」、「第一人稱的人格」上來。任何表象都是「我」的經驗的一部分，而我能使之成為「我的」或「不是我的」（觀點、信念、決定等等），就看我是否同意。

Long 說，這樣的理解，就使我們走近了愛比克泰德，走近了他的「正確運用表象」的關鍵性學說。

第六節　一個簡要的小結和評論

1.若干要點的簡要小結

以上所述，我想已經表明，斯多亞派提出和發展的行為心理學，在哲學發展史上確實是一大貢獻。這是一個有系統的，內容相當豐富，在概念上和論證上都比較嚴格和深入的學說。有些要點值得我們留意，可以歸納如下：

⑴斯多亞的心學是他們倫理學的一個基本組成部分，也是倫理學的一個最切近的理論基礎。這個心學本身是他們的人性論的深入，而他們的人性論即關於人的自然的學說，又是以他們的自然哲學為根本的理論基礎的。另一方面，由於「與自然一致」地過有道德的生活，是整個斯多亞哲學的中心命題，或研究哲學的目的。而道德必須以人有自由為前提。因此，在心學中研究和規定人的自由、自我及其生活行為中的心理結構過程，不僅對其倫理學是至關重要的，也會反過來深刻影響著斯多亞的人性學說和自然哲學本身。

因此，斯多亞的行為心理學是其整個哲學的一個重要環節，一個最引人注意的部分。我們應當從它與斯多亞哲學各部分的關聯中，

來看待它的意義和地位。

　　⑵它的研究對象，是每個人決定著自己的生活和行為的心理結構、要素和過程。所以我們在注視其心理研究時，始終不能脫離斯多亞派最關注的人的自我，及其生活和行為中的實踐問題。

　　⑶在自然階梯中，人的行為心理是在動物的基礎上發展的，又與之有原則的分別。動物的行為心理結構是人的行為心理的基礎或初階，研究必須從前者開始。亞里斯多德在這方面提供了一個基礎性的學說，即「實踐三段論」的心理結構的學說。它是斯多亞派行為心理學的重要思想資源。

　　⑷人不同於動物的地方，在人有理性。隨之而來，人的行為心理要素也就有了與動物不同的規定。在動物的行為心理結構中，只有「欲望」（本能的）、「表象」（感知的）和由這二者結合的「驅動力」。人有了「理性」，其行為心理結構中就在上述因素之上，又加上了「理性」和「同意」這兩個新的因素，並使欲望、表象、驅動力也在理性的控制下發生了本質性的改變。

　　動物的行為心理結構和過程是：「欲望＋表象──→驅動力」（本能的和感性水平的）。

　　人的行為心理結構和過程是：「意欲＋表象＋同意──→驅動力」（都在「理性」的控制之下，其意願和表象都能上升到道德理性的水平）。

　　如果把「意欲」包含在「表象」裡，即把人的表象看作「有驅動力的（因而也是有意欲在內的）表象」，那麼，也可以把上述公式簡約為：「表象＋同意──→驅動力」。

　　這一簡約，就使我們能夠理解何以愛比克泰德把整個的行為心理學問題、道德問題概括為「正確地運用表象」的命題。因為那正

確運用表象的，就是每個人自己的理性，而這個理性對行為心理的決定作用，最終就集中體現在「同意」這個要素和環節上，簡言之，就是「同意」。這樣，全部問題的關鍵所在，就可簡約地概括為「表象」和「同意」二者的關係。即：「表象＋同意」，因為驅動力和行為是從它來的，或可以劃等號。

(5)斯多亞派對人的行為心理各個要素，都從其相互的關係和統一的過程中，作了許多分別的研究，進一步的規定。在我們提到的 Inwood 的那本著作中，就有不少這類更加具體精細的研討和闡述。本書雖然不能一一介紹這些細緻的說明，但我想提到這點使人有適當的注意是有好處的。當我們需要進一步深入研討時，就可以和應當這樣地去做更細緻的研討。

(6)如果說動物的行為心理過程是「實踐三段論」的、具有必然性的過程，那麼，人的行為心理過程也同樣是一種具有必然性的合乎邏輯的過程。

差別只在於二者的必然性在水平上不同。動物的心理過程特點，是牠必定要自動地服從自然；而人因為加上了理性，就能在理性水平上服從自然，其特點是，人的行為在服從自然時，有一個由自己的理性來主宰的判斷、選擇的心理過程，從而使自己的驅動力和行為成為由他他自己來決定的事情。於是，人對自然的服從，就成為他自己的自由。這特別表現在他有「同意」的能力上。他能對做還是不做某事，由自己作出最後的理性裁決。

(7)上面所說行為心理學基本框架，在落實到每個人的生活和行為時，是同他的性格、品質有緊密聯繫的。人的性格和品質等等，有外在環境的影響，但也是在他對自己的意願、表象、同意、驅動力等的運用中不斷培養、訓練出來的。作為比較穩定和持續的因素，

性格和品質對每個人的行為和心理過程作用巨大。因此，注重倫理
學及其實踐的晚期斯多亞派哲學家，在其行為心理學的研究中，對
這方面特別多有研究。

2.對 Inwood 和 Long 的不同研究進路的一點評說

　　從 Long 對斯多亞心靈哲學的說明，包括他對理性、表象、同
意、驅動力諸概念的分析，及它們在整個行為心理過程中的相互關
係的研究來看，與 Inwood 的論述並沒有很大的區別，可以說基本
上是一致的。不過他們的視角是有所不同的，對此我想應略予一點
評論。

　　我以為考察一個對象持有若干不同的視角不僅是允許的，而且
很有必要，只要選擇得當，都會對我們認識和詮釋有益。例如我們
中國人、中國學者在研究斯多亞的這種西方的心學時，就應當有自
己的角度，研究起來才有意思。任何後人的有意義的研究，都有自
己的關注，這既不可避免，也決不是壞事，因為那正是使研究活起
來富有生氣的永不衰竭的動力。問題只在你所選擇的視角和進路是
否在對象本身那裡有其真實的依據。

　　我們上面談到的兩位是現代西方學者，在關注上有共性也有差
別。只要研究有文獻依據，不脫離斯多亞派自己的基本論述，就都
會有益，並且我們會看到，盡管有差別，只要是認真和深入的，就
必定有聯繫並能匯合在一起。

　　我認為 Inwood 只有一點不妥，就是他說唯有「驅動力」是斯
多亞行為心理學的中心概念的這一意見。這個意見不能在斯多亞文
獻中得到證實，也同他們的心學思想本身不一致，勉強去說必定要
陷於自相矛盾。但是，他從「決定論與道德責任」問題來考察是有

意義的，那確實是斯多亞派自覺到的一個重大問題，有文獻的依據，並且因而無論古今都有意義。所以，他的研究仍然是很有成績的。

決定論和道德責任的對立，從根本上說是一個在具有必然性的世界上，人的生活和行動能否有自由的問題。斯多亞哲學由於突出了整體和必然，因而在肯定人有自由時，面對的問題就會特別尖銳。Inwood 引證了克里西普對這個問題的回答，並聯繫到斯多亞派的一系列觀點，認為斯多亞派有一個較好的解決方案。在這個問題上，我以為 Long 從「自我」這個中心關注來看待斯多亞派對此的解決要更有深度一些。但是他是從當代所謂「自我的哲學」新熱點著眼，說從這裡便能看出斯多亞的「新奇貢獻」，我就不能恭維了。現在追求新哲學成為時尚，西方如此，中國學者更愛追風。其實哲學作為人的終極關懷性的思考和努力，決非趕時髦的工作，並不見得今人必定都優於古人。所謂新的「自我哲學」，所關注的還不是蘇格拉底的那個「認識你自己」的古老命題嗎？豈能算作當代才有的新發現呢？我不否認，一個深刻的中心思想永遠既古老又常新，當代的關注也自有當代的新意。既然如此，用它來重新認識斯多亞的心學也就有重要意義。不過，我們既然是在研究斯多亞哲學，更重要的還是應當從他們本身的思想來給予充分的深入的說明。可是，在這方面，我認為兩位學者的工作還沒做到家。他們兩位都提到了愛比克泰德觀點重要，「走近」了他，但是都還沒有在他本身下足夠的功夫。其實同他相比，克里西普對自由的理解，對自由和必然的答案，在水平上相差甚遠，比較勉強。何必對克里西普說得那麼多而對愛比克泰德卻只「提到」一下呢？而愛比克泰德是屬於斯多亞派本身的，如果承認他的思想是更正確深入的，那就是我們認識斯多亞派有關學說的更基本的根據。認真研究了他，然後才好認真談

論我們當代所能給予斯多亞學說的新解釋。這是我對這兩位還感到不能完全滿意的地方。

愛比克泰德才是闡明斯多亞哲學的自由觀的最傑出的人，同時也給必然和自由的一致提供了一個相當深刻和有說服力的解決方案。所以，我認為，我們在研究斯多亞心學的時候，不能只是「提到」他，對話的主要對象就應當是他。否則對斯多亞哲學的認識將難以透徹。因為唯有他，才是斯多亞哲學曾經達到過的深度高度的標誌。

以上內容，包括對兩位學者研究成果的介紹，已能使我們對斯多亞心學的基本框架和要點有一個輪廓的了解。有了這個基礎，再談愛比克泰德的有關學說就比較順理成章了。

第七章　愛比克泰德學說的特色和綱要

第一節　他的學說在表述上的特點

1.關注的特色

上面三章我們對斯多亞派的自然觀、人性論和行為心理學作了必要的介紹討論，這對於認識愛比克泰德的學說是必要的準備和基礎的知識。從現在起，我們就來集中談他本人的一些突出的發展和貢獻。不必說，他那些最有特色的地方，仍是同他的斯多亞派前輩的成果相關的；但是，我們的注意力已不在那些一般性的學說，而是他本人的特點所在了。

對於他的學說的特色，我在第三章中已經有了一些基本說明。扼要地說，那就是，㈠他比早期斯多亞派更突出了其哲學體系中的倫理學方面；㈡進而，他又比其他晚期斯多亞派更注重倫理道德的實踐方面；㈢再進一步說，由於他本人有當過奴隸的切身經歷和經驗，對什麼才可算作真正的自由、道德和幸福，有特殊的深入思考，並且運用於自己的生活和行為之中。所以他不僅是理論家，不僅是個從理論上特別重視把倫理學同實踐的斯多亞哲學家（如塞內卡等

那樣），更是一個以實踐這個倫理學和哲學，把自己實際地做成「一個斯多亞派」的人的實踐家。換言之，他關注的中心，全在於如何「做人」，做一個理想的有道德和自由的人，即如何實現一個真實的「自我」。 這首先是愛比克泰德他自己的事，與此同時，他盡心盡力地教導別人。

在這點上，他同蘇格拉底和犬儒第歐根尼那樣的人是完全一樣的。

差別只在於，他已經是生活在羅馬時代的人和哲學家了，在新的歷史和世界中人的處境變化了，人的精神探求又經歷了長期的追尋而變得更深邃了，哲學的理論也有了後來幾百年的重要進展，因此，當他又一次回到蘇格拉底和第歐根尼那樣的做人的哲學和實踐時，他的理論和實踐有了重大的新發展。這就是他的新貢獻。

可見上述這些特點，不僅不違背斯多亞派的整個學說，而且恰恰給它帶來了新的生動的和最真實的生命。因為整個斯多亞哲學的宗旨就是要人生活「和自然相一致」， 在遵循自然法則的必然性中求得人的自由，活出一個有德的人。這個宗旨在愛比克泰德這裡體現得最為鮮活，所以他成了斯多亞派哲學家中間的一顆最光亮的星。

他是道德理性的實踐家，但並不因此在理論上就遜色一籌。在這方面，他優於犬儒第歐根尼，而更像是一個蘇格拉底。從理論上說，他並不搞什麼體系，而是在斯多亞哲學體系的基礎上，提出一些最要緊的畫龍點睛的提法。在這些提法中，理論和實踐，學習哲學和嚴格訓練是緊密地結合著的。

2.把握愛比克泰德的特殊困難：他的學說的綜合性特色

　　讀愛比克泰德的《論說集》，人會感到一種深刻而生動的氣息時時撲向你，啟示你的心靈。但是，若有人問他的學說有幾條，請你談談，就會使人感到很不容易說明，因為他自己從不作這樣的系統性的理論解說。你又決不能說他沒有理論的成竹在胸，但你若想要把他的理論說明白卻一定會經驗到那是多麼地困難。我有這樣的親身體驗，多年之後，才漸漸有了一些頭緒，並且發現，這個困難在很大程度上同上面所說他的學說具有強烈的綜合性質有關。

　　首先是，他的理論總是同指導行為實踐結合著的。他從不抽象地專講理論，總是針對處於各種不同情境下的不同個人的實際困惑，向他們提出解惑的勸告和教導。為了實際地解惑，他運用了斯多亞哲學的全部重要內容，既有深刻的理論闡述又使之具體切實。他要求他的學生和前來求教於他的人，一定要把理論變為指導他們自己的實際行為的原則和方法。這原則是關於如何做人，這方法，是為此每個人所必需自覺進行的嚴格訓練和步驟方式。這些彼此聯繫貫穿雖然是他的傑出之處，但在學習研究者面前出現的這個綜合交織為一體的對象，要想按通常研究理論的辦法來把握，就必定會感到非常困難。

　　這個特點要求我們在研究他的理論時，必須作雙向的思考，一方面要注意從他對實踐和訓練的教導中把握他的理論觀點和系統；另一方面，要注意從其理論的原則高度去把握它在實踐和訓練中的落實。這是他的理論本身的這個特色使然。這是第一點。

　　第二點是他的理論資源的綜合性。他所運用和發展的理論思

考，綜合吸取了從蘇格拉底、犬儒派和他的斯多亞派前輩的成果，也綜合了斯多亞哲學的各個方面。他把這些都緊緊地圍繞著他自己所特別關注的中心，加以提煉運用；並且又都按照聯繫到實踐的方式加以改變了。因此不容易作清晰和條理的表述。

如果有人說，在他的言論中找不到很多專門講自然哲學或邏輯學的地方，更缺少系統的有關論述，就以為他缺少這些方面的重要思想或系統的理論，那是誤解。集中於倫理實踐的運用，容易使人產生這種誤解。但那是不對的。他在其實踐性很強的教導中，決不缺少理論的系統及其深度和廣度。相反，他對自然哲學（如對神、命運等）和邏輯學理論的認識，正是在倫理學的實踐運用中得到深化的，因此他不僅在倫理學理論及其實踐上能夠提出極富創造性的觀點，在自然哲學和邏輯學方面也有新意和創見，那是很值得我們鑽研的。

這種綜合性並不是他的學說的缺點，毋寧說正是他的特殊的優點。不過，對於我們來說，也確實帶來了不易把握的困難。

為了有助於清晰地把握住他的學說，我們就需要作出特殊的努力，試圖重建他的學說的系統。這種努力必須以他本人的論述為根據，並且只有在我們深入研究了他的思考的綜合性特點時，才有可能抓住他的實質。

第二節　愛比克泰德學說的綱要：三個主要提法

在《論說集》和《手冊》中，記載了他的幾個最重要的提法。

那就是我在前面所說的他對斯多亞哲學的畫龍點睛之筆。按照我的理解，有三個關鍵性的提法是最要緊的。他們有密切的關係，並且可以把他的全部思想提起來。因此，研討這三者的關聯，分別深入到這三點的論述中去做更仔細的研討，就能夠把握住他的全部學說的精華和方方面面。這也可以視為一個理論的系統，——在整個斯多亞派的理論基礎之上的愛比克泰德的更有特色的系統。

由於他本人並沒有把這些表述為一個理論的系統，因此我的這個想法不免帶有猜測或假定的成分。但我以為這對理解他會大有助益，所以還是冒昧地把它提出來。是否恰當，自然還待商榷，但我想至少可以有一種拋磚引玉的作用吧。

這三個關鍵性的論點是：

首先，他提出了關於人的權能的問題，對什麼是我們自己權能範圍之內的和不在此範圍之內的作了嚴格的理論劃分。這個提法，是他論證、詮釋人能夠有自由、道德和幸福的核心根據。因而，它成為愛比克泰德學說的總綱領。

第二點，他用「正確運用表象」這一最簡潔的提法，概括出為了人贏得他們自己的自由和高尚，在自己的行為和內心中，所應當做的全部工作的性質和內容。這是一個同實踐緊密相連的行為心理學總提法。

第三點，他提出了運用和實踐這個行為心理學總提法的三個主要方面。我將稱之為愛比克泰德的「心學三題」。它在理論上使上述總提法得到了展開的論述，對指導道德實踐更有特別重大的意義。理性如何「正確地運用表象」，就要看這「心學三題」的理解和實踐如何而定。

這三條中，第二、第三條的關聯是很明顯的，而第一條更根本。

三者的順序是一個理論上和實踐上深入貫徹的進程。反之，沒有第三條，第二條就會成為空洞和不落實的；第一條也就會成為空洞不落實的。因此，彼此是一個互相貫穿的整體，合起來說便是一個系統的綱要。

三條都非常言簡意賅。我們需要分別依據他的有關論述和運用，來加以認真和比較深入的闡釋。以下幾章，就來做這件事情。

第八章　人的權能的本性和界限

第一節　愛比克泰德全部學說的中心命題

愛比克泰德《論說集》開篇第一卷第一章，就提出了這樣一個問題：「什麼是在我們的權能之內的，什麼是不在其內的?」阿利安把愛比克泰德提出的這個問題，置於《論說集》的開頭，作為整理編輯其全部思想學說的一把鑰匙。他在摘要選編的《手冊》（*Handbook*，希臘文題目為 *Encheiridion*）中也把這個問題放在第一條。這條一開頭就說：

> 有些東西是在我們權能之內的，而其它的則不在其內。在我們權能之內的，是理知、驅動力、好惡的意欲等等，一句話，我們自己的行為所能達到的一切。不在我們權能之內的，是身體、財產、名望、官職等等，一句話，我們的行為不能達到的一切東西。

Christopher Gill 評論說，對於愛比克泰德來說，沒有什麼主題比「我們的行為是『在我們權能之內』」更被強調的了。從這點出

發，愛比克泰德引出了人的行為心理學的模式。❶

　　阿利安如此重視愛比克泰德所提出的這個問題，Gill 認為這是他的思想學說中最突出的主題,這些評論應當引起我們的高度注意。前者是古人最早的評價，後者是最新近的現代評價，古今一貫，都把這個問題看作理解愛比克泰德的中心所在。我想他們的評價是很對的，確實抓住了關鍵。因此我們也要從這裡入手，研究和闡釋愛比克泰德。

　　分清我們權能之內和在此之外的這個提法，表面上看似乎是個簡單的說法，但是在這個提法之中，實在是包含了極其根本和深刻的內涵。只有給予必要的詮釋，並在運用的意義上加以詮釋，才能使這些內涵顯明和展現出來。

第二節　「我們權能之內」：　對每個人能力所及範圍的界定

1.關於 "ἐφήμιν"

　　我們首先需要解析和澄清這個提法的含義。其中第一個要注意的是 ἐφήμιν 一詞的詞義。我手頭的四個英譯本用了不同的表述方式，最新近的一個譯法是：

> Some things are up to us and others are not. Up to us are

---

❶　見 Robin Hard 英譯本 *Epictetus* 中，Christopher Gill 所作的導言，Everyman, 1995, p. xix。

opinon, impulse, desire, aversion and, in a word, whatever are our own actions. Not up to us are body, property, reputation, office and, in a word, whatever are not our own actions. ❷

　　這裡把 ἐφήμῖν 譯作"up to us"。我們知道，在希臘文中 εφ 作為前置詞，加在後面名詞第三格時，其義為 rest upon，即依靠，信賴的意思，ἡμῖν 是代詞「我們」的第三格形式。所以，ἐφήμῖν 原意是指「靠我們的」、「有賴於我們的」或「我們勝任的」。"up to us"的譯法，從語文上說最接近原文，在英語中就是「我們所（能）及的」。

　　另外一些本子譯為 in our power，in our control，即「在我們能力之內的」、「在我們控制範圍之內的」，則是按照愛比克泰德使用這個詞時所賦予的含義來譯，意思很準確，表述也更明確。

　　我用了「在我們權能（範圍）之內的」這樣一個中文譯法。因為我想若只用「能力」一詞來譯解 power 的意思還略嫌不足，西方人用 power 一詞時還有「權力、權利」的意思，用來譯解 ἐφήμῖν 是符合愛比克泰德原意的。因為他在用 ἐφήμῖν 時所要表達的，正是一個關於我們人人生來都有、誰也不能否認和剝奪的最根本的「權能」的概念。現代人不是說「人權」(human right) 嗎？愛比克泰德的 ἐφήμῖν 要說的，就是最根本的人權。

　　他說，對於某些事物，我們能完全由我們自己作主；但對另一些事物我們就不具有這種能力。把這二者劃分清楚，對於我們是最要緊的，它關係到如何才能澄清我們作為一個人的根本權利問題。人豈能把自己的生活和行為放在依靠自己不能作主的東西上？但是

❷ 同上。

究竟什麼是我們有權能作主的，和什麼是自己無權能作主的，人們總是不加認真考察，處於混亂之中。種種錯誤都由此而起。所以，澄清什麼是「在我們權能之內的」東西，澄清我們的「權能」本身，就成為最關鍵的問題了。

在愛比克泰德看來，人之為人的最根本的所在就在他有自己的這份「權能」。憑著它，每個人自己就能努力去爭得做人的權利，成為道德的人，贏得自己的自由。所以，他把這個問題當作他的學說的第一個問題。

2.關於「我們」

還有一點我想也需要注意，這裡所說「在我們權能之內」一語中所說的「我們」並不是一個集體名詞，指的只是我們每一個個人。這是因為，他所關注、主張和要加以界定的「我們的權能」，決不是指我們的某個家族、集團、城邦的權能，羅馬帝國的權能，而只是作為世界公民的每個個人自己具有怎樣的權能。

不澄清這一點，就會對他所說的產生嚴重的誤解。

愛比克泰德在許多地方明確指出，人們的親屬和社會的關係等等，都是同身體、財產等等一樣，屬於「在我們權能之外」的。唯有每個人直接來自神的理性才是他的真正所有。如果說，「我們」作為一個共同體的集體性的名詞概念，它所指的，只是神或神的意志、自然法所治理的「世界城邦」，既然如此，那就必須用「神」來標誌它了。至於人們通常所關注的家庭、家族等共同體關係，特別是人間的城市和國家，其權能雖然看起來很了不起，但是，在愛比克泰德眼中，其實並沒有真正的自己自主的權能。他總是指出，權貴、富翁以至皇上們靠財富、名位等等建立起來和發生作用的

權勢，常常背逆神的理性行事。他們只是些泥土般的存在，邪惡的奴隸，沒有真正的權能，沒有真正的自由。他們和他們的權勢、財富、名位等等終究也不能不受自然法的支配。今天雖得勢，明天會垮臺，就證實他們其實沒有真權能、真自由。所以在我們明確的自己的權能時，一個重要之點恰恰在於：要同這些人間的權勢劃清界限。

3.人的權能的真實根據和主宰者只是他的理性

愛比克泰德所說的我們的權能，從根本上說就是人的理性。

我稱之為他的學說總綱領的第一個提法，其特點是從每個人生來所具有的「權能」，來談他如何成為一個有道德而自由的人。他的斯多亞派前輩已經說，由於人是理性動物，所以有道德責任，並因此也應承認人在遵循自然必然性而生活時有他自己的自由。不過，他們在講這點時大多還是停留在理論闡述上，對如何實際做到則說得並不透徹。實際去做和做到，是靠行為的，而行為則直接是個能力的問題，要憑自己有權能。無權無能地講道德是空洞的，不能做更不能做到。所以愛比克泰德把重心放到一個人所具有的權能上來。這並沒有脫離斯多亞派哲學的根本觀點；恰恰相反，他把原來斯多亞派講得還比較抽象的「理性」活動起來，變成活生生的、人人都有並能在生活實踐中運用的「權能」。這就對斯多亞派的一直在說的「理性」，起到了點化的作用。

所以，要理解愛比克泰德的這一提法，我們必須再一次地從人性的關鍵之處——人的理性討論起。但是，這次討論是有新意的，是從人的行為的權能的角度，來談人的理性。

愛比克泰德哲學比他的前輩更加高揚了人的自由，他所說的道

德和幸福這些老的根本主題得到了充分的實踐的品格，都同他聯繫於人的權能來再度考察人的理性相關。他把人的理性的作用和活動概括為「正確地運用表象」（即我在上一章稱之為第二個提法的觀點）這一很有新意的提法，也是從人的行為必須有其權能的角度，對其理性依據作新的思考得來。

我在前面（第五章）評述斯多亞的人性論時，已經談過他們關於人的理性的某些重要見解，那裡也已涉及了愛比克泰德的觀點。說過的不必簡單重複，這裡主要是闡發他對人的理性理解中的新意。

第三節　人的理性使他有權主宰他自己的生活和行為

在《論說集》第一卷第一章中，愛比克泰德提出劃分我們的權能內外，對此權能加以規定的時候，是有論證的。論證的要點是：在人的各種能力中，唯有理性是能反思它自身、並能反思和支配其他一切能力的一種特別的能力。語法的能力只能評判語言，音樂的技藝只評判旋律，都不評判它自身，也不能支配你是否去運用它們。寫信時語法能告訴你寫的方式，不能告訴你是否要寫。你在什麼時候該不該唱歌彈琴，音樂也不能告訴你。能告訴你這些的，唯有這既能反思和評價它自身，又能反思評價所有其他能力的一種能力，它就是理性的能力。能支配或主宰你的一切行為的，也唯有這個理性。

所以，人有自己的不可剝奪的權能，是因為他有理性。而人之所以有價值，能正確地生活和行動，就因為他有這個理性的權能作

主宰。愛比克泰德強調要從生活實踐來看待人有理性的意義、目的和作用：講人有理性，只是為了人自己的生活和行動能合乎理性，好（善）。所以必須把理性貫穿到具體的生活行為，使它變成能力，來實現人自己理所應得的權利（自由、幸福，也即道德）。 要實現人的理性權能既然只在行動之中，那麼，我們關注的就不只是行為的表現本身和後果，而首先是造成行為的驅動力和引起它的表象等心理要素和過程。

這正是我們的理性權能最要關注的地方。而這種關注和作用，正是理性權能本身的意義和價值，甚至可說，就是這個理性權能的本身。因為，除了叫人正確地思想和行為而外，還有什麼理性或理性的權能可說呢？

第四節　哲學的主旨：人人有權有能贏得自己的自由

W. A. Oldfather 說，他不知道還有任何人比愛比克泰德講到自由的次數更多。據他統計在愛比克泰德《論說集》和《手冊》中「自由」這個詞共出現有 130 多處。僅就這一點來說，就可表明，他對「自由」的問題是何等的強調重視。

他之所以把劃分我們的權能的範圍作為他的學說的第一命題，最主要的就在於為人有自由提供根據，為規定和闡明自由提供論證，為實現自由提供實踐的途徑。

這一點如此重要，我們就應當作一些較為認真和詳細的說明。

1.希臘化羅馬哲學中對「自由」觀作出最大貢獻的 兩個人

對於西方人及其哲學來說，自由還是受奴役，實在是一個太大的問題。因為從希臘時代起，無論是城邦還是個人，甚至整個希臘民族，不是作自由人就得當奴隸。受人奴役的奴隸，只是別人手心裡一種會說話的工具，同牲口一樣可以買賣的東西，不能算作人。只有在鬥爭中贏得自由的，才贏得做人的資格。從此，「自由」就成為西方文化中對於人之為人的根本定義。

梭倫改革的主要一項是頒布「釋負令」，取消了氏族貴族用以迫使平民賣身為奴的高利貸，否定了以自己同胞為奴隸的行為和制度。從此雅典人才有了平等的公民權利，並逐步建立健全了民主制的城邦制度，保障了全體公民個人都享有自由。抗擊波斯入侵的勝利，使希臘民族贏得自由。各個城邦在彼此的競爭中也在不同程度上保持與發展了獨立自由。城邦和民族的獨立自由，是希臘自由的基本保障。總之，在這些鬥爭中希臘人成了自由人。

但是從希臘化時代起，除了馬其頓人羅馬人而外，所有各民族不再有自由，原先的希臘人也什麼城邦的自由可談了。於是，這個給人下定義的自由，就集中到個人，成為一個個人自由的概念。這是一個重大的轉折。後來的直至如今的西方自由概念，主要是從希臘化時代之後傳下來的遺產,它的核心是個人的自由和人權的概念。

所以，我們對希臘化羅馬時代的自由概念必須給以特殊的關注。儘管自由的觀念源於古典希臘，但這時代的自由有了新的情況和特點，彼此有著原則性的差別。

新時期對「自由」概念作出重大貢獻的哲學家，首先是伊壁鳩

魯。他提出、論證和堅持了人的自由。因此伊壁鳩魯派成為當時很
有影響力的一大哲學學派。

斯多亞派在哲學上注重整體性的原則和必然性的原則，這使他
們在論證個人自由上處於相當困難的地位。儘管他們說的也有道理，
但是若不能有力地解決自由的問題，在面對伊壁鳩魯派的挑戰和人
們的攻擊質疑時，就必定十分被動，不可能贏得人們的心和真正的
尊重。克里西普的努力只有部分的成績：是招架之功，尚缺還手之
力。這個難題，可以說，是到了愛比克泰德的手裡才有力地得到解
決的。

這個親身當過奴隸，並且一直在追求自由的人，把他所學得的
斯多亞哲學，變成了一個思考怎樣做人、什麼才是真正的自由的思
想武器。他認為自由的根據就在每個人生來就有的權能，並提煉出
了「劃分我們權能內外」的根本命題來澄清這個權能的含義。從而
對一個人能獲得怎樣的自由，作出了根本的和嚴格的定義。因而，
他能高揚自由，嚴格的論證了自由的含義和界限，教導人如何運用
自己的權能來贏得自由。人們評論說，是他，唯有他，才給斯多亞
派哲學灌注了新的活力，其理由就在這裡。

希臘化羅馬哲學中新的「自由」概念的奠基人，主要就是這兩
個人，伊壁鳩魯和愛比克泰德。但他們的觀點是對立的。因此要認
識愛比克泰德，就需要先對伊壁鳩魯的貢獻和他向斯多亞派提出的
挑戰，有一個必要的回顧。

2.伊壁鳩魯的貢獻和挑戰

伊壁鳩魯的貢獻在於，他在希臘化剛剛開端的時候，就反映了
時代的變化要求，以簡捷明確的方式，論證了原子式的個人有其自

由的本性。並且證明，人能以相當容易和直接了當的方式和途徑得
到他的自由。伊壁鳩魯派運用了這種倫理學說，回答了人們在新時
期面對的困境和挑戰，維護了個人的自由。

伊壁鳩魯派的自由概念影響深遠，直達近現代。例如青年馬克
思的那篇著名的博士論文就是專門研究和闡發伊壁鳩魯的，其中最
有思想光彩之處，即在對其原子偏斜和人有自由的論證所作的深入
分析。在希臘和西方的哲學思想歷史上，伊壁鳩魯是把個人自由提
到首位並給予了明確論證和闡發的第一人。

這時他們當然要以嘲笑的態度來對待與之競爭的斯多亞派。因
為斯多亞派強調的是自然和世界的整體性和必然性，主張人應當無
條件地服從必然性，給人的印象似乎正好是否定了個體性的個人及
其自由。

可見，兩派競爭的中心問題和實質在於如何看待「必然」和「自
由」。

伊壁鳩魯的解決方案是：必然性是有的，但同時也有偶然性和
自由。三者可以並行而不悖。

他認為，原子在世界中作垂直下落的運動是必然性，在這一點
上他同德謨克利特的想法是一樣的。但是對此他作了一個重要的修
正。他說，原子在下降的垂直運動中，也有略為偏斜的本性。這種
看來僅僅是稍微有點偏斜的變動，就帶來了一種全新的原子論學說。

偏斜說首先補上了德謨克利特原子論的一個漏洞，解決了彼此
分離的原子如何能結合而形成各種事物的問題。因為如果各個原子
在虛空中只有垂直運動，它們的相遇和結合便成為不可能。

更加重要的，或伊壁鳩魯作這個修正的真正目的，則在於為人
的自由提供了論證的根據。著名的羅馬伊壁鳩魯派，詩人盧克萊修，

在其《論自然》長詩中把這兩點都說到了，而在闡明其論證了自由的意義時，更是異常的鮮明和熱情：

> 當原初物體自己的重量把它們
> 通過虛空垂直地向下拉的時候，
> 在極不確定的時刻和極不確定的地點，
> 它們會從它們的軌道稍稍偏斜——
> 但是可以說不外是略略改變方向。
> 因為若非它們慣於這樣稍為偏斜，
> 它們就會像雨點一樣地
> 經過無底的虛空各自往下落，
> 那時候，在原初的物體之間
> 就永不能有衝突，也不會有撞擊；
> 這樣自然就永遠不會創造出什麼東西。
>
> 再者，如果一切的運動
> 永遠……按一定不變的秩序產生出來，
> 而始基也並不以它們的偏離
> 產生出某種運動的新的開端
> 來割斷命運的約束，
> 以便使原因不致永遠跟著原因而來，——
> 如果是這樣，那麼大地上的生物
> 將從何處得到這自由的意志，
> 如何能從命運手中把它奪取過來，——
> 我們正是藉著這個自由的意志

向欲望所招引的地方邁進，
同樣地我們正是藉著這個意志
在運動中略為偏離，
不是在一定的時刻和一定的空間，
而是在心靈自己所催促的地方。
因為無疑地在這些方面
乃是每個人的意志給予發端，
從那裡開始，透過我們所有的四肢，
新開始的運動就流遍全身。
……

有時確實是由於意志的裁決，
全部物質就被迫改變它的路線，
……

你難道還看不見雖然外力驅使人向前，
並且常常叫他們違反自己的願望
向前運動，被迫一直向前衝，
但是我們胸中仍然有著某種東西，
足以和它鬥爭並抗拒這種外力？
可見同樣地在種子中間，
除所有的撞擊和重量之外，
你必須承認還有運動的另一種原因，
作為我們自由行動的天賦力量的根源。
……

人的心靈本身在它的一切作為裡面
並不是有一種內在的一定必然性，

也不是像一個被征服的東西一樣

只是被迫來忍受來負擔，

這情況的發生乃是由於始基的微小偏離，

在空間不一定的方向，不一定的時間。❸

　　這裡所說的「極不確定的」（或「不一定的」）時間、地點等等，都是對偶然性的描述詞，指的是存在著與自然必然性不同的情形。在這些場合，原子和自然事物，動物和人就能夠突破必然性，開始一個新的行動，自主地偏斜於必然的運動。否則人在這個世界上就只能聽從必然性的擺布，沒有任何自由。

　　可見，在伊壁鳩魯派看來，世界上存在著三種不同的情況：必然，偶然，和由於偏斜和偶然而產生的自由。他們認為，雖然自然有其必然性，但同時也應承認自由；而重點顯然在於肯定自由。

　　同時也很清楚的一點是，在伊壁鳩魯派看來，這種自由是同必然對立的，是對必然的偏離和違反。他們認為，如果自然中發生的一切都是必然的，那麼就不會有自由。自由的可能，只在於原子有偏斜的本性，並且自然也容許有偶然性。自由和偶然，儘管只是在自然必然性的縫隙中才有其存在，然而對確立人有自由卻是特別重要的。因為它終究給自由提供了一個生存的地盤和空間，使它能夠建立起來。原子偏斜說給伊壁鳩魯派以信心來爭取人自己的自由，使人可以藐視必然和命運對人的支配作用。

　　伊壁鳩魯本人說過這樣的話，一個明白人生目的和善是容易達到的人，

---

❸　盧克萊修，《物性論》，方書春譯，商務印書館，1962年，引文中「原初物體」、「始基」、「種子」等指的都是原子，頁76–79。

他嘲笑和不信有些人拿來當作萬物最高主宰的那個命運，而
認為情況毋寧是這樣：有些事情的發生是必然的，另一些則
由於偶然，還有一些則是由於我們自己的作為。因為他看到
必然取消了責任，機遇或幸運不常有，而我們自己的行動是
自由的，這種自由是我們承受褒貶的依據。就是聽從那些關
於神靈的神話，也比做自然哲學家們所主張的命運的奴隸要
好得多。因為神話還給人一點希望，可以由於敬拜神靈得到
恩惠，而命運的必然性則無法逃避。**❹**

塞內卡還說伊壁鳩魯說過如下的話：

在必然性中生活是一件不幸的事，但在必然性中生活並不是
一個必然。走向自由的道路到處都是開放著的，這些道路是
很多的，是很短的，容易走的。因此謝天謝地，在生活裡沒
有人可以被束縛著。而對必然性加以制約倒是許可的。**❺**

伊壁鳩魯所批評的「主張人要成為命運的奴隸」的自然哲學家，
指的正是斯多亞派。因為他們最突出地主張人必須順從整體的自然
法則或「命運」。 這一指責是否正確，是斯多亞派必須嚴肅回答的
大問題。

---

❹ *D. L.*, 10. 133. 9–10.

❺ 塞內卡，《書信集》，12.24，轉引自馬克思《博士論文》附錄，中譯
本，人民出版社，1962年，頁60。

3.愛比克泰德之前斯多亞派的回應

　　但是斯多亞派是否取消了人的自由？可不可以有另外的自由觀？伊壁鳩魯派的自由觀本身是否完善而沒有缺陷？

　　首先，斯多亞派決不會也不可能反對人有自由。這情形就像在中國講倫理道德哲學的人決不會否定人倫之道一樣。因為自由之對於他們，正如人倫對我們那樣，是人之為人的根本定義和全部價值觀念的核心。斯多亞派作為長達數百年之久的希臘化羅馬時代的主流哲學，當然不可能否定這個根本。此外還有個十分重要的理由，以生活和道德為宗旨的斯多亞派非常明白，道德的善惡選擇永遠是以個人的思想意志的自我決斷為前提的，如果世界上只有必然性而沒有自由，人就只是一個被動的生物，他就不能對自己的任何行為負道德上的責任，所謂善惡的分別對他也就沒有任何意義。所以肯定人有自由也是他們哲學的內在必然要求。

　　斯多亞派在回答伊壁鳩魯的挑戰中提出了自己的另一種自由觀。他們必須在整體和部分、必然和自由的兩極性巨大張力中，在仔細研討這些複雜的關係中，才能澄清和論證自己的自由觀。這就決不可能像伊壁鳩魯那樣簡捷了當，為此斯多亞派花費了極大的努力。

　　在斯多亞派看來，伊壁鳩魯的自由觀是非常錯誤的。因為他們認為，伊壁鳩魯派完全無視人所面對的自然和社會的整體性聯繫和必然性，而只想規避它們。那種把必然性、偶然性、自由三者分離開來平陳並列，以為這就能給人的自由以基礎和論證的辦法，就是規避了自然和世界的整體性和必然性對於人的制約作用。

　　如我們前面說過的愛比克泰德對他們的揭露那樣，伊壁鳩魯派

叫人不要參與社會的公共事務，甚至不要結婚生孩子，一心只管自己，不要去管別人的事情。但這個說法，不僅對社會行不通，就是對伊壁鳩魯本人也行不通。他也喜歡友愛，還要寫書教導人。這豈不就是在管別人的事情，證明了他所說和所行自相矛盾了嗎？因而也證明了他的理論是有根實性缺陷的。

斯多亞派正確地看到，自然和社會的整體性、整體與部分之間聯繫、必然性的法則等等，是人所絕對無可迴避的事實。因此認為伊壁鳩魯企圖規避它們，而只從必然中有偶然的縫隙，原子有作偏斜運動的本性，來講孤立個人的自由是站不住腳的。恰恰相反，個人的自由只能存在於整體之中，只能存在於同必然的關係之中。

從生活實踐的事實和哲學的整體觀出發，斯多亞派斷言個人必須無條件地服從整體和必然；但同時他們仍要無條件地肯定人和個人的自由，這就出現了極尖銳的矛盾。一切服從必然，如何能有自由？這是他們必須回答的大難題。

出路不是把自由和必然簡單分開，恰恰是要把兩個有區別和對立的東西統一起來。伊壁鳩魯認為同必然拉在一起就不可能有自由，斯多亞派認為只有拉在一起才會有真實的自由。這是需要嚴格論證才有其可能的。

首先，這個論證的終極根據只能是整體自然或神本身。

在斯多亞哲學裡，神既是整體又是個體，既是必然也是自由。或者說，這些在人說來是對立的東西，在神那裡原是同一的。這就奠定了自由和必然統一的第一個理論基礎。

然後，再來談人的自由這個問題本身。人不同於神，對他來說，自由和必然當然有對立並常常十分尖銳。但是由於人是神的兒女，在整體自然及其階梯中占有最高的地位，分有了神自身的理性，能

夠與神直接溝通。這就給思考和研究人的自由如何可能，同必然性之間的對立應如何認識和處理使之統一，提供了線索。對此加以研究和論證，就產生了斯多亞派關於人性和行為心理的學說。其基本思路是：人作為自然的部分，雖要服從整體，但他又是一種特殊的理性動物，因此他能憑自己的理性來模仿神，在努力與自然的整體必然性求得一致中，超越自身局限，而贏得同神類似的善和自由。

但是，具體闡明自由和必然的對立統一關係還是不容易。前面提到過克里西普曾用分別「根本因」和「切近因」的辦法，來試圖解決這個困難。但這個說法顯然是相當勉強和不透徹的，而且會引出無限追溯的質問。

因此，總的說來，在愛比克泰德之前的整個斯多亞派給人的印象，是突出了必然，壓抑了自由。如果沒有他，這印象怕是難以消除的。事實上，對不大了解愛比克泰德學說的人來說，至今對斯多亞派的觀感還是那樣。

4.愛比克泰德所高揚的「自由」

愛比克泰德扭轉了我們的印象。在斯多亞派眾多的哲學明星中，唯有他真正回答了伊壁鳩魯派的挑戰，解決了建立斯多亞派的自由觀的大問題。他是希臘化羅馬時代論證和高揚了自由的最重要、最有貢獻的人物之一。在深度和正確性上，比伊壁鳩魯的貢獻更大。

他所高揚的自由，有一些顯著的特點。他反對空談自由，反對把它看作任性，更反對從個人的身體、財產等物質性的利益來看待自由。他教人只應遵循自己的理性，運用自己的理性於表象，使人能面對自己的真實處境形成正確的表象和決定並付諸行動。這是一種嚴格規定了的理性的自由，道德自律的自由，並且是能夠實踐的

自由。愛比克泰德談到了一個人在各種情境下所能有的這種自由和幸福，他特別強調了一種公牛精神：在面對邪惡時，一個這樣的人，就能像一頭公牛在面對獅子的襲擊時，能勇敢向前衝去，保護自己和牛群。這種自由是能同自然法則和神的理性一致的，因此它是同必然一致的，正像在神那裡，自由和必然是同一的那樣。

可見，他所說的「自由」的全部根據，就是人人都有的理性的權能，其最終的根源是神，即自然的法則、自然的理性。

為了嚴格規定這個自由，他認為人的權能的範圍，不在身體、財產這些東西上。因此對這些東西我們不能有自由，只能服從必然性。在自然界和人世中發生的各種事情，它們對個人來說，有的好有的有害，並且是彼此衝突的，但是從神的眼光來看，這些全是必然的安排，我們只應順從。也就是說，在這個範圍裡，人是不會有自由，找不到自由的。無論願意不願意，我們必須承認這個事實。

那麼，我們還有什麼自由可言呢？難道我們能離開這個身體、這個實際的自然和人世來談生活嗎？難道在一個到處都由必然性統治的世界中，能談什麼自由？

愛比克泰德說：能！我們有這個權能。只是你必須劃清我們所具有的權能是對什麼說的，它究竟是什麼。如果你抓住了你所具有的理性，知道它來自神或整個自然的法則，並且學會運用到它所適用的範圍，你就看到自己是完全有權能的，你也就有了自由。它是任何人不能剝奪的，連神也不能剝奪，因為神也是按照自然規律的，他給予你以理性的權能時，已經給予你以不可剝奪的自由；而你的身體、財產之類只是暫時給你使用的，它們是按照自然法則有生有滅的，自然和神到時候會收回。所以想要在這些東西上你有支配的權能和自由，是虛妄；可是在你的一生中按照理性來生活和行動，

那是你的權能之內的事，在這個領域，你是完全自由的。

　　人們會說，愛比克泰德所說的自由還是消極的，因為他否認了人有改造物質世界的權能和自由。在近代和現代人看來，自由必定要包括改變我們的物質環境。我同意這個看法。但是我們對古人的處境和知識境況應當諒解。至少，愛比克泰德為人發現了他最終的不可動搖、不可剝奪的權能和自由的那個核心，那是至今並且永遠有效的。因為他所說的「服從」，決不是要人服從人間的罪惡，做罪的奴僕。恰恰相反，他總是教導人要用自己的理性對於罪惡堅定地給予抵抗。

　　既要「服從」自然的必然性，又要運用自己的理性來贏得正義、得到「自由」，是不是自相矛盾？用愛比克泰德經常舉的例子，當一個正直的人面對囚禁、流放和處死時，他能堅定地堅持正義和道德，仍然是自由的，這同他勇敢地接受這個命運的安排是完全一致的，並不矛盾。他不會抱怨神和命運，而是感謝神給他以理性的權能，使他生活得同自然一致，有道德，是自由的人而不是一個奴隸。

　　他說，自由是偉大、高尚、有價值的。當你看見一個人跪在別人面前討好和違心地說話做事，就可以確定地說他是不自由的。為了一頓飯，或為了一個統治權力、一個官爵，為了一個奴隸、一份財產。這樣的人再有權勢也不幸福。那些稱王的和王的朋友，都不能生活得如其所願。❻

　　沒有自由的人就是奴隸。愛比克泰德在指出人間權勢並不能給皇帝和達官貴人以真自由，他們和那些屈從、討好他們的人都是奴隸的同時，主張人應當像公牛那樣勇敢地為了善，為了高尚而鬥爭，去爭取每個人所應有的自由。他說，「是什麼使人能成為他自己的

❻　《論說集》，4. 1. 54–55。

主人? 是知識，如何生活的知識。」 這是「神已經給了我的，是我自己的，讓我服從我自己的權能。神還保留了什麼? —— 他已給我以在選擇範圍內的一切，使我自由，擺脫了限制和阻礙。而身體是用土造的，神如何能使它自由，擺脫阻礙? 因為他使我的財產、家私、房屋、妻子兒女服從宇宙普遍的循環。」❼

可見，他的自由觀雖然同近現代人的觀念有重大差異，但其核心仍然是完全正確的，一直貫穿到今天，仍有其深刻的和積極的意義。

第五節　人的權能來自神的理性

1.人的理性與神的理性的差別

愛比克泰德對人的權能範圍的劃分，是以人所具有的理性和它所能達到的一切為界限的，認為它不能適用於身體、財產、同伴等等的東西。理由是，這些東西對一個人來說終究是外物，不能以自己的意志為轉移。我們知道，按照斯多亞派的學說，這些東西雖然不在人的權能之內，卻是在神的權能之內的。所以，對人的權能的這種界定表明，在他和斯多亞派看來，人的理性雖然直接來自神，但同神自己的理性相比，還是有著重大的差別。

我們已經說過，斯多亞派所說的神是整體自然的同義語。神是自然的主動者本原，是決定這個世界之為這個世界的主宰；他用理性、邏各斯管被動者的本原 —— 質料，使主動本原和被動本原結合，創生了水、土、氣、火元素，一切無機的和有生命的存在物，也創

---

❼　《論說集》，4. 1. 62–63; 4. 1. 99–100。

造了人。並且用自己的理性繼續治理它們，管天管地管萬物也管著人。所以在斯多亞哲學看來，神至能至善。不過，神的理性既然是自然的邏各斯，用使事物新陳代謝，生死變換的法則來治理世界，在其中貫穿他的善意志。在這個意義上，整個自然的邏各斯是善。

因此，人的理性同神的理性是有所不同的。神的理性是從整體出發指向部分，也就是指向各個自然的事物和人。而人的理性則相反，它從部分即每個人的個體的自我出發，通過管住自我的表象和行為，來指向他周圍的事物，逐步進到認識整個自然和神。

人有其作為自然的一部分所必然會具有的局限性，他要達到善就必須突破這些局限性。從單純的個人的自保開始，直到認識自己是「世界城邦的公民」，是神的兒子，並在行為上做到與自然一致，才能達到他所應有的真正的善。

這就要求人分清自己身上所具有的二重性：他既有理性靈魂也有物質身體。人的理性權能所能完全主宰的只是他的心靈的活動，和由此而來的實踐行為。他的身體、財產和種種人際關係，不屬於他的理性權能的範圍。因為這些東西，從最切近的每個人的身體說，就只是神暫時交給我們用的，何況其它？人的生死、疾病和種種實際處境，是他自己無法支配的事情，只能服從。人是自己能支配的（靈魂、行為）又是自己所不能支配的（身體）東西結合而成的存在物。人的本分只在抓住其權能之內的東西去努力。這才是他的善，也即是他的自由之所在。人不能要求他在身體、財產、名位這些事上有自由，那就是越權，想干涉神的安排了。並且所得的會恰恰相反，成為身體、財產、名位等等的奴隸，陷於罪惡。

因此，愛比克泰德要人把自己的權能澄清，把自己所具有的最可貴的、來自神的理性緊緊抓住，加以正確運用；同時對並不真正

屬於自己權能之內的身體等等外物，看作是對自己無所謂的，完全信任和交給自然、神意或命運。並把這兩方面結合起來，也就是把在身體等等方面「服從」自然同正確運用理性於表象和行為結合起來，就能同自然和神完全地達到一致了。因為一個人這樣來處理他自己的二重性，從兩方面的認識和行為來說，都符合了自然，同神和邏各斯一致。人應當以自己所享有的這種理性的權能和自由而感到自豪和滿足。

人面對著自身的這種二重性，一方面使人有可能模仿神去追求善，另一方面也可能只從局部利益出發思想和行動，做違背整個自然秩序的事而走向惡。所以，人只能在二重性的對立矛盾中，憑著他的理性的作用來獲得善和自由，這必定是一場鬥爭。

2.神即是善：愛比克泰德批判人間權威和罪惡的依據

他說，「神帶來恩惠，善也帶來恩惠，這樣神的真本性所在似乎就是善的真本性所在。那麼，神的真本性是什麼？肉體？不！土地？名聲？不！是智力、知識、正確的理性。就在這裡，無需再問，去尋求善的真正本性。」[8]

在他看來，神即真善。因為善的真本性就是正確的理性，而神的真本性原是正確的理性，所以是同一的。神的善就在自然的秩序，在對人的關懷。而神對人的關懷的根本點只在他賜給人以理性，使人能憑這份理性自己去努力和鬥爭，做到與自然相一致，贏得善和自由，即人的真正幸福。

---

[8] 《論說集》，2. 8. 1–3。

愛比克泰德高舉神的理性權能的旗幟，是為了使人能夠批判地看待一切人間的權勢。它帶有鮮明的批判意識。在這點上，它和猶太教－基督教否定一切偶像的一神教義，及其所具有的批判精神，是非常接近的。

生活在羅馬帝國繁榮時期的愛比克泰德並沒有完全否認世俗權威也有某種有益於人的作用。例如他也承認，羅馬皇帝給人們以和平，不再有戰爭，沒有大的匪幫，人們能在陸地和海洋上平安航行。但是，他說，這些皇帝能給我們以愛的和平，不再有悲哀和敵意嗎？不，不能。❾

如我們下面引證的，他在許多地方都指出，無論是皇帝，還是富豪、達官貴人的權勢，都是不能給人以真正的安全和自由的。他們總是用財富和名利來驅使人，用殺人、流放、囚禁來叫人害怕，以達到他們的目的。因此，追求自由和幸福的人只能依靠神和神賦予自己的理性來生活和行動，決不可依附於這些人間的權勢，做他們的奴隸。

3.每個人都是神的兒子，有最高貴的出身：人有自由平等的本性

愛比克泰德指出，人首先應當明白的一點就是：他是神的兒子，有神所特別賜予的理性，因而他身上具有神性。這是人能戰勝自身和世上的各種限制和罪惡，贏得善、高貴和自由平等的根據。

他說，植物和非理性動物雖也是神的造物，但神沒有給它們理性的能力，所以它們生來只為別的東西服務而沒有自己的目的。

---

❾　《論說集》，3. 13. 9–10。

但你是一個主要的造物，你是神自己的一個片斷，在你自身
中有他的一部分。為什麼你對自己高貴的出身這樣無知?」❿

神就在你裡面，餵養著你，伴隨著你，聽著看著你在想和做的
一切，為什麼你卻忘了自己的這個本性，而不感到羞恥呢?

愛比克泰德說，如果一個人認識到我們全都首先是神的孩子，
神是眾神靈和人們之父，我想他就決不會以為自己是個被拋棄的和
卑賤的人。但如果你以為皇上看中了你而傲慢，也沒有人能忍受你。
我們應當以自己是宙斯的兒子而感到驕傲，可是事實上許多人卻不
這樣看。這是由於我們生來就有兩種因素混合在我們之中，一個是
身體，同動物一樣，另一個是理性，同神一樣。許多人傾向於同前
者的聯繫，這是可悲的，只有少數人傾向神，是可祝福的。「我算
什麼? 一個窮困悲慘的人!」 是的，如果你只從你那低賤的肉體方
面來看自己的話。但是你還有比這更好的東西。你為什麼拋到一邊，
只抓住那可朽的東西? ⓫

可是人們卻總把凱撒當作自己的主人。愛比克泰德說，你若對
一個當過兩次執政官的人講這樣一個真理，他同一個被賣過三次的
人一樣，仍然是個奴隸，那他就會打你一頓。因為這個人會神氣十
足地說:「除了一切人的主子凱撒以外，還有誰能驅使我?」

他說，這樣的人不承認自己是個奴隸，在邏輯上是不通的。因
為你自己已經同意，你有了一個主人，凱撒。你想當皇帝的朋友，
當富人和大官的朋友，以為同他們在一起就安全，就生活得好，就

---

❿　《論說集》，2. 8. 11–12。

⓫　《論說集》，1. 3. 1–3 ff。

沒人敢傷害你。但是難道皇上就不搶奪你，鞭打你嗎？難道你不是首先就要忍受和屈從他嗎？何況皇上也會死，有時也會成為我們的敵人！

其實，人們並不是怕皇上本人也不是愛他本人，怕的只是自己遭受死亡、放逐、囚禁、失去財產和公民權，愛的只是財富、地位和名譽。因此那些有權處置這些讓我們愛、恨、害怕的事物的人，就必定是我們的主人；因此我們才向這些人彎腰，敬之如神靈，當他們的奴隸。這是虛妄**⓬**。

可見，在他看來，人只應以自己是神的兒女為驕傲，決不可以世俗的權勢為驕傲。這是兩個根本不同的標準和原則。按照前者，所有的人都是平等而自由的；按照後者，人就分別為高低貴賤，或以權勢壓迫欺凌別人，或獻媚於人，或受制於人而陷於悲慘境地，這些都是人受其肉體物慾的奴役的表現，既不高貴也不自由。

第六節　正確認識人的「真實自我」

正確認識我們的理性及其權能範圍，規定了我們行為所能達到的自由；從更深刻的意義上說，也是正確地認識了我自己。「認識你自己！」，這個德爾菲神廟中的銘言，蘇格拉底的哲學名言，在愛比克泰德的新提法中，得到了新的更為深刻的研究、界定和意義。

A. A. Long 說，斯多亞派對人的心靈及其能力的研究，在什麼是「自我」上提出了很有創造性的見解。他說，在這方面愛比克泰德講得最有力，雖然他的表述不系統，但在方向上是十分清晰的。

我們知道，蘇格拉底在把「認識你自己」作為哲學的主要任務

⓬　《論說集》，4. 1. 6 ff。

時，已經把探討靈魂的善作為中心，把如何「自制」作為極其重要的一個美德。到了希臘化羅馬時期，個人如何能生活下去，得到心靈的平安寧靜，成為更加突出的問題，與之相應，個人的「自我」究竟是什麼的問題也就突出出來。因為人的一切問題，歸根到底就是他的「自我」是什麼的問題。伊壁鳩魯派說人是原子式的個人，斯多亞派則把人、個人看作自然和社會整體的一部分。由於斯多亞派在認識人的自我時必須處理部分和整體、必然和自由之間的緊張關係，在巨大張力中探討什麼是「自我」，就很不容易，也逼著他們要走一條更深入的研究之路，其結果便是發展出了一整套關於人的行為心理學的學說。但在解釋人的自由上還有不足。到了愛比克泰德這裡，由於明確集中地提出了人的權能的問題，並對每個人有怎樣的自主權能作出了嚴格界定，這就在闡明什麼是「自由」的同時，把什麼是「真實自我」的問題引向深入。

愛比克泰德對人的真實自我的論述，誠然如 Long 所說並不系統，因為他是在聯繫到實踐中的許多具體情況來討論這點的。但是這決沒有削弱他對真實自我的強調，反而能使他更深入地進入人的內在心理衝突中去研究「自我」的真實面貌。《論說集》第一卷的第二章就提出了這樣的問題：「在一切境況中，一個人如何能保持自己的真面目？」

他說，對於什麼是合理不合理，什麼是善惡、有益無益，不同的人看法是不同的，心中所指的是不同的。要判斷它不僅需要有對外物價值的評估能力，也涉及每個人特殊的品格。所以，一個人會認為給別人端尿壺對他是合理的，因為他想如果不服從就會挨打，吃不上飯，而端了尿壺就不會受斥責或受苦。對另一個人就不是如此，他不僅自己不提他自己的尿壺，還要別人為他服役。如果你問

我：「我該提尿壺嗎？」我就會告訴你，有飯吃比沒飯吃要好些，挨一頓毒打比不挨打更不好，所以你在衡量你自己於這些事的時候，就去做，去端尿壺。「對，但這就貶低了我。」這是你考慮的事，你才知道你自己。這是你給自己以什麼價值的事情。

他還舉出當時發生的故事來談這個問題。當尼祿皇帝要舉行一個典禮時，Florus 在考慮自己是否該去參加以表現他自己，便徵求 Agrippinus 的意見。「你去。」——「那為什麼你自己不去？」——「因為我從沒想要這樣做。」

他評論這件事說，只要一個人想到這樣的問題，去衡量、計算外物的價值，他就被拖進了失去其本來面目的人們的狀態。你若問我，要死還是要活？我的答覆是要活。要苦還是要樂？我答要快樂。如果你不扮演某個劇中的角色就要殺頭，你就去扮演。但是，我有我的角色，我不去。為什麼？因為你把你自己當作造袍子的許多線裡的一根線，你就要想，你如何能像其他人，就如一根線不會願意與別的線不同那樣。但是我要當一根紫色的、雖微小卻有著光彩的紋帶，它會給整個袍子帶來美，為什麼你要我像其他多數的那樣？

另一個例子是 Helvidius Priscus。維斯帕鄉皇帝讓他不要出席元老院會議，或至少在會議上不要發言，並進行威脅時，他平靜地回答說：「難道我對你說過我是不會死的嗎？你做你的事，而我做我的事。你的權能是殺人，我的權能是無畏懼地去死；你的權能是放逐，我的權能是無憂地離去。」

愛比克泰德說，Priscus 不過是一個人。但他同紫色的線對衣服所做的一樣，給其餘的立了個好的範例。別人在皇上讓他不要出席時會說，「我順從你，好讓你原諒我。」而皇上也不會阻止這樣的人去出席，知道他在那裡坐著像一只瓦罐，他要說話，也只會說皇上

要他說的話。

從這些事例愛比克泰德評說了什麼是一個人的真實自我。他說，做一個人，不過是去奧林匹克賽會宣稱自己是個勝利者。他努力了，不僅是在訓練學校裡抹了些油膏。這就是我所說的尊重一個人自己的真品格真面目的意思。

有人問，我們各人如何知道什麼是適合於自己真面目的行為？愛比克泰德回答道：那豈不就像一頭公牛在獨自面對獅子的攻擊時，覺察到自己的力量，使自己衝上前去，保護整群？同樣清楚的豈不是，那具有力量的，也就伴有對自己力量的覺察？我們也是如此。那有這種力量的就不會不覺察到它。而那沒有公牛的高貴精神的人也馬上就會表現出他是什麼人。

人要在各種處境下保持自己的真品格，就要自尊，自制，進行自我鬥爭，因此愛比克泰德特別強調嚴格訓練的必要性和重要性。就像運動員要經受嚴酷的冬季訓練那樣，做好自己的一切準備，不可鹵莽地使自己陷於不能作出正確回應的境地。關於這種自我的鬥爭和訓練，他有許多論述，這是我們後面會著重談到的一個重要問題。

從人的真實自我，愛比克泰德看到了人的偉大和高尚所在。「人啊，若沒有別的理由，就別低價出賣」。人要像蘇格拉底和那些像他的人那樣偉大卓越，我愛比克泰德雖然比不上蘇格拉底，但是只要我不低劣，我努力，我鍛煉自己，那對我就足夠了。[13]他一再評說蘇格拉底和犬儒第歐根尼，就是因為他認為這正是一個人應當何以自處，鍛煉自己，顯示其真實自我的高貴、善和自由的典範。

我們知道，克爾凱戈爾特別強調「個人」的獨特性。他批判了

---

[13]　《論說集》，1. 2. 33。

現代人在投票和喧鬧的群眾的掩蓋下，個人成為不負責任、不知悔改的東西，使人的真實被抹殺和否定的流行病症。他認為從倫理和宗教的意義上說，唯有一個個人才是真實，唯有一個個人才能達到目標。耶穌被釘在十字架上是如此，每個人在面對挑戰時也必須以單獨的一個人來面對基督。這才是表現真理的地方❹。愛比克泰德在主張人必須保持自我的真實時，也說過與此精神完全一致的話。他說，壞的歌唱家是不能一個人唱的，他只能混在許多別人中間（像南郭先生濫竽充數那樣）。 同樣，有些人不能獨處。人啊！如果你還有點價值，你就要同自己對話，不要躲藏在人群裏。要學會獨自一個人面對嘲笑和攻擊，要在這時觀察、檢驗你自己，這樣你就知道你是誰。靠什麼家族、地位、財產是無益的。人難道沒有自尊、榮譽心和正義嗎？❺

可見，愛比克泰德已經深刻地看到和體驗到什麼是人的真實、人的自我、人的本性、人的自由，總之，對人的生命最有價值的一切，都是由他自己的權能所規定的。這權能就是他的理性，來自神所特別賜予的理性。而這個理性是屬於一個人自己的，它直接面對神，因而一個人可以直接模仿神而獲得他自己的善、高貴和自由。他的身體、財產、親友關係等等，對他來說是外物，是他權能範圍之外的。人只應面對神，管好他自己的行為，回到他自己的真實的自我。在這方面，人是完全、絕對地自由的存在物。

換言之，正確地認識和實踐一個「真實的自我」， 與正確地認識和實踐自由是一回事，不可分離。這使愛比克泰德所要高揚的「自

❹ 參見克爾凱戈爾， *That Individual, Two "Notes" Concerning My Work as an Author,* 寫於1859。

❺ 《論說集》，3.14。

由」具有了更加深刻的含義，更加堅實的性質，並能教導人：要更自覺地為贏得這個真實的自我和自由去下功夫切實訓練他自己。

總結起來，我認為可以這樣說，在斯多亞派一般哲學家的世界觀中，只有一個中心，那就是神。愛比克泰德完全同意這一點，但是同時他把我們人，每一個個人，也作為一個中心。因為我們分有了神的理性的一部分，有了人的理性和由它支配我們行為的權能。這樣，對於面對自然和世界而生活和行動著的我們來說，就有了兩個因果系列由以出發的中心：神的理性（主宰整個世界）和我自己的理性（主宰我的行為）。所以對我們個人來說，生活的世界就成了一個由兩個中心所形成的橢圓，而不僅是單純的一個圓心所構成的圓。這是不是一種二元論？不，不是。因為，我們的理性不過是一個神的理性的一個片斷，它要服從神，不是個可以脫離神或整體自然的東西。我們的理性和它所支配的行為是同神的理性、自然法則貫通的，是協助神來完成他的善的目的的。兩個圓心彼此內在為一，所以不是二元論。但是如愛比克泰德所說，神在給予我們理性和自由自主之後，就連他也不能剝奪我們的這個權能。因此，就我對待世界而言，我所具有的自我、自由和道德的權能，也有其獨立的價值，是我可能同自然和神相貫通的一個決定性的阿基米德式的支點。我是由於它才能使自我有意義的。所以我自己的這個支點或中心，又成為關鍵。我是這樣來協助神的，這是我們做人的使命。在這方面，愛比克泰德勝過了其餘的斯多亞哲學家。他使斯多亞哲學獲得了生命的巨大活力，達到了一個光輝的頂點。

第七節 理性權能的意義和檢驗全在於 「運用表象」

最後，我想，我們必須注意他的第一提法同第二提法之間的深切聯繫。通過劃分「在我們權能範圍之內的和之外的」範圍，他指明了在我們權能內的是「自我」、自我的「理性」，也就指明了這個理性在指導和支配行動中所涉及的全部心理活動中的作用。他把這個作用，用「正確運用表象」一語，或更簡捷地說，用「運用表象」一語加以概括。這樣，在「我們的（理性）權能範圍之內」的提法，就同「運用表象」成了同一件事情。把我們的理性和它所具有的權能加以運用和落實，就叫做「正確運用表象」。反之，也唯有「正確運用於表象」，才能使人的理性權能落實到他的生活和行為，使他成為一個真實的自我，贏得自己的自由。用我們中國人習用的話來說，才能安身（心）立命。

第九章　正確運用表象和心學三題

第一節　愛比克泰德的心學綱要

上一章我們論述了他的第一個提法，現在來接著討論第二、三提法即「正確運用表象」和「心學三題」的含義。

愛比克泰德倫理學的特色在運用。教導人如何在生活行為中成為有道德和自由的人，是他的學說的全部目的。第一個提法對「我們的權能」作出明確的界定，是為此目的而提出的思想核心，然而這權能是要運用和落實的，這就進入了行為心理學。他認為人在行動中遇到的重大心理問題有三個方面，針對它們便提出了必須注意學習訓練的心學三題，這三方面若用更簡捷的語言來說，就叫做「正確運用表象」。所以第二、第三提法是貫通而不可分的，合起來便成為愛比克泰德的心學綱要。

他清楚地認識到這個工作的困難和艱鉅性，總是教人不僅要從原理上弄清自己的理性權能所在，更要人在各種境遇和考驗中實際做到正確地加以運用。這兩頭都要緊緊抓住，要訓練用實踐校正我們的良知和理性的權能，更要學會有效地用校正了的良知、理性及其權能來正確地處理自己的表象。這二者須臾不可分離，一頭沒做

好，那頭就不會好，二者是貫通的。

第二節 為什麼心學問題可用「正確運用表象」概括

讓我們對「正確運用表象」的心學總提法先作點說明。

按照「欲望＋表象──驅動力」的實踐三段論式，每個動物，要使自己欲望轉變成一個行為的驅動力，都要有對於當下環境中某個對象的「表象」或信息。由於欲望在每個具體情境下是當然的前提，主體的行為心理活動通常便集中在所關注對象的表象上。通過表象，它感知對象和它對自己有利或有害的性質，由此便產生一個取捨的驅動力和行為。「表象」總是有內容的，這內容一方面同外部對象有關，另一方面同動物自身的需要和欲望相關。

這一公式，大體上對人也同樣適用。區別是人加上了理性。這是我們的特別權能，它能做和要做的是反思理性本身和在它支配之下的各種心理能力，運用到一切場合所得到的表象中，從而支配我們的驅動力和行為。於是，人的行為心理模式就成為「意欲＋表象＋同意──驅動力」，也可更簡要地表述為「表象＋同意──驅動力」，這是因為在一般情況下「表象」已包含著「意欲」的因素。

這樣，就可以把我們的行為心理要素簡要地歸結為「表象」和「同意」二者。如果表象正確、「同意」也正確，按照實踐三段論，兩個前提正確，結論必定正確，我們的驅動力和行為的正確性就得到了保證。隨之而來的，便是我們得到了道德和自由。

在這兩個因素裡，「同意」是我們的意欲和表象的守門人、決

定者。我們的理性在行為心理過程中的支配性作用，最後都集中在這裡。但是，愛比克泰德強調說，我們不能只注意「同意」。如果我們以為只要靠「同意」的能力來把關，就能保證我們的行為正確，那就完全錯了。

他著重指出，「同意」雖然重要，可也是最後的防線。要是我們只注意它而不先在意欲和表象上下功夫，「同意」就是空的。如果我們的意欲不端正，對表象缺少正確的認識，理性的作用還沒有貫徹到它們裡面去，或缺乏這種嚴格的訓練，那麼，當我們面臨著種種具體的事件和重大考驗時，我們就根本不可能作出正確的「同意」與否的決定。

所以，「正確運用表象」才是全部心學的實質和內容。理性的意義只在運用，這運用就是「運用表象」。「同意」作為理性權能的關鍵環節，其意義作用同樣是運用表象，只不過是最後的把門人。理性不可平時偷懶，它必須把注意力放到全部的「正確運用表象」的工作中來。

所以，心學的全部功夫就在「正確運用表象」。

第三節　在「運用表象」中的理性和表象

1.「運用表象」的理性

對於一般動物來說，運用表象的是牠的靈魂。在動物的靈魂中有本能的欲望，驅使牠對與自身有關的事物感興趣；有感覺知覺能力，使牠能得到與其欲望有關的信息或表象；於是牠的靈魂中就產生了獲取或是拒絕某個對象的驅動力，然後就採取行動。這裡沒有

理性的作用。

人則不同，他的靈魂中有了理性。它是人的心靈中的司令部，所以對人來說，「運用表象」的是他的理性。

對於人的理性已經談過很多。但是在把它嚴格規定為「正確運用表象」的權能後，就需要從這個觀點對它再作點認真的考察。

首先，理性有認識對象的功能，這是重要的。但認識本身不是目的，生活得好（善）才是目的。斯多亞派在這點上，同把求知本身當作人的本性，把思辯作為根本追求的亞里斯多德，有顯著的分歧。愛比克泰德所說的運用表象的理性，中心是道德理性而不是知識理性，這是第一個應當注意的。絕不忽視知識理性，但位置要放對，使之與道德理性結合為一體，使之在「運用表象」中發揮其應有的作用。

其次，人的行為和道德是在實際生活中進行和實現的，人總要吃喝穿住，過物質性的和日常性的生活，其中也需要理性的指導才能得當。因此，指導生活行為的理性，除了嚴格的道德理性外，還有實用的理性。斯多亞派認為對這二者也必須嚴加區別，並且應當把實用的理性置於道德理性的統率之下。因為人固然少不了日常生活需要的必要的滿足，但做人的根本在有道德和自由。所以，運用表象的理性作為道德理性，必須同實用理性嚴格劃分開來，是第二個需要注意的特點。在生活和行為中二者都不可少，又經常會發生對立，因此二者的位置要擺正確，使實用理性的判斷能夠與道德理性的擇善結合和統一起來，保證道德理性在運用中貫徹到底，是愛比克泰德倫理學最關心的重大問題之一。

其三，這個「理性」同情感的關係，也對我們理解它有十分重大的關係。因為既然「運用表象」的理性主要是同生活行為相關的

道德理性，那麼它就內在地同人的欲望、情感有著深刻的聯繫。這個理性的工作和內容，就不能是純思辯的；對它來說，如何正確處理情感方面的問題，顯然更加重要。

在這點上，斯多亞派同包括柏拉圖和亞里斯多德在內的許多哲學家觀點不同。他們大多把情感視為一種能與理性相抗衡的、也能主宰人的行為的巨大力量。這是一種行為心理學上的二元論觀點。斯多亞派拒絕了這種觀點而堅持了理性一元論。他們認為若是情感也決定了行為，而情感又不受道德理性的支配而常常是不由自主地發生的，那麼，說人應對自己的行為負有道德責任的觀點，就必定要落空了。這是斯多亞派所說的「運用表象」的理性的又一重要含義。

最後，這個「運用表象」的理性本身，有一個自然的和自己努力的成長過程，也是它的一個特點。這個特點，來自人的理性同神的有區別。

羅馬法律規定，兒童要到十四歲才能對自己的行為負責，理由是這時他才具備了成人的理性。斯多亞派採取了這個看法。他們認為，知識或認識的理性能力，和日常生活中實用理性的能力，需要培養、教育和訓練；道德理性使一個人行為高尚，品格優良，就更需要嚴格的教育，特別是哲學的訓練，才能成長起來。

對每個人來說，他的道德理性賴以成長的原點，是自然賦予他的「良知」。不過，同蘇格拉底一樣，愛比克泰德認為，一個人在沒有學習哲學之前，對自己的良知還沒有真知，因而在面對種種具體情境時，不知道應當怎樣行為才好，總是陷於混亂和無窮的錯誤之中。他不能正確運用自己的表象，這個事實就證明了他對自己的良知（也即是理性）其實是無知的。不解決這個問題，就談不到正

確運用自己的理性於表象和行為。所以愛比克泰德和蘇格拉底一樣，把「自知其（對自己的良知、理性）無知」當作一個人要學會如何做人的開端，當作哲學的入門處。當一個人開始認識到原來對自己的良知無知時，他就可以學習如何端正自己的理性和良知，並在實際生活和行為中通過不斷的運用和嚴格的檢驗，來使良知或理性獲得訓練，成長起來。

因此，這個「運用表象」的理性本身，不是靜態的，而是在生活實踐和哲學實踐中從良知開始，通過不斷檢驗而成長為道德理性的真知的活生生的理性。

2.「運用表象」一語中的「表象」

當愛比克泰德把「正確地運用表象」作為倫理學和行為心理學的關鍵提法時，他所說的「表象」， 有比人們通常使用這一概念要更廣泛和深刻的意義。

說到「表象」， 我們一般想到的，大概就是指那些對於外物的感覺知覺的印象，或更高些的，包括觀念、知識等等東西。近代哲學家如洛克、巴克萊和休謨認為我們的一切知識和觀念都來自感覺印象，更給我們對此範疇的理解打下了深深的印記。使我們會認為「表象」不過是「印象」，和由印象再發展出來的那些觀念。但是，斯多亞派在用表象這個詞的時候，不是這樣的。在他們的哲學和行為心理學中，人的表象不僅有感覺知覺和思想，也指好惡的意欲和情感等等，是內容非常廣泛的概念。

對於愛比克泰德來說， 「表象」是我們行為道德理性所要對它進行工作的一切對象。這裡所說的一切對象，指的是一切心理的東西。它同外物對象不同，然而是相關聯的，因為心理對象來自事物

（包括外界事物）和自我本身，我們必須通過自己的心理活動變成實際行為，對世界和自我做工，保持一致。

如上所說，理性的一個最根本的特點，是能對自己反思。反思就是做工，對自己也做工。因而它也能對一切其他的能力，其他的心理因素的活動做工，最後產生出在正確的理性支配下的行為。所以，對愛比克泰德來說，這個「表象」的內涵也包括了理性自身，因為理性反思自身就是把它自己當作了第一要緊的運用對象。當我們把自己的理性的某個表現確定下來，比如以一個命題的形式確定下來的時候，我們再加以反思，檢查它是否正確和善，就是把它當作一個對象，我們就是在「運用表象」。

一個要成為真正的善的人，要學習哲學的人，無論在生活的不斷遭遇還是在自我理性的完善中，其進步是沒有止境的。他的理性總在模仿神的理性，追求神的至善，所以他的「運用表象」的努力沒有止境。要使行為進步，行為的心理進步，歸根到底，核心還在他自己的理性本身的進步，所以它本身也要不斷訓練加工。

所以愛比克泰德所說的「表象」具有最廣和最深的含義：它也包括理性自身，當然也就包括了意欲和情感，包括著通常所說的表象，還包括著我們的「同意」能力和驅動力。例如，對我們隱含不明的「同意」要加以澄清，對我們作出的錯誤的「同意」加以批判審查等等，也都屬於我們理性的工作對象。

簡言之，只要我們的理性在起著作用，所面對的一切加工對象都是我們的表象。「運用表象」就是要對這一切都加以反思，評判，使我們的理性在不斷的加工訓練中正確起來，我們的生活和行為才能高尚起來，並贏得自由。

當我們這樣來理解愛比克泰德的「表象」時，不言而喻，這個

「表象」概念和它所涉及的一切心理因素，也就都帶上了、貫穿了理性的作用和內涵。因此我們在上面所說到的運用表象的「理性」所具有的特點，也都完全適用於理解這裏所談的「表象」。換言之，當我們談到表象時，也要首先關注和行為的道德理性相關的表象，即表象的善惡性質；把它同認知性的、實用性的、情感性的方面劃分開來，以便使理性能夠獨立自主地、不受它們的干擾，來發揮它的反思和主宰作用，審視和處置這些方面，把它們聯繫結合在擇善理性的統率之下，並得到統一。

我們的表象和理性，都是在這個「運用表象」的活動之中，才不斷發展，獲得各自的意義和價值，走向正確的。

同樣「運用」一詞，也在其中獲得了它的含義和意義，它指的就是人的理性權能對這些表象所能做的一切：反思、檢驗、評價、選擇、重新解釋。一句話，去正確支配和主宰我們的表象，使我們的行為能做到善。

第四節　愛比克泰德講解「正確運用表象」的意義

因此，愛比克泰德說，各種偉大的和可怕的行為，都以表象為來源，而不是別的東西。荷馬史詩的全部內容都不過是些表象和對於表象的運用。一個表象驅使帕里斯搶走了墨涅拉俄斯的妻，一個表象驅使海倫跟他走。故事就由此而起。如果我們設想墨涅拉俄斯有另一個表象，使他認為如此這般的一個妻子被人搶走並非壞事而是件好事，情形就完全不同了。不只沒有《伊利亞特》，也沒有《奧德修》了。❶

這就是說，人的全部生活和行為，對我們來說，無非都是一些表象。生活是一個表象的世界，因為一切生活和行為都由表象引起，都是對表象的運用。

人總是在具體的情境中生活和行動的。但是種種事物和環境的作用，都是通過人對它們形成了相關的表象，才能對他起作用。因此自然和世界固然是人的生活的根本原因，但表象才是他的生活和行為的真正內在動因。表象向行為提供有內容的理由，在這基礎上，才有對這個內容的「是」與「否」的判定和選擇。這就是說，理性總要有它的對象，否則它是空的，這對象不是別的，只是一個有內容的表象。

所以，人的行為和相關心理的全部問題，就在表象和如何對待表象上。

當愛比克泰德說荷馬史詩所說的全部內容都是表象和運用表象時，有人問，難道這樣的大事，其原因如此渺小嗎？愛比克泰德反問道，你所說的大事是什麼呢？豈不是戰爭、煽動叛亂、死了很多人、毀滅了一些城邦？這有什麼偉大呢？其實都是很渺小的。它同鳥的巢被毀有什麼兩樣？在自然（的眼光）中，人的身體、財產、妻子兒女、世上的城邦等等，和鳥的巢有什麼兩樣，豈不都是很渺小的嗎？人能和鳥不同的地方不在這些，只在人有善的信念和羞恥心，有理智，有良知，那才是人可以成為偉大的地方。❷

所以正確運用表象，是每一個想成為高尚的人要必須認真去做的工作。

愛比克泰德說，就像醫生和按摩師以人體、農民以土地為其加

---

❶　《論說集》，1. 28. 11 ff.。

❷　《論說集》，1. 28. 11 ff.。

工對象那樣，好人，高尚的人的主宰能力的特殊加工對象就是表象，加工就是使自己的表象與自然相一致。

每個靈魂的本性（自然）是同意真的，不同意虛假的，對不確定的持懸疑態度。同樣，它的本性是欲求善的東西，厭惡惡的，中性地對待非善非惡的。當善的東西出現時必趨向它，決不會拒絕一個清楚的善的表象。神和人的一切行為驅動力都靠這個原則。一個人要進行的訓練，最重要的就是按照這個原則行動。你要黎明即起，從早到晚，檢驗你所見到、聽到的任何人和事，詢問自己的表象和自己是如何對待這些表象的。這樣就會在道德上不斷進步。❸

為此，他把我們的表象分為四種，指出它是按照四種方式得來的：

⑴事物之所是，向我們顯現為是；

⑵事物之所不是，向我們顯現為不是；

⑶事物之所是，卻向我們顯現為不是；

⑷事物之所不是，卻向我們顯現為是。

這就是說，我們的表象有真假之分，因為有些能同事物的真實面貌一致，有些則不容易一致，有假象。因此，愛比克泰德說，受過教育的人的工作，就是要對所有這些情況作出一個正確的判斷。

他分析說，這個工作有許多困難。首先，在哲學上有皮羅派和學園派的懷疑主義，他們論證說作出正確判斷是不可能的。其次，如果環境似是而非，它會使有些事情顯得善而其實並非如此。還有習俗和習慣也會困擾我們。我們需要得到幫助來對付這些困擾著我們的困難，才能得到進步。❹

---

❸　《論說集》，3.3.1-4。

❹　《論說集》，1.27.1-3。

因此，在愛比克泰德看來，「正確運用表象」不是一個簡單的工作，而是一個求善的人所必須從許多方面認真持久地進行的鬥爭，包括哲學上的鬥爭，同周圍環境及其種種假象和偽善的鬥爭，同自己的習慣的鬥爭。因此需要學習、需要嚴格的訓練。

這種訓練，愛比克泰德認為應當在三個領域中進行，對於他的表述，我稱之為愛比克泰德的心學三命題。

第五節　愛比克泰德心學三題的表述

在愛比克泰德的論說中到處都貫穿著他的心學三命題，而集中談到它的地方有三處。《論說集》第三卷第二章是專門談這個問題的。我們就從這裏來看他是如何論述的。

他說，對每個要成為善的和高尚的人來說，有三個研究學習的領域，是他必須受到訓練的：

> 第一個是關於意欲 (τάς ὀρέξεις) 和厭惡 (τάς ἐκκλίσεις) 的。對這個問題的研究學習，能使一個人在他得到所意欲的東西上不致失敗，不致陷入他所厭惡的事情；
> 第二個是關於做和不做 (τάς ὁρμάς καὶ τάς ἀφορμάς) 什麼，即行為的驅動力怎樣合適的。對這個問題的研究學習，能使一個人的行為有適當的方式，是經過思考的謹慎的行為；
> 第三個是關於怎樣避免錯誤和匆忙的判斷，一般說來，也就是關於運用「同意」的問題。❺

---

❺　《論說集》，3. 2. 1–2。

這個表述，同《論說集》中另外兩處的完全相同，所用的術語也一樣❻。這表明愛比克泰德提出的這三個命題是經過深思熟慮的。

讓我們首先弄清一個關鍵詞。這就是第一題中我們譯成「意欲」的那個詞。它在愛比克泰德的原文是 ὄρεξις（拉丁寫法是 orexis，ὀρέξεις 是其複數形式）。按照 Inwood 的研究，亞里斯多德用它作為包括欲望、動因、行為的寬泛概念，並對一切動物都適用。斯多亞派也用它，作為描述人的「驅動力」的一個詞。Inwood 認為斯多亞派所用的心理術語相當複雜，對此他做了不少分析。說到 orexis 之類的詞，他說那是不容易翻譯的，最好不要譯成英文❼。確實如此，我們看到在對愛比克泰德《論說集》和《手冊》的各種英譯文本中，對他所用的這個 orexis 的譯法也各各不一，大多用 desire（欲望、意欲）這個一般中性詞，有的便直接意譯為 moral will，即道德的意欲或意志。

我想，重要的是弄清他的原意。第一題說的是善惡選擇的問題，他用了 orexis，第二題說的是行為合適與否的問題，用的是 ὁρμή，horme，即我們前面一直譯為「驅動力」的這個希臘詞在和 ἀφορμή，aphorme 並列時，一正一反，指該做和不該做的驅動力。可見愛比克泰德用 orexis 所表達的是和驅動力(horme)不同的另一概念。

如果說英文都很難表達愛比克泰德原意，中文就更困難。我在翻譯他的心學第一題時勉強把 orexis 譯為「意欲」，實在是找不出更好的辦法所致。但這個詞過於中性，為了避免誤解，還是應當指明它要說的是選擇善惡的意欲。為了更簡明起見，以後在評述中我

---

❻　關於這些術語的含義的研討，參見 Brad Inwood, *Ethics and Human Action in Early Stoicism*, Appendix 2.

❼　同上書，p. 114。

將經常用「擇善」一詞來表示它。

「擇善」是一種特殊的意欲或驅動力，而「驅動力」則指我們日常生活中行為適當與否的一般選擇力。這是需要分別清楚的。

澄清了關鍵術語，我們就來分別地扼要談談這三個命題的意義和作用。

第六節　心學三題各自所針對的問題及其意義

在表述了人的行為和心理所面對的三個領域即心學三題後，愛比克泰德接著就指明了它們各自所針對的是哪種實際的或表象方面的問題。這也就涉及三者各自的意義和作用。

他說，在上述這些方面中，首要的和最為迫切的是如何對待我們的錯誤情感的問題。這是因為，錯誤的情感是由於我們得不到所意欲的、陷入了我們所厭惡的境況而產生的，它給人帶來的是煩惱、不幸和敵意，使人不能聽從理性。

其次是必須行為適當。因為我不是泥塑木雕的沒感覺感情的東西，我應當保持我的自然的和獲得的種種關係。如作為一個敬神的人，作為一個兒子、一個兄弟、一個父親、一個公民，就要在處理這些關係中行為適當。

第三方面是對於在道德上已經有所進步，要使自己的思想行為在上述方面的事情中獲得確定性的人說的。一個人要是能正確地運用自己的「同意」於表象，就能使自己即使在睡夢中、醉酒中和悲傷中，也不致成為未經檢驗的表象的俘虜❽。

第七節　三條中第一條是首要的，是道德
　　　　行爲的基礎

　　愛比克泰德認爲這三者都是重要的，並且必須有一個次序。他
批評說，我們現在的哲學家們忽視了前兩個領域，只忙於第三個。
他們只關心研討某些邏輯論證方面的問題，如曖昧的或假設的前提
的論證，包含著疑點和缺陷的論證等等。他們說，一個人在處理問
題時，當然要小心避免上當受騙。但是，愛比克泰德問：你說的是
誰必須避免受騙？──當然是指已經有了美德和善良的人。──那
麼，你在美德和善良方面是否沒有缺點了呢？除了邏輯論證，你對
別的問題就能主宰了麼？難道在你手上有錢的時候不是容易受騙的
麼？當你看見一個美女的時候，你的表象如何？你的鄰居接受了一
筆遺產，你是否有嫉妒和敵意？你現在缺少的只是判斷能力的保證
嗎？糟糕的人啊！就是在你研究這些邏輯論證的事情的同時，你就
在害怕和焦慮有人說你的壞話，對你有什麼評論。你一心期望著別
人說你是個最好的哲學家，而要是有人說你的話不值得聽，你的臉
色就發白。你從你自己的行爲能看出什麼呢？❾
　　從這段議論中，我們可以知道他批評的人，正是他自己所屬的
斯多亞派中的大多數的所謂哲學家。這些人以爲只要從理論上明白
理性的作用，只要抓住「同意」即如何論證就行了。他們不能運用
理性到實際行爲，因而也不能懂得「同意」之前首先要注意一個人

---

❽　見《論說集》，1.4.11；及第3卷第12章。

❾　《論說集》，3.2.6–11。

的善惡意欲是否正確的問題，需要在這方面先加訓練。所以他強調，一個要使自己生活和行為善良有美德的人，必須先訓練自己選擇善惡的意欲使之正確，學會在日常生活關係中如何行為適當，學會如何在情感洶湧而至的時候能作出正確的分辨選擇，然後才能談到如何運用「同意」。「同意」的作用，是使上述思想行為的正確性得到最後一次決定性的審查和確定。它當然是極其重要的，甚至是關鍵的，但如果沒有前兩方面的努力和訓練作基礎，它就不能起任何應有的作用。

這個批評，表明愛比克泰德在行為心理學上提出了很有新意的觀點。它是對斯多亞哲學本身的一大貢獻。

在以「如何訓練自己處理表象」為主題的《論說集》第三卷第八章中，他說，當我們訓練從事思辯時，同樣應當訓練自己如何處理表象，因為它們每天都向我們提出問題。「多麼可愛的一個孩子死了，你是怎麼想的?」你應當回答，這不在我們擇善力的權能之內，因此你不要把它表象為一個惡事。「如此這般的一個父親剝奪了他的財產繼承權，你是怎麼想的?」 它不在擇善力範圍之內，不是一件惡事。「皇上責備他。」這也不在他的擇善力支配的範圍內，不是惡事。 ——但是，「這些事情使他失望、悲傷、煩惱。」這就是在善惡意志的選擇範圍之內的事了，是惡。而如果一個人高尚地承擔了前面所提到的那些事情，就是善。因為正確處理自己的表象，是在一個人善惡意志的選擇範圍之內的。

愛比克泰德接著說，我們決不同意任何行為，除非我們獲得了一個正確的表象。他的兒子死了，如此而已。船沉沒了，如此而已。他入獄了，如此而已。因為這都不以他的意志善惡選擇為轉移。但是，如果他生活得不好，這就加上了他自己的責任。

這就是說，外在的事情，甚至包括我的身體、財產和親人關係等等，不屬於我的權能可以作主的範圍。我們可以說，那是由他人、人我關係或別的原因決定的，而從根本上說，都不是由人而是由自然的法則、神意或命運決定的。無論如何，總不是由我的意志所能決定。可是，我的權能的最終根據只是我自己的理性。所以我對這些必須置之度外。我只應關心我自己所能做的，就是運用我的理性，來形成我的有關表象，使我能正確對待和處理這些事情，行為善良和得當，這是我的責任。

這時，只是在這時，「同意」才有意義。也就是說，只是在我以善惡選擇的道德理性對待事情、形成表象，但還沒有把握，需要確定性的時候，「同意」的能力才顯示出它的作用。

在《論說集》一卷四章貫穿著同樣的精神。愛比克泰德說，一個人在道德上的進步，首先是要學習哲學家的如下教導，要意欲善、厭惡惡，使心靈寧靜。因為心的平安寧靜只能靠成就了所意願的、避免了惡的才能達到。

你說你讀過許多克里西普的書，那你的工作在何處？你的工作只在意欲善和避免惡；做適當的事，不做不適當的；同意和不同意。

你說你讀了克里西普的《論驅動力》，那不是我期待的，我要看的是你的運用，你的準備，如何與自然一致，還是不一致。如果你行為與自然一致，我才承認你進步了；否則讀了也無用。你豈不知道這本書只賣五塊錢？一個運動員、一個練聲的早起就練，不要空談。要學習如何擺脫悲嘆、抱怨、失望，擺脫對死、流放、囚禁、毒藥的畏懼，這樣在囚禁中你就可以像蘇格拉底那樣說，「我親愛的克利托，這是神所喜悅的，讓它如此吧。」 而不是像奧底甫斯那樣說，「像我這樣可憐的老人，滿頭白髮，還要受這樣的罪嗎？」

第一個領域的心學訓練，特別是針對錯誤的情感，如種種的煩惱、焦慮和恐懼這些表象方面的問題而發的。斯多亞派倫理學要達到的目的，是與自然一致地、道德高尚地生活，從而實現心靈的平安、寧靜和幸福。它的敵人就是錯誤的情感，因此，人應當如何運用自己的理性來支配自己的情感表象，戰勝錯誤的即背離理性的情感，就成為他們的行為心理學和倫理學的一個重點。下一章我們將專門來談他們這方面的學說。這也是愛比克泰德為什麼把擇善的問題提到第一位的一個主要原因。

第八節　行為和驅動力適當的作用和意義

第二題是關於我們做什麼和不做什麼為適當的問題。它也是理性對表象進行選擇處理的一個領域，但與第一題所關注的領域不同。簡要地說，第一題直接教導和訓練人關注其道德理性的運用，而第二題則是要人研究和訓練如何運用其實用的理性，如何處理自己的實用理性同他的道德理性的關係。這同樣是一個重要的基本問題。

人在生活中時刻會遇到種種的實際問題，人際關係中充滿著實際的利害關係問題，這是每個人必須認真對待和處理的。斯多亞派從不否認每個人都有自保自利的本性，認為這是合理正當的。因此他們主張的道德決沒有否定人有其利益，只是認為每個人應當完善他自己的利益和幸福。所謂完善，就是要叫自保自利自愛達到與整個自然和社會他人相一致的水平。而這即是道德和真正的幸福。

因此，人就不僅需要道德理性，也要運用其實用的理性，並使之與道德理性一致。我們在看待和處理涉及同自己利益相關的一切事情上，在涉及人我利益發生矛盾的種種場合，必須行為適當。這

同樣是個如何「運用表象」的重要問題。

　　詳細討論這方面的問題，就涉及愛比克泰德對人和人的種種關係，如家庭、親屬、朋友、城邦的看法；另一方面，是關於「保留」的學說。前一方面，我們已經談過不少，以後還須再加闡明。後一方面，有待專門的研討。讓我們在最後一章中給予展開的詳述吧。

第十章 如何在生活行為中實踐善

　　愛比克泰德以三個提法綜合提煉了斯多亞派的哲學，而它的目的只是為了教導人在實際中活出善，活出一個真實的自我，使人在生活和行為中「與自然一致」。否則，正如他所說，這些學說就都沒有意義了。阿利安匯集的一部《論說集》，全是這樣的教導。在注重行為實踐上，他同蘇格拉底和孔子是同樣的，使人感到一種貼近生活的親切。

　　在說明了他的基本理論觀點之後，我想，現在是應當掉過頭來，著重從另一頭來了解他的時候了。這就是要思考、研究他是如何把他的學說運用落實的。他本人，他面對的學生和來向他求教的人們，都是在特定的環境下生活和行動的，各人都有自己的特殊的經歷、素質和品格，在每個特定的行為場合中都有其特定的表象和驅動力。因此我們能見到善和惡的思想和表現，實在說來都是極具體的，因此他對這些具體事情的評判和教導也極具體。實踐檢驗著每個人的行為表象，也檢驗著愛比克泰德和他的學說。因此，通過這些特定的具體的實踐，我們對他的上述三個提法才能有真實和貫通的深切認識。

第一節　從一些突出事例的對比談起

人的善惡，在遇到嚴重困難和考驗時表現得最清楚，那時是一點也含糊不了的。所以愛比克泰德經常問道，在面對流放、囚禁、嚴刑拷打以至處死的關頭，你該怎麼對待？在法庭上面對審查拷問的時候，你該怎樣表現你自己？你在生命、財產等等利益遇到侵害，在處於困難境地時，應當怎樣顯示你是一個真正的人？因為，在這些情況下，一切空話都不再有任何作用和意義。檢驗一個人的善惡選擇的試金石就在這裡。

他親身經歷過羅馬奴隸的生活，他的主人埃巴普羅迪托和那個曾經是他的同伴的費立西俄，原先也都當過奴隸。這兩個人在被釋放後成了怎樣的「自由人」？許多別的奴隸同伴無不渴望自由，他們的生活和做人的表象又如何？他們在獲釋後達到了真正的自由嗎？還有那些身居高位非常走紅的自由公民社會的上層人物，受到無數的吹捧頌揚，他們真的是自由人嗎？所有這些人，他們對自己生活的表象是什麼，又是如何運用這些表象的？

愛比克泰德親眼看到這一切。他看到有兩類全然不同的人。他們在行為和表象上，在品德和素質上，在運用表象或善惡選擇上，是彼此鮮明地對立著的。有活生生的例證。

維斯帕鄉皇帝讓人送話給 Helvidius Priscus，要他不要出席元老院的會議，他回答說，不讓我當元老是你權力中的事，但只要我還是，我就必去。

——好吧，要是你參加，至少不要說話。

——你若不徵求我的意見，那我就會沉默。

——但是我要問一下。

——那我必說我認為是正確的話。

——如果你這樣，我要處死你。

——我對你說過我是不會死的嗎？你做你的事，而我做的事。你的能力是殺人，我的能力是無懼地去死；你的權力是放逐我，我的權能是無憂地離去。

一個人在被處斬刑要掉腦袋時是怎麼想的?Lateranus 挨了第一刀還沒死，這時候他畏縮害怕了嗎？沒有，他再一次勇敢地伸出他的頭顱來。在這當口那無恥之徒，埃巴普羅迪托還來到他跟前，要他說出什麼。在這時候，一個怕死的會怎樣做？但他的回答，只是輕蔑和拒絕。

Agrippinus 得到消息，元老院開會要討論處置他。他焦慮嗎？沒有。他說，不管結果怎樣，還有五個鐘頭，我有時間按平時一樣洗個冷水澡鍛鍊身體，那我們就去鍛鍊吧。洗過之後消息來了，是流放還是死刑？流放。好，我們就到非洲去，在那裡吃我們的飯。這是何等的平靜! 有一次 Florus 問他，我該不該去參加皇帝的慶典？他說「去」。——「那你自己為什麼不去?」——「因為我從沒想過要做這樣的事」。他同 Florus 對於皇上的慶典的表象，和如何運用這個表象的想法為什麼會如此不同？因為，「我不要成為我自己的障礙」，他的表象和行為，正是他常說的這句格言的見證。

這些事例豈不是同大多數人的作為不同，特別是同埃巴普羅迪托和費立西俄成為顯明對照？這兩個人當過奴隸，豈不愛自由？但是他們成了 freeman（羅馬釋奴之稱）之後，追求和得到了什麼樣的「自由」呢？難道一副奴顏卑膝的模樣，往上爬到皇上寵信的權貴地位，能耀武揚威、作威作福，就是「自由」? 豈不是個更讓人

感到可恥可悲的奴才？——愛比克泰德看到這個情景噁心地說，要是我也這樣，我就情願別活了。

埃巴普羅迪托已經靠著拍皇上的馬屁爬到高位了，可是當費立西俄，那個原先被他當作無用東西賣掉的奴隸，現在比他更貼近皇上的時侯，他就像變魔術似地一下子換了全然另一副面孔，用肉麻的話稱頌費立西俄：哦！多麼可敬的人！他多麼有智慧！

愛比克泰德對於這幾個事例作了十分強烈的道德評價，我想絕大多數有良知的人是會贊同的。對他的這種評價的依據也會有所感受。那就是 Priscus 說的：怎麼處置我，那是你的權力；可我怎麼看待這個處置和你，那就不在你的權力之內，而是在我自己，我有我自己的權能。他分別了兩種權能，運用了自己的權能來蔑視專制君王的權能，使自己的行為高貴而自由。但是埃巴普羅迪托卻相反，他把自己的靈魂和權能拋在一旁，全都賣給了別人，賣給了權勢和金錢。於是就成了一個十足卑鄙的奴才。

行為就是人。作出不同行為的，無論高尚或卑鄙，都來各自靈魂的選擇。用愛比克泰德的概念來說，就是他們心中對事情的表象不同，如何運用表象不同。

愛比克泰德說，整部《伊利亞特》所描述的都是表象和運用表象，《奧德修》也一樣。因為「表象」無非是人所遭遇、感受和想到的一切事情，「運用表象」是人對這些事情和內容的評判和解釋，跟著就採取行動。這兩者不就是人的全部生活史的真實內容和過程嗎？我們能看見的生活、歷史、行為，究其動因都在人的表象和運用表象。古今中外，概莫能外。這個說法是不錯的。

所以，上述事例中的道德評價，也就是對兩種對立的表象和運用表象的評價。其中最突出的一點，是兩種人對於人的權能表象不

同：有的以為只有一種權能可以支配一切，那就是君主的權勢，政權、軍隊、監獄和金錢排場的權能，因此我必須追隨它屈從它，才有我的「好」；另一種人則認為我還有我自己的權能，那才是我做人的真正價值，真正的「好」（善），因此我可以只憑我自己的權能來表象這世界上發生的一切，正確運用表象來決定我自己該做什麼，不在乎你有什麼權能。

愛比克泰德的這個觀點，我想也是多數有良知的人們所能接受和贊同的。

但是，雖然我們在這類鮮明的例證中可以接受他的評價，並不等於在別的情況下也會同意他的觀點。我們會極其自然地提出一大堆疑問，例如：

——我們雖然有自己的良知和理性權能，它在道德上無疑有重大意義，可我們是社會性的生物，必定要在社會中生活，那麼我們怎麼可能無視這些管理著社會的權威？難道不是這種權力在支配著人們和生活中各種重要事情？在這個方面，我們這些個人的能力如此渺小，豈能同它抗衡？

——再則，因為我們是社會性的生物，而道德雖然同個人意志的自主自由不可分，具有個體性的形式；可就其運用的對象的內容來說，只是我和別人的關係，完全是社會性的。這是斯多亞派和愛比克泰德承認的，在他們批評伊壁鳩魯派時強調的就是這一點。既然如此，我在運用自己的道德理性權能時，就不能避開同社會及其權勢的種種關係。應該如何對待才是正確的？

——這些社會的權勢，雖然會有種種毛病甚至罪惡，可是它既然不可少，就總有它的存在的理由，包括自然的理由，甚至倫理道德的理由，還有人說它有天命的理由。並且，君王們和權勢們，也

為社會做一些必要的和有益的事，愛比克泰德也承認羅馬皇帝和帝國給人們帶來了某種安全。那麼，道德家能僅僅由於這種權勢的某種缺陷和罪惡就否定它的正當性和價值嗎？

——再說個人的權能，如何表象它也同樣有一大堆疑問。說人有理性固然對，但是現實的人是有身體和物質需要的，我要生活就得有財產，有家庭、親人和朋友的相互幫助支持，難道能只靠心靈、理性生活？伊壁鳩魯也說個人的自由幸福主要靠理性，但他也承認需要財產、安全。而愛比克泰德卻說身體、財產等等不在我們的權能之內，因此我們對這些要抱著無所謂的態度。按照這種說法，所謂我們自己的權能和自由，豈不是空話，阿Q式的自欺欺人？除了高唱道德調門，有什麼實踐意義？

人們提出這些問題是自然的、合理的。我們知道，由於霍布斯、洛克、斯賓諾莎、盧梭和馬克思等等哲學家的艱苦研究，和許多社會學家的努力，由於英、法、美國的革命和社會進步的實踐不斷進展，人們才逐漸明白了社會權力的由來、演變和某些本質與機制。但還是留下了無數的謎有待繼續研究。愛比克泰德顯然沒有也不可能弄清楚所有這類問題，我們也不能要求古人過多。但是我要說，無論如何，他的成就依然有其偉大的價值，正是後來的新學說的一個重要思想源泉；因此，它是人類思想史上的一個里程碑。

第一，他把每個人都有自己的權能，和其核心是理性和對表象的運用，明確地提出來加以闡明，總是一個了不起的成就。其中便包含著現代「人權」思想的要素。誰能否認？

第二，他認為每個人運用其表象的權能，作為人的本性，是直接來於自然（或神的理性）的，因而論證了人有能力通過自由的努力與自然必然性相一致。與之相比，人類的社會權力則不一定具有

這種本性，要看它是否同自然法、同個人的正當權能一致。這就不僅為人有道德和自由作了論證，也為後人研究社會權力的本質和由來，提供了一個重要的新視角，一個很有意義的批判意識。

第三，這樣，他至少已經為人的自由和高尚留下了一個地盤，一個阿基米德式的支點。這難道不是倫理學上的一個偉大成就？

最後，應當指明，事實上他決沒有停留在簡單地劃分人的兩種權能，肯定每個人有其正當權能的水平。因為他極其明白，人所特有的理性權能要運用落實，就必須深入到種種具體的生活和行為中去，正確處理涉及自身和外部的物質事物和實際的人際關係問題。他雖然認為身體、財產等等不是在我們的權能範圍之內的東西，但他並沒有否認心靈同這些是結合的，我們能通過正確的表象和行為對它起某種支配作用（儘管是極其有限的）；而如何處理這種表象，他肯定這是在我們權能之內的。他對每個人自己的權能和社會性的權能雖然作了嚴格區別，並沒有說二者沒有關係，只是為正確認識和處理這類關係提供了明確的界限。

末了這一點是特別值得我們注意的。所以愛比克泰德在要人分別自己權能範圍的時候，十分注意和強調每個人必須從日常的事情和行為上懂得如何與別人和社會相處，正確地運用這類表象。他說，我們應當從每天的具體事情上的表象入手，嚴格訓練如何正確地加以運用。否則在考驗到來時，你的理性權能便不能正確發揮作用，因為它還很軟弱，不是久經鍛煉而堅強的能力。

他特別注重道德的落實，在落實的實踐中對學說本身作進一步的詮釋和檢驗。因此，通過研討他關於日常行為上的言說，來對本節提到卻還顯得比較籠統的他的觀點，尤其是他關於人的權能的說法，作更切實深入的了解和反思。

第二節　日常生活的道德實踐：對人倫和 利益的表象

　　對於我們中國讀者來說，一當踏入日常的普通的生活和行為倫理規範領域，就會立即感到愛比克泰德的教導同我們中國人的傳統的巨大差別。我認為這是由於中西人性論就有重大差別的緣故，而其根源在更久遠和深刻的歷史文化之中，那是要由比較文化人類學來研究的問題。關於這些問題，在前面第二、五章中我已經作了必要的交代，這裡就不必贅言了。但我仍要請讀者隨時再予留意，因為這裡的研討是一點也脫離不了上述背景和基礎的。我還願意指出，通過具體研討愛比克泰德的日常實踐教導，也必能加深我們對於中西文化和人性學說上的比較性的認識。這是大有益處的。只有當我們把這些總合起來的時候，我們對於中西倫理道德和文化的同和異，便能得到一個更為清晰的概念。知己知彼，比較的研究才能上路；減少泛泛之論，才好得到確切的收穫。

　　注意到這一點，我們就來言歸正傳。

　　如我在前面說過的那樣，斯多亞派和愛比克泰德認為人有社會性的本性，他們批評伊壁鳩魯的重點就在這裡。在人的種種社會關係中，他們認為父子兄弟、親屬、朋友、城市、民族、國家，是從裡到外一層一層擴展開來的圈子。所以家庭中的人倫關係和朋友關係，就成為愛比克泰德道德實踐教導中最切近的一個題目。這個想法，同中國的傳統最接近。我們就從這個地方開始談起。

　　在他和其他希臘哲學家的言論中，人倫之道主要運用的概念是

「愛」或「友愛」(friendship)。它包括了我們所說的孝悌忠信各德目，也有分別的討論。他教導他的學生說：

> 要記住，你是一個兒子，和什麼是做兒子的職責和品德。你的一切是屬於你父親的，不可指責他，不可說和做傷害他的事，在一切事情上要聽從他協助他。要記住，你是一個兄弟，要尊重你的兄弟。要盡到責任，說話和氣，除了擇善，你不應同他有任何爭執。❶

　　這些說法是合乎我們中國人所主張的人倫之道的。所以我認為可以肯定：愛比克泰德主張了人倫道德。在全部道德實踐中，人倫關係和人倫之道是人們最經常需要關注的表象。他要人經常注意正確地運用這類表象。

　　違背人倫之道的行為是錯誤的。其原因同樣是：我們的表象發生了錯誤，我們沒能正確運用表象。

　　愛比克泰德說：當你看見一條小狗搖著尾巴，同另一個小狗玩耍，會說牠們多麼友愛。可是，讓我們看看這個友愛是什麼，扔一小塊肉到牠們中間，你就明白了。同樣，扔一塊土地在你和你的兒子中間，你就會看到他多麼快地變得希望你早點死，而你也因此同樣對他如此。然後你就哭喊：我養了一個什麼兒子！你一心巴望著我被埋葬！扔一個漂亮姑娘到人們中間，一個老人和一個年輕人都愛上了她；或者再扔一點榮譽在他們之間。如果你甘冒生命危險，也會說和 Admetus（歐里披底斯一個戲劇中的人物）同樣的話：「你享受著生活的歡樂，為什麼你的父親不該同樣得到？」❷

❶　《論說集》，2. 10. 7–8。

難道不是人人都愛自己的小孩嗎？他發燒的時候你很痛苦，恨不得代替他發燒才好。但是考驗到來的時候，這個愛就結束了。難道 Eteocles 和 Polyneices（歐里披底斯《腓尼基的姑娘》的劇中人物）不是同父同母所生，總在一起生活，吃在一起，睡在一起，常常親吻嗎？所以人們看到他們的樣子，就要嘲笑哲學家們說的所謂友愛。當一個王國，就像一小塊肉扔到小狗中間那樣扔進他們之間，看看他們說的是些什麼話：

Eteo.：在城堡之前哪有你站的地方？
Poly.：你有什麼理由來問我這個？
Eteo.：我要對付你，宰了你。
Poly.：這也同樣是我的意願。❸

愛比克泰德從無數的這類事例分析評論說，人所熱誠致力的，是他天然地愛的。他不會熱誠地愛對他不好的，也不會熱心於同他無關的。那對他是好的，他就關心，就愛。因此，知道善的，也就知道如何愛它們。分不清善、惡和非善非惡的，如何能有愛的能力？所以，愛的能力只屬於有智慧的人。

人們會說，怎麼會是這樣呢？我沒有智慧，卻愛我的孩子。——你承認自己沒有智慧，令我驚奇。你缺什麼？你難道沒有用你的感官？你沒有分別表象？你說你缺少智慧，是你常被表象所吸引管不住自己而煩惱。

在父子兄弟這類人倫關係的事情上，一個人如何能做到有道

---

❷ Euripides, *Alcestis,* 691.

❸ Euripides, Phoenician maidens, 621 ff.

德？這個問題的解決，對於實踐道德來說，實在是個最基本的所在。這一點我們中國人最能領會。其實，古今中外，概莫能外。因為家庭、家族、朋友的人倫關係，是每個人每天都要遇到的天然親密的生活關係，這類事情和表象是最具日常性和普遍性的。然後，他才進到更擴展的社會關係。因此認識和實踐善和拒絕惡，也必須從這些人倫關係入手。

因此，愛比克泰德在這個問題上的觀點和分析解決，是最值得我們注意的。它對於我們了解他的全部倫理道德思想是一個眼。

確實如此。他是從根本上來談這個問題的。而正是在這裡，我們可以發現他同中國傳統的人倫教導有蠻大的分別：他完全沒有把義利對立起來，恰恰相反，他是從「利」來講「義」的，而且是直接了當地把每個人自己的利益，當作基礎來論證道德的合理性。在他看來，全部的問題，只在於對「我」的利益本身究竟是什麼，究竟在哪裡，應當怎樣認識和解釋才正確。他在舉出和評論上述事例之後總結說：

> 這是一個普遍的法則，絕不會騙人的：每個動物都固有的本性是牠自己的利益，沒有什麼比它更強而有力。任何顯得是對這個利益成為阻礙的，無論是一個兄弟，還是你的父親或孩子，都會成為可恨的、可詛咒的。
>
> 所以，當任何一個人把自己的利益同神聖、美德、他的國家、父母、朋友放在同等的地位聯繫在一起時，所有這些都是安全的。但如果他把自己的利益同朋友、國家、家庭、正義分離開來，所有這些就被自私自利所壓倒而喪失。
>
> 把「我」和「我的」放在哪裡，我就必傾向那裡。若放在肉

> 體和外物那邊，決定的力量就在那裡；若在擇善一邊，我也
> 必在那裡。只要我是在我的善的選擇那裡，我就必如我應當
> 所是的那樣，是一個朋友，一個兒子或一個父親。因為在這
> 種情況下，我的利益就在於保守住我的信實、節制、耐心、
> 合作的品質，保持我與他人不衝突。❹

　　這就是說，每個人的「我」的利益，必支配他的愛、他的表象
和行為，最親密的父子兄弟朋友也沒有例外。但是，對我的利益究
竟是什麼、在哪裡，應當有正確的表象。我有我的利益，而我只是
自然、社會和家庭親友中的一個部分，所以我的利益應當同整體的
利益一致。我和你一致，和整體一致，並不是否認了我的利益，而
恰恰是正確理解了我的利益，正確地運用了我的利益的表象。因為
部分必在與別人、與整體之中才有生命，才有其真實可靠的利益。

　　因此我的利益，「好」就有兩種意義和規定。一種只是我作為
部分的局部利益，一種是我作為部分同整體相一致的利益。前者使
我的表象和運用限於我的身體，我的財產等等，它使我同別人、同
整體及其利益分開和對立；後者使我超出這種局限性，我也正確地
尊重別人的利益，甚至把別人的、整體的利益看得比我自己的身體
和財產更重。但是這並不是否定了我的利益，恰恰是實現了我的真
正的利益，因為我作為部分，就像腳是人體的部分那樣，其真正的
利益就在於同整體一致。這才是我的自己利益的正確表象，真實的
好或善。

　　這就涉及利益是在身體、財產這些外物，還是在道德理性的問
題。把前者視為我的利益的根本，我就要同別人爭吵，彼此詛咒，

---

❹　本節引文均見《論說集》，2.22。

像野獸一樣撕打，喪失人性的高尚和尊貴。把擇善視為我的利益的根本，我就能孝慈友愛，同別人和整體和諧，實現我的高貴的人性。這樣對比起來，究竟哪個是「我的利益」的所在，「我」作為人的高貴之處，究竟是因為我有身體和財產還是因為我有道德的理性，豈不是我應當首先澄清的根本問題和表象嗎？

我認為愛比克泰德的這一觀點是不能否認的，正確的。比抽象的義利之辨要實在。我們要道德，但不能否認利益，應當正視利益。只有正視而不是企圖繞開利益，對它有正確的認識、表象，才能談得上有正確的道德表象和行為。

但是也正因如此，他會說出在我們中國人聽來非常吃驚的話：

> 善比一切形式的人倫關係更為可取。(That is why the good is prefered above every form of kinship.) 我的父親對我來說算不得什麼，重要的只是善。——「難道你的心腸這樣硬?」——是的，這是我的本性，它（善）是神給我的。因為這個理由，如果善（good，與「好」是一個詞）是某種不同於高尚和正義的東西，那麼父子兄弟和國家以及一切關係就簡單地消失了。但是，我應當忽視我的善，讓你得到它，我應當為你讓路？為了什麼我應當這樣做？只因為你是我的父親和兄弟嗎？不。你不等於善，我應做的只是為了我自己的善。但是，如果我們把好（good）安置在正確的善惡選擇之中，這些人倫關係的保持就在自身成為一個善，而那放棄其外在所有物的人就得到了善。❺

---

❺　《論說集》，3. 3. 5–8。

可見，重視人倫關係道德的愛比克泰德，還是把善本身同人倫嚴格分開了。善只屬於神，而人倫是屬於人的。人倫裡也有兩種利益和好（即善），一種是身體健康和財產富裕等等的，一種是符合自然整體即神的法則和理性。前者並非真正的人倫之善，它會使一切人倫關係瓦解。唯有後者才是真正的好，才能使人倫得到維護。所以，不可籠統地說我要讓著我的父親和兄弟。我只是在外在的東西如財產等等上應當讓著他們，而在善惡選擇上不能讓著任何人，包括我的父母兄弟在內，我始終要保持自己的擇善權能。

我認為他的這個說法是正確的，是對人倫之道的更為深一層的解說。我們中國人雖然最重人倫之道，但認為人倫本身就等於善，「孝悌也者，其為人之本歟」，本身就無條件地等於善，沒有提出更高層次的善作為終極的依據。這樣，在人倫本身受到物質利益的影響而扭曲時，我們的道德也就只好跟著扭曲了。唐玄宗提倡《孝經》，可是他保持住了人倫之道和愛了嗎？沒有。後來他還是被他的兒子當成廢物扔掉了，連他自己也沒有保持住人倫之愛。提倡以孝治天下的漢王朝皇室本身不斷演出過這類悲劇。這類的事例在我們的歷史和現實生活中難道還少嗎？

就這樣，愛比克泰德區別了兩種好或善 (good)，兩種不同的利益。他把真正的善只落實到與物質利益完全不同的理性道德善。對此，人們當然會問：難道任何人能不顧自己的身體和實際需要？難道離開了實際生活的利益，還能講什麼真正的道德或理性善嗎？這豈不是抽象的道德空談說教？

實際上愛比克泰德一點也沒有空談，他的教導很講實際，極為務實。

他和斯多亞派有一個基本哲學觀點：理性和質料是結合不能分

的。理性是主動者本原，物質東西是被動者本原，神和整個自然是二者的結合，每個人也如此。人有理性也有身體，結合起來才有活著的人和他的生活。愛比克泰德把這個觀點落實到人的生活，所以，他在說我們權能的範圍只在理性運用表象，把身體財產之類排除在外時，並不是指二者之間沒有關係。我們不能作這種簡單化的理解。他的意思只在於指明，在二者的結合中，理性始終是主動者本原，起著支配作用；因此，我對自己的身體和物質的需要等等的表象，必須聽從理性，而不應顛倒，讓這些東西支配我，使我的理性泯滅、歪曲，陷於錯誤的行為。顯然，分清主宰者和被主宰者，只是為了實現主宰者的作用，而不是主張二者沒關係。若沒關係，主宰者的作用豈不落空？這作用，就是人的心靈對自己的身體，理性對外物通過表象並通過身體轉化為行動來行使的。同宇宙中主動本原與被動本原的結合一樣。

因此，人應當如何認識和實踐善，是同人應如何在物質世界中處理其利益不可分的；而什麼是我對自己利益的正確表象，又是同我應當如何處理人我之間在物質利益上的相互關係不能分的。

讓我們記住：愛比克泰德之所以能把個人的利益同他人的利益結合，使道德本身成為一個人的最大的自我利益，根據在神或自然的整體性。因為神的自我利益就是使人、使所有自然有其各自應有的利益。

人也能仿效神，只是他不能直接像神，而需要從自己的本性和處境出發作出努力，才能使自己的利益同別人的社會的利益一致起來，達到他自我的最大利益——獲得道德和自由。根據就在人是神的兒女，或世界公民。神給予每個人的最大財富是理性和運用理性的權能，那是神自己的理性的一個片斷，並且完全交給人自己作主，

誰也不能剝奪的。其次，也給他一個身體和有關的物質生活條件，但那是暫時給他的，不能由他自己完全作主；人倫和社會關係會制約它，而最後的決定權還在自然法則，在神意。一個人的使命是協助神，就要按照神的樣子運用自己的理性來表象自己的利益，使之與他人和自然的利益一致。

這個運用理性於表象的工作，最實際的就是如何對待身體、財產，和人際關係中的種種利益的問題。只有在正確的運用中才有擇善理性本身的真正落實。

在有關實際生活和利益的問題上，斯多亞派提出了有「保留」的選擇的學說。愛比克泰德吸取了這個觀點，作為其心學三題的第二題中的成分。在心學三題中，他對行為選擇提出了全面的觀點和論述，其中對什麼是應當「無保留」的和什麼是應當「有保留」的作了明確劃分。這種劃分對我們考察這個問題有重要關係。

第三節　選擇問題：「無保留」、「保留」、「暫時擱置」

1.斯多亞派關於「保留」的學說

Inwood 指出，運用保留的驅動力(impulse with reservation)是斯多亞派倫理學中的一個本質性的概念。這一看法是對的。

提出「保留」的概念是由以下情況引起的：一切人都追求他們認為是好（善）的東西。但人們以為是好的大多數事情，在嚴格的意義上說算不上是真正的好。世俗的好，像健康和財富等等，可以

運用得好，但也可以壞；所以不是真正的善，也不是人的生活的根本目的。不過它們還是值得我們花費大多數的時間的，斯多亞派也不否認這一點。人人願意求善（好），但普通人沒有嚴格區別這兩種不同的善，因而也就不明白真正的善，把次等的好當作追求的主要目標。這樣在行動中就會發生錯誤，總是陷入煩惱和焦慮，得不到心靈的平安和自由。所以，要教導人分別真正的好和世俗的好。那些次等的好只是在弱的意義上 (weaker sense) 有價值，所以在選擇這類「好」的時候，要持「保留」的態度。

克里西普就這樣說過：當以後的事情還不清楚時，我總要選擇更適合於和自然相一致的事。因為神自己讓我傾向於選擇它。但是如果我知道了我命定要生病，我甚至就會樂意生病。因為腳也是這樣，如果它有心靈，也樂於走泥濘的路。❻

這就是說，神對一切有安排，但人卻不能知道在每個場合神會給他準備著什麼命運。因為神是整體，我是部分，就像腳是人的身體的一部分那樣。如果腳有知它也喜歡潔淨，這是它作為一個部分的自然想法。但是當人（整體）下命令讓它走泥濘時，它就必須立即放棄原來想潔淨的想法，無條件的服從並樂於走向泥濘，並看到這才是自己的真正的善。

人雖有理性和知識，但他不能像神那樣知道和支配一切。那麼，面對不確定的未來，我該如何行動？首先是擇善，那永遠是合乎神意的；同時我也要身體健康，要種地做工經商和從事各種公私的實際事務，謀得生計並使我得到財產和名利，這也是適當的，因為這類需要和追求是我作為一個生物的本性，此本性也是自然的神賜的。但是我必須明白，這些追求只是從我作為自然的一個部分出發的，

---

❻　本書引自《論說集》，2.6.9–10。

有局限性。因此我對自己的這類想法要持「保留」態度，以便隨時
準備好聽從命運和神的安排，同自然保持一致。

塞內卡對「保留」（拉丁詞 exceptio）也作了討論。他說，一個
人在不確定的情況下行動時，運用保留的表述是：「如果沒有什麼
事情發生去阻止它。」❼它的主要意思是：在你做你認為是適當的事
情時，你要準備好發生你所沒想到的事情，這樣你就不會受挫、悔
恨或需要改變自己的心靈。他還說：一個人最平安的路是少企望幸
運，總念著她而決不相信她的許諾。總要這樣說：我要揚帆航行，
如果沒有什麼突發事件中斷它；我要成為執政官，如果沒有什麼阻
礙我的話；我的事業將要成功，如果沒有什麼干擾的話等等。我們
認為對於一個有智慧的人來說，沒有什麼是同他的期望相反的事情，
其理由就在於此❽。

2.愛比克泰德：「保留」和「無保留」
——材料「無所謂」，對它的運用「不是無所謂」

如果說，愛比克泰德的斯多亞派前人已經提出了關於「保留」
的學說，那麼他的新貢獻何在？

對於這個問題，他是在心學三題的高度上重新加以考察和處理
的，因此決非塞內卡那種僅從應付突然事件有心理準備的較為消極
的觀點可比。愛比克泰德提出的是一種以更加積極的確保擇善在實
踐中得到貫徹的學說。首要的是擇善，其次是行為適當，這是他的
心學三題中第一、二題的主要概念，「保留」的問題是放在第二題中
處理的，而第二題是從屬於第一題的。我們要在它們的相互聯繫中，

---

❼ Seneca, *On Benefits*, 4. 34. 4.

❽ Seneca, *On Tranquility*, 13. 2 ff.

才能明白這些概念各自的地位、意義和價值。

因此，我們必須再讀一下這兩個命題的表述，並加以認真的討論。

第一個是關於意欲 (orexis) 和厭惡 (ekklisis) 的。對這個問題的研究學習，能使一個人在他得到所意欲的事情上不致失敗，不致陷入他所厭惡的；

第二個是關於做 (horme) 和不做 (aphorme)，即行為的驅動力怎樣合適的。對這個問題的研究學習，能使一個人的行為有適當的方式，是經過思考的謹慎的行為。

老斯多亞派提出「保留」的觀點時，並沒有像愛比克泰德這樣對兩種選擇作出如此明確的劃分，也就沒有專門的術語來表示這種劃分。對他們來說，orexis（一般的詞義是「渴求」）只是驅動力 (horme) 裡的一種，一個很一般的詞。愛比克泰德則把它作為專指辨別和選擇善惡的能力，用來表述第一命題，使 orexis 成為我們道德的關鍵概念。這時，他就把一般行為的驅動力 (horme, impulse) 同擇善力 (orexis, 很難英譯) 明確分開，只用於第二個命題。鑒於這一區別的重要性，Inwood 建議在英文中用 choice 一詞表示善惡選擇，用 selection 指稱那些實用性的選擇。在中文裡，我想可用「擇善」表示前者，後者只好照意思譯為「適當的選擇」或「日常生活中實用的選擇」等等。「適當」在英文中就是 appropriate。

每個人面前同時有兩類利益和價值選擇，但是份量不同。擇善是根本，它是無條件的，正確的選擇是「無保留」的；涉及身體、財產和與此相關的人際關係中好壞選擇，不能都由我作主，在價值

上也是次等的，應當從屬於善惡選擇，因此它本身只是適當與否的事情。在同前一選擇相比時，我們必須對它有「保留」。這樣，他就把「保留」的問題放到了一個它所應當在的位置上了。

愛比克泰德和斯多亞派常常教人分別有三類事物，善的，惡的，非善非惡的。對非善非惡的東西，他又稱之為「無所謂的」(indifferent)。第二命題所涉及的身體、財富和人與人之間的物質利益關係，就是「非善非惡」和「無所謂」的東西。它們對人的物質存在和生活絕不可少，怎麼說「無所謂」？他是否想抹殺人的這種需要和選擇的意義，鼓吹純抽象的善惡選擇？不是這樣的。如果他的意思是說在這個意義下的必需也「無所謂」，就不會說行為和表象應當「適當」了。他們說這些東西「無所謂」，僅指這些外物本身無所謂善惡，「非善非惡」。因此，同擇善是生活的根本目的相比，對這類東西的選擇僅僅是「適當」與否的事情。

愛比克泰德提出的上述兩個命題，使這兩類選擇以明確的表述形式劃分清楚。這是一個貢獻。

但是劃分本身並不是目的。他的目的只是為了在實際生活中教人實踐善。我們都知道，在實際生活中，從來都沒有什麼游離於人們對物質事物和關係的行為選擇的善惡選擇，二者永遠是結合在一起的。也就是說，決不會有什麼抽象的擇善，擇善只能實現於正確處理物質的實際的事情之中。所以，分清兩種選擇只不過是要人擺正各自的地位，使我們能夠在實踐中確保擇善力能得到正確的運用。

這才是重點所在。所以，我們要注意，當他說我們對身體和外物應持「無所謂」的態度時，決非指可以對這些事情採取消極不管的態度，如中外許多遁世和混世的思想和哲學主張的那樣。恰恰相反，他要求的是一種最積極的態度。這點集中表現在愛比克泰德的

如下論點中。他特別強調：

> 行為的材料是無所謂的；但是我們對它們的運用不是無所謂
> 的。❾

> 就像一個假言命題是個無所謂的東西，但你對它的判斷卻不
> 是無所謂的那樣，生活是無所謂的，但是運用它，就決不是
> 無所謂的事情。當你被告知有些東西是無所謂的時候，你決
> 不能因此不謹慎；當有人要你謹慎時，你也不可卑賤，或在
> 實際行為中膽怯。在必需具有實踐技巧的時候，你不要裝會，
> 而要向內行請教，保持你的鎮靜。❿

　　「材料」，material things，是無所謂的，但如何運用它卻決不
是無所謂的，這句話是關鍵。愛比克泰德的這個說法是他在行為倫
理道德學說上的重大貢獻。
　　我們中國人在教導人要對人對事明智豁達時，常用這類的話：
「那些都不過是身外之物」而已，意思就是要看淡，把它看作是些
「無所謂」的東西，你求心安就好了。這意思同愛比克泰德和斯多
亞派的類似。但是，請留意：第一，他所說的那些無所謂的東西，
包括了一切物質性的東西，material things，我的「身體」也在其內；
並且對我們來說，要持無所謂態度的第一個對象就是我自己的身體。
因為在他們看來，如果不把我的身體視為無所謂的東西，就不會對
財產等等有無所謂的態度；因為財產等等被人看重只是由於我有身

---

❾　《論說集》，2. 5. 1。
❿　《論說集》，2. 6. 1–5。

體。對我的身體都看不開，別的如何看開？心安從何談起？所以，他們決不會用「身外之物」的詞表述這類東西，用「心外之物」來表述才準確。

這些心外之物，就它本身「非善非惡」來說是些無所謂的東西。但這完全不是說，我們對它的行為和表象也是無所謂的。這是因為我們善還是惡，真正說來就在對這些無所謂的東西有怎樣的行為之中。

愛比克泰德的這一學說，我認為最重要和有意義的地方，就在於給實踐善指出了落實的關鍵所在。我認為他嚴格區別了消極遁世混世和極其認真積極地處世這兩種人生態度，反對了前者，主張了後者。說到這裡，我不免想到我們中國人常常愛說的「難得糊塗」這句話來。這句話裡包含著生活的智慧，不是沒有意義的；但是它有很大的毛病，因為它沒有區別開我對外物本身的看法，和我對它應當如何行為適當，這兩件在原則上有分別的事情。對這些外在事物本身，我應當無所謂、不在乎、不計較，在這方面持「糊塗」態度是高尚的明智的，「難得糊塗」很可貴；但這同我對這些事物的行為謹慎適當，涉及善惡時決不含糊，正是相反相成的。如果我在這方面也「糊塗」了事，高尚和卑劣不分，亂搞一通，還講什麼做人？離開這些實踐，你的擇善，你的心安理得，不就全都落空了嗎？實際上，鄭板橋講這句話時心中是明白這種區分的。這一點我們從他的為人實踐就可以知道。但是人們卻並沒明白他的意思，把它當作主張糊塗混世的哲學名言到處流行，就成了「東施效顰」。所以我想，愛比克泰德的話，會有助於重新詮釋他的這個話的真義。

愛比克泰德說，健康和疾病，富或窮，事業的成敗，乃至生和死，對選擇了善的人而言，都是無所謂的。但你在對這些事情的行

為表象中，是由外物支配你，還是你能用善惡作標準來支配它們，決不是無所謂的。外物支配你，你必忽喜忽憂，對人忽愛忽恨，憂心忡忡，怨天尤人；如果你能運用你的理性去擇善，運用擇善力來決定你如何處理對外物的行為和表象，你就能在任何時候保持自己的高尚品質，心地平靜善良，使自己追求的善生活得到落實。這正是真正考驗你的地方。

可見第一命題所說的擇善，是同第二命題所說的選擇適當，在實踐中是不能分開的，相反相成。不認真訓練對日常生活的處理能力，使之得當，擇善是空談；而日常行為的得當，更不能離開擇善的指導和決定作用。二者的嚴格分別，正是為了保證擇善在實踐中得到實現。

3.心學三題中三種選擇在實踐中的統一

《手冊》第一條提出「我們的權能」和「運用表象」的問題。但是愛比克泰德對他的學生的實際狀況和人之為善不易，有很深切的認識。要教導他們落實為善，必須教他們從實際中學會分辨不同的事物和選擇。因此《手冊》第二條就說：

> 要記住，選擇善能許諾你得到你所意欲的善，厭惡惡能許諾你避免你所意欲的惡。那得不到所意欲的善的人，陷於所厭惡的惡的人就經驗到不幸。如果你厭惡的事情是不自然的並在我們權能之內，你就決不會陷於你欲避免的。但是，你若厭惡或試圖避開生病、死亡、貧困，你就會經驗到不幸。因此對一切不在我們權能之內的事情，你要拋開你的厭惡，而把它只用於不自然的和在我們權能之內能處理的事情上。

但是，現在，先完全擱置你的善惡意欲吧。因為你若意欲任
何不在我們權能之內的東西，你必不幸；因為你對在我們權
能之內的是正確的意欲，還什麼都沒有抓住。你先只運用適
當的驅動力選擇做或不做，但對這類選擇，你要看輕些，要
有保留，不可看得太重 (but lightly, and with reservation and
without straining)。

選擇善惡是做人的根本。但是欲善的人，開始並不懂得什麼是
真正的善，分不清善惡是符合自然還是不自然，也分不清自己權能
的內外。這時他只是憑自己的利益好惡行事。因此，愛比克泰德讓
人先擱置選擇善惡的問題，也就是說，你要明白這時你還不能對善
惡有明白正確的表象，不要以為你這時以為是「好」的就是真正的
「好（善）」。你要時時記住真正做到能「擇善」不易，把這個問題
放在心中，通過你的實踐的檢驗、批判來訓練自己，才能逐漸解決
這個根本問題。那麼先從哪裡做起？你要從日常生活中行為和表象
能否做到適當做起。

但是他提醒人，在這方面，你不要看得太重，要有「保留」。原
因也是你在這時還沒具備真正的擇善力。

一個「暫時擱置」，一個「保留」，都是為了給人在實際生活中
學會運用「擇善」留下足夠的時間和空間。因為擇善最重要，可又
不容易；人首先要生活，只能在生活中逐步學會什麼是擇善。所以
先要抓實際生活中的選擇來講，而這時你對你的選擇就必須有「保
留」，以便通過經驗和反思，再來解決暫且擱置卻始終是心中想著
的中心——擇善的問題。這也就是行使「同意」的事情。

這個意思，愛比克泰德也常常作另一種表述。人人都有良知，

它是生來就有的趨善本性；但是它還需要訓練，在實踐中得到檢驗和反思，才能逐漸走向正確，發展成正確的擇善的「同意」能力。自覺求善的人，都要經歷這一實踐過程，才能由一個普通人成長為有道德理性品格的、高尚而自由的人。

這就是學會正確運用表象的意思。運用就是檢驗，就是通過檢驗來重新解釋表象。愛比克泰德有一句名言：

「表象，等我一會兒，讓我看看你是什麼，你表象的是什麼。讓我檢驗你。」⑪

這是一個願意求善的人隨時都要注意的工作。在他專門說到心學三題的第三題時，更著重強調了這一點，他說，第三個領域是關於「同意」和那些似是而非而有吸引力的事情。蘇格拉底經常囑咐人，「不可過未經檢驗的生活」。我們不接受未經檢驗的表象，而要對它說，「停一停，讓我看看你是什麼，你是從哪兒來的。」就像守夜的更夫所說，「請把你的證件拿來給我看。」你有來自自然的證件嗎？那能被我們接受的表象豈不必須有這樣的證件嗎？⑫

因此，心學三題是在運用、檢驗表象的實踐中彼此相關的。第一題是關於擇善的問題，擇善第一重要。但開始時我們的表象和擇善能力（良知）還沒有得到檢驗和訓練，因此實際入手需從日常生活中做起，這裡的問題是選擇要「適當」，在「適當」中學習擇善；並由於擇善能力鍛煉不夠，在「適當」中就必須有「保留」。 第一題和第二題就聯繫起來了。在這時候，我雖然時時關注「擇善」，卻

---

⑪　《論說集》，2. 18. 24。

⑫　《論說集》，3. 12. 14–15。

同時也是對它的「暫時擱置」，直到我通過檢驗能夠形成正確的表象和善惡抉擇時，再作「同意」與否的決定。因此「同意」的問題，愛比克泰德是放到最後，即第三題才講的。它既同第一題有關，也同第二題有關，是擇善的最後步驟、看門者和落實。

總之，「擇善」是根本，「適當」是擇善的具體實踐處，「同意」是擇善在行為中落實的關口。三者在密切聯繫中互動，使擇善在實踐中得以落實。

4.日常生活中落實擇善

在「無所謂」的事情中，做到「不是無所謂」，需要對人的生活實踐的各種具體表現作最廣泛深入的研究思考。而要教導人做到這點，還需教每個願意這樣做的人自己作最認真的學習和訓練。「這裡就是羅得斯」，正是最要緊的地方。

愛比克泰德的教導中的絕大部分的具體內容，都與此有關。我們不能一一都說到，但考察其中的若干方面是不可少的。他說：

> 我向一個人致問候，他卻閉門不納，我應當怎麼做？我去同他談話，他不理我，我應當低三下四？ ——不。他不接納我，那是他的事，不是我的事。我對這種表象採取無所謂的態度，但是我自己要做得對，我對他有禮貌，對他不理睬我報以平靜的態度，這就對了。「永遠要記住，什麼是你自己的和什麼是別人的事，那你就決不會煩惱了。」 ⑬

> 「我爸把我的錢拿走了」，這傷害了你沒有？沒有。「我兄弟

⑬ 《論說集》，2.6.6–8。

要得到土地的大部分」，讓他願得多少就多少。他拿走了你的節制、信心、對兄弟的愛了麼？誰能奪走你的這些所有呢？宙斯也不能。他也決不會願意這樣，相反，他把善的本性放在我自己的權能之中，給了我他自己所有的。你有了它，就能擺脫一切阻礙、強制和限制。❹

蘇格拉底在家裡總是耐心對待老婆和不好的兒子。老婆壞脾氣，不過是把水潑到頭上，把餅摔到腳下，這對我是什麼？什麼都不是。人不能指望老婆孩子和別人沒有過失。如果指望，就是希望某種不屬於自己能力範圍的事成為屬於自己能力之內的事。實踐擇善才是我的工作，這是神給我們的。

我們事實上不能期待別人沒有毛病。「我的鄰居向我扔石頭」。那因此你就可以是一隻狼，反咬一口，向他扔石頭？問問你自己有什麼珍貴的地方吧。❺

「他是盜賊，難道不該處死他？」——盜賊是什麼意思呢？他們在善惡選擇上迷誤了。我們應當對他發怒，還是憐憫？我們該處死一個不能分別黑白的瞎子嗎？對被奪走了他的最有價值的正確擇善力的人，一個病人，你該憐憫而不是敵視他。你對他發怒，是因為他愚蠢，那你怎麼如此有智慧？因為我所炫耀的東西被他從我們這裡拿走了。你不炫耀你的衣服，就不會對偷你衣服的人發怒；你不炫耀你女人的美麗，就不

---

❹　《論說集》，3.3.9–10。

❺　《論說集》，4.5。

會對淫蕩者發怒。所以你對自己生氣，要勝過對別人生氣。你有鄰人所沒有的衣服，你炫耀它，而他不懂人的好究竟在哪裡，以為只在漂亮的衣服；豈不是同你一樣嗎？ ❶

一個長官在劇場中的行為受到眾人的指責，他很不高興，到愛比克泰德那裡來訴說。愛比克泰德對他說：

你為什麼對摹仿你的人發怒呢？只因為他們是群眾，而你是官，他們的上司？他們說，看看皇上的代理人在戲院的行為吧。他叫嚷，我們也叫嚷；他從座位上跳起來，我也從我的座位上跳起來；他有好多奴隸為他捧場，我雖然沒有，我也要盡量高聲大叫，跟他們一樣響。豈不是一切人都憎恨擋他道的嗎？他們喜歡一個演員，你喜歡另一個；你擋了他們的道，他們也要擋你的道。你比他們有權勢，他們就做他們所能做的，指責擋著他們的道的人。你要你所欲的，他們就不該說出他們所欲的？農夫豈不咒罵宙斯擋他們的道，而水手也是？人們不咒罵凱撒嗎？宙斯，皇帝豈不知道這一點？如果懲罰所有罵他的人，他就無人可統治了。 ❷

愛比克泰德說，這些判斷是關於家庭友愛、城邦和諧、民族和平的。可人們只會讀，並沒信，「在家像獅子，出外像狐狸」。實在說來，若善惡在外物，父子兄弟也沒有愛，世界各處都是敵人和背叛；若把正確選擇作為唯一的善，錯誤的選擇視為唯一的惡，就不

❶ 《論說集》，1.18.3–13。

❷ 《論說集》，3.4。

會有任何爭吵和咒罵了 ⓲。

　　請讀者注意，這裡所說的正確和錯誤的選擇，就是在實際生活行為中的選擇，是在涉及身體、財產、名譽地位之類事情時的善惡選擇。在這些事情上，我也有自己的利益和選擇，但這種選擇只在於「適當」，要有「保留」，因為它涉及到外物，而外物是不在我的權能範圍內的。所以如果在這些事情上同別人發生矛盾，我就應當捨棄我的利益而讓著別人，同別人保持和諧一致。而這，也正是保持住我自己的善或最大利益的正確判斷或表象。

　　愛比克泰德的這些說法，或許會被人以為是主張了一種「逆來順受」的處世哲學。因為凡事都讓著人，我還有什麼利益、面子和好處？我還有什麼自由？豈不是個窩囊廢？事實上有許多人，甚至哲學家也有這種看法。但是，我以為不然，大大的不然。前面我們已經看到了他頌揚的「公牛」精神，在 Priscus 這些形象同埃巴普羅迪托、費立西俄之流的對比中是何等鮮明！難道這裡主張了什麼「逆來順受」麼？

　　那怎麼解釋這種似乎是悖論的教導呢？因為理性運用的領域不同。我們只是在身體、財產之類事情上要讓著別人，在身體健康和生病、生和死上不在乎，對這些事情上的選擇總持「保留」態度；但在善惡選擇的事情上，我決不會放棄自己的權利和能力，總持「無保留」的一往無前的勇敢態度。在實際生活中，這兩者必須結合，因為並沒有脫離實際生活的擇善，所以，我對實用性的利益在選擇上的保留和退讓，正是為了在擇善上確保我的權能不受任何阻礙得到行使，即確保我的根本的利益（善）。前一方面的「軟弱」，其實是真正的「剛強」。在名利等等方面我讓著別人，並不是我怕什麼，

⓲　《論說集》，4. 5. 35, 31–32。

而恰恰是因為我不怕失去什麼；這樣的人，到了關鍵的考驗時刻，他的擇善的堅定、勇敢和強大，就顯示出來了。

蘇格拉底就是這樣的榜樣。他在法庭上為了自己的善和城邦的善進行辯護，是何等的智慧勇敢！在退讓求饒就能減刑免刑時，他向法官跪下求寬恕了嗎？在臨刑時他悲傷哭喊了嗎？沒有，一點也沒有。而他對家人、同伴、城邦的公民們，總是友愛，尊重和勸導人。所以愛比克泰德總是以他和第歐根尼為典範，在「有保留」的事情上永遠行為適當，在「無保留」的領域永遠勇敢地擇善。

第四節　愛比克泰德的情感學說

1.情感問題同善惡選擇關係最為密切和重大

上面我們論述的問題主要是他的心學第二命題在實踐中的意義。日常行為的適當，主要涉及的是人我利益關係，它同講擇善的第一題密切相關。但是，同擇善相關的還有另一個大問題，就是如何對待「錯誤的情感」問題。它是在第一命題本身討論的，可見它同善惡選擇的關係更直接和重要。愛比克泰德在分別對三題所針對的對象和含義進行闡明時，首先就指出：

> 首要的，最為迫切的，是如何對待錯誤情感(the passions)的
> 問題。因為這些錯誤的情感只是由於我們不能得到所意欲的
> 和陷入所厭惡的而激起。它給我們帶來的是混亂、煩惱、不
> 幸和災難，嘆息和悲傷，敵意和嫉恨，使我們甚至不可能聽
> 從理性。❿

　　為什麼他把情感方面的問題放在「首要的、最為迫切的」地位？難道它比利益問題還要重要、還要迫切？

　　愛比克泰德顯然是這樣看的。我們也應當同意，因為這個看法是有道理的。說情感的問題更重要，這道理可以簡要地認為有如下幾點：

　　首先，我們是人，是有情感的動物，不是機器。說白一點，只講行為適當與否，利益關係處理是否合適，那是連銀行或事務所裡的計算機也可以做到的事。但我們是人，不僅有理智，更是一個有情的活物。人的理智從來不是單獨存在的、像一部機器那樣運轉著的東西，它總是同我們的情感聯繫為一體的統一的心靈的活動。因此，

　　第二，我們的行為，從來都不是由純智性的能力和知識作決定的，而是同情感結合著作出決定。不僅如此，還可以肯定地說，人在日常生活中和遇到重大事件的時刻，情感作用常常遠勝於理智的計算。人們常說，「他感情一衝動就幹了這事」，說的就是這種情形。確實，在許多時候，我們還來不及對事情的利害輕重加以斟酌衡量，就憑自己的直覺和情感決定了如何行動的選擇。

　　第三，情感這個東西，固然從根本上同人的利益相關，但造成它的，還有更多的複雜因素，會形成一個人的性格和素質。而凝結著深刻情感因素的性格，對我們每個人的生活與行為經常發生著作用。「江山易改，本性難移」，一個人的脾性一旦形成，在其內心中就有其相當穩定的存在。所以當人發生某種情感衝動時，在大多數的情形下連自己也難以控制，因為「剪不斷，理還亂」，　很難理出

─────────────

❶　《論說集》，3. 2. 3。

頭緒和根源。而利益的問題，只要事實明白，一般是容易弄清楚是非的。所以情感問題比利益要更複雜得多，不全是一回事，需要專門研究。

最後也是最重要的一點是：對於一個人來說，做人做事是否得當，善惡選擇是否正確，最終還是要看他是否能落實到「心安」。所謂「心安」也就是情感能保持平安和寧靜。「心安」雖然並非總是「理得」，但真正「理得」的人總必是「心安」的。

我們都知道，人的情感無論對錯都具有相當強烈的性質。一個人若被錯誤的情感所控制，心中充滿著恐懼、焦慮、不安和敵意時，他如何還能靜下心來聽理性的話，做到行為「適當」和正確地「擇善」？那就全成為不可能的事了。並且，更要緊的是他就得不到平安和幸福。每個人企求的真正的「好」只在幸福，若能保證自己內心的情感總處於和平寧靜之中，他就必是一個真正幸福和自由的人。因此，情感的問題同人的終極關懷有本質性的直接的關聯。

可見，情感正確與否同道德理性的正確與否，有最深切的關聯，或者可以說，二者幾乎是同一件事情。

我認為，我們中國人講倫理道德特別注重一個「情」字，總是把講道德同培養相應的情感聯繫在一起，這是很對的。一個人若沒有人倫之愛的情感，能說他明白了人倫之道嗎？——可是希臘人傳下來的西方道德哲學傳統，通常給我們的印象似乎是正好與此相反：他們強調理性，主張了理性主義的道德學說，似乎沒有對情感問題給予足夠的重視。斯多亞派給人的印象尤其如此，因為他們總是要人「不動心」、冷漠無情。

2.希臘道德理性與情感之間的巨大張力

這種印象不能說「事出無因」。 不過照我的看法，這印象其實並不那麼正確，較為膚淺。說是「事出有因」， 是因為他們強調理性比我們更突出些。他們的生活史情境與古代中國大不相同，面對的問題要複雜得多。我們的倫理道德歸結起來就是人倫之道，而它是同人倫之愛的情感天然融貫在一起的。這對於古代中國人似乎已經足夠了，能夠在其中「心安理得」。 但是對希臘人、希臘化羅馬世界裡的人、和近代現代西方人卻遠遠不夠，因為他們要實際對待的人事和關係，相當早就超出了氏族和家族人倫的範圍，超出了小城邦的範圍，人成了世界性的公民。這樣原先的人倫道德對他們就不夠用了。

他們的道德和情感原來同我們一樣也是渾然一體地結合著的，因為他們原先也是從氏族家族過來的，也都遵循著與我們類似的人倫的道德，人倫情愛與之渾然一體地結合著。但是後來生活關係改變了，而生活又不能沒有道德，他們就必須尋求能夠說明和處理種種複雜得多的事情的新道德，理性的分辨就成為首要的事情。這是不是說他們就輕視、忽視了情感在道德中的作用和意義？

我認為可以斷然地說，決非如此。西方人也是人，他們的情感決不會比別的民族就差些，那是不合人性的說法。我們不必多說諸如荷馬史詩和希臘悲劇中的種種深刻的情感衝突的描寫，就是哲學家也如此。例如亞里斯多德就說過，在城邦中，友愛比公正還重要；又如伊壁鳩魯雖然是典型的個人快樂主義者，也說友愛是幸福中最主要的東西。他們講倫理道德並沒有同情感問題分開。不過由於提出了新型的道德觀，人倫關係和這類道德降到了次要地位，情況的

錯綜複雜性要求人對是非有更高的檢驗和分辨能力，理性便突出地占據了心靈中的關鍵地位。這樣，原先同情感渾然一體的道德，也就大大地拉開了同情感的距離。理性要分辨利益問題，也要在這種情境下重新審視情感，包括原來的人倫情感。於是，他們就面對著巨大的張力，對情感問題的研究和處理也就同先前大為不同了。

這一轉變是在古典希臘城邦時期發生的，蘇格拉底在其中起著關鍵性作用。他是在希臘提出新道德觀念和實踐的第一人，是後來西方道德傳統的開創者、奠基者。所以我們要弄清斯多亞派和愛比克泰德如何處理理性和情感的關係問題，就需要對他如何形成新見解的背景有所認識。

錯誤的情感常常是非常強烈的。在它面前，人們通常都認為理性式的道德的說教顯得十分蒼白無力。因為情感最難用理性來分析，多數人也不去作這種分析，在生活中他們經常聽憑自己的好惡和追求快樂避免痛苦的激情，來支配自己的行動。有些人會愈陷愈深：愛得發狂，恨得發狂；被恐懼和焦慮所完全控制。在這種情形下，人就喪失了理性的正確判斷能力。

這個問題，在蘇格拉底和智者的爭論中成為一個相當突出的問題。

智者高爾吉亞曾寫過一篇著名的《海倫頌》。海倫的美貌是希臘人的驕傲，但她的行為卻受到普遍指責，高爾吉亞做的是一篇為她翻案的文章。事情是這樣的：海倫是宙斯和斯巴達王后涅墨西斯的女兒，年輕時她被雅典的忒修斯劫持到阿提卡，後來被她哥哥救回到斯巴達，嫁給了斯巴達國王墨涅拉俄。但她和特洛伊王子帕里斯相戀，被拐到特洛伊，這件事成為特洛伊戰爭的導火線。帕里斯戰死後，她又嫁給他的弟弟伊福玻；而在特洛伊城陷落時，她又把

伊福玻出賣給了她的前夫斯巴達王墨涅拉俄,同他一起回到斯巴達。希臘人喜歡她的美貌,但認為她的作為很不道德。高爾吉亞認為這是一種傳統的偏見,為她辯護。其一是說她的行為有當時的環境,那是神的安排,命運使然。其二是說她受到種種言詞的誘惑,這也不能由她自己負責。最後是說,她的行為是受愛情驅使。高爾吉亞說,情慾是人的本性,每個人看到迷人的對象,靈魂就為之騷動,因而海倫就跟著帕里斯走了。這是本性使然,不是她自己可選擇的,所以她也不能對此負責。因此,她對自己的行為沒有道德的責任。

這不過是一個案例,它的背後是整個智者思潮的哲學道德觀。

智者普羅泰戈拉提出了「人是萬物的尺度:一切是之為是的尺度,一切非之為非的尺度」的命題。人們面對的對象總是同我們自己有關的,但是以前在認識論方面卻天真地以為既然是客觀事物,我們就能給以純客觀的認識和規定。智者把這個觀點改變了,這在希臘哲學史上是一次「哥白尼式的革命」。這種轉變是同希臘生活中的變革密切相關的,人在歷史中的作用得到巨大的發揮和發展,在雅典尤其突出,人們看到各種重大的新事物是他們自己創造出來的,也應當由人來作出評價。因此,看人看事,就把目光集中到人本身上來。

既然如此,對人本身應當怎樣看,怎樣對待,就成為認識和行動的關鍵問題。正是在這個關鍵之點上,蘇格拉底同智者發生了原則的分歧。在智者看來,人是物慾的、憑其好惡的感覺、情欲來思想和行為的動物,所謂理性無非是人人都按各自的利益和好惡來發表意見進行判斷的能力。因此並沒有什麼普遍和客觀的善惡是非標準可言。這是他們的道德觀。

蘇格拉底目睹了雅典的危機和道德敗壞,認為智者的道德觀正

是這種危機的思想原因，所以他提出了一種理性主義的道德論來與
之對立、進行鬥爭。關鍵就在對人本身如何認識：人的本質是什麼，
他只有物慾和與之相關的好惡嗎？不。那決不是人的真正利益和善，
生活實踐證明它給人帶來的必是善惡是非一片混亂，以及數不清的
錯誤和災難。善惡在人，卻仍然是有客觀標準和真理的。它來自神，
就在神給予我們心靈的理性能力之中。問題只在於人應當正確地「認
識你自己」，實現神給你作為一個人的使命和價值。

　　因此，他把理性提到了道德的首位，一切事情的善惡是非只應
由智慧和知識來判斷。人只有努力擺脫物慾和受其污染的錯誤情感，
才能淨化自己的心靈，贏得美德。他特別指出錯誤的情感對我們認
識真理或擇善的危害：

> 每個快樂和痛苦的情感就像一顆鉚釘那樣，把我們的靈魂釘
> 牢在肉體上，並且使我們的靈魂把肉體認作真實的就當作真
> 理接受下來。❷

　　用「鉚釘」這個詞來形容錯誤情感同肉體及其慾望聯繫之緊密，
是很生動和確切的。他看到錯誤情感對人看待事物的善惡是非的污
染作用極大，若不通過檢驗和批判，一切判斷和行為選擇都必定跟

---

❷　柏拉圖 Phaedo 篇 83d，這一篇記述了蘇格拉底臨終前關於生死、靈魂、
　　哲學和道德的最重要的教導。雖然其中加進去了柏拉圖本人的「相
　　論」（通常譯作「理念論」不過柏拉圖的ιδεα不是什麼「理」更不是什
　　麼「念」，故此譯法不妥。恰當的譯法是「相」。詳見陳康所著《巴曼
　　尼得斯篇》，注35，商務印書館，1982年。柏拉圖認為他的相論可為
　　蘇格拉底觀點作論證），但其它描述仍是可信的。

著發生錯誤，善惡顛倒，還有什麼道德可言？

他很清楚解決這個問題是極為困難的。因為在生活和行為的領域，是非真假問題不能不同利益和好惡情感聯繫和糾纏在一起。要澄清這種是非，他只能求助於嚴格的理性。在這方面，先前希臘人已經發展了的邏輯理性是最重要的資源。這種理性主要是從數學和自然哲學研究中發展起來的。由於這類研究的對象與充滿著利害和情感的人事對象不同，就能較為容易發展出一種冷靜的即所謂「客觀性」的研究態度，而其研究結果也能用相當嚴格的科學理性方法加以檢驗。在這種理性看來，真假是非是可以明確劃分和嚴格檢驗的，因而能給人以真理和信心。這無疑是希臘人最傑出的成就之一。

蘇格拉底認為，現在我們在討論人的行為道德問題時，也應當嚴格地運用這種理性的方法，對人的行為和道德善惡加以檢驗。這就產生了一種嶄新的道德理性哲學。

然而，人的生活和行為這類對象，畢竟同數學自然科學的對象大為不同，在這個領域中處處充滿著利害衝突和情感衝突。所以在當時，道德研討能否成為一種理性的科學，本身就是一個極大的問題。為什麼蘇格拉底要反覆地同人討論諸如美德是不是知識，是不是可以教人，原因就在這裡。另一方面，按照古老的傳統，道德是神聖的智慧，來自神的命令，決不是什麼一般所謂的知識。對於它所規定的善惡，根本無需人來討論其是耶非耶，人只應服從它，照著做就是了。但是蘇格拉底遇到了新問題，他認為自己不能迴避，只能勇敢地進行一場道德革命。所以他不畏重重困難，包括向傳統道德提出挑戰。在這個時候，他所依靠就只能是理性，但是我們應該看到，那已經不再僅是原先的那種只以數學和自然事物為對象的理性，其內容的方法也大不相同，這是一種新的理性——道德理性。

所以,這種以人和人的生活為對象、以擇善為宗旨的道德理性哲學,包含著巨大的張力:如果它不首先把理性和情感嚴格劃分開來,就得不到嚴格的理性,也就沒有能力去檢驗善惡;而如果理性不能真切運用到利益和情感,它就稱不上是真正的道德理性。

斯多亞派是沿著蘇格拉底的這條理性主義的路線來發展倫理道德哲學的,在新的歷史情況下,更加突出了對錯誤情感的否定。他們同樣也在巨大的張力中,並且所要面對和處理的比城邦希臘人的還要複雜困難。

3.希臘化羅馬時代人最迫切的關懷

當愛比克泰德說如何對待錯誤情感是「最為迫切的」問題時,除了我們上面說的那些基本理由外,顯然還有一個時代背景的原因。

我們可以說,整個一部希臘化羅馬時代的哲學史,倫理學史,乃至基督教的形成和傳播史,都同情感的問題有關。正如我前面說過的那樣,這時代的人們有一種普遍的強烈感受,猶如大海裡時時會遇到風暴的一隻小船上的人的感受,不知道哪裡是能給他平安的陸地。它表達了人們內心中的恐懼和痛苦是何等強烈。所以,這時期的各個哲學,尤其是五花八門的宗教,都以向人提供治療這類心病的藥方為己任,或以此作為招搖過市的騙人旗號。從下層民間到最高權貴,到處都盛行占卜,拜各色各樣的神靈。這些藥方雖然良莠不齊,但在迎合人們最深切的需要上是共同的。

用我們現代的語言說,就是人在空前的困境中,特別需要求得一個「終極性的關懷」。

正是在對這個問題的思考的競爭中,產生了幾種最有意義和影響的哲學,如皮羅主義、伊壁鳩魯主義和斯多亞主義,也產生了一

種高級的宗教——基督教。

這些哲學之間，它們同各種宗教之間，最後，在它們同基督教之間，又彼此進行著激烈的競爭。誰正確，誰最有力量，都要在道理上和生活實踐中經受檢驗。只有能說服人和能為人廣泛接受的，才能贏得勝利。這是一種高水平的互相競爭，有彼此的吸取，更有彼此的批判，便形成了一部前後長達數百年的希臘化羅馬思想史。它是一部極其偉大和深刻的人的心靈成長史。

我要特別強調這個時代的哲學史主要是一部心靈史。因為它關注的，決不是什麼純「理性」，也不是數學和自然哲學的理性，而是活著的有著強烈苦難感覺迫切等待救助的心靈。更準確地說，這「心靈」也是「理性」，不過它的根本和中心只是道德理性（如蘇格拉底所關注的），而決不是似乎可以脫離生活和情感的形上思辯，像亞里斯多德有時所強調的那樣。伊壁鳩魯和斯多亞派所講的理性都有這樣的特徵，他們是接著蘇格拉底而不是接著亞里斯多德的思辯來講哲學的，目的都在使我們的心靈和情感得到平安和寧靜。

我認為這種理性觀，決不是他們的缺點，毋寧說正是他們的優點。培根以來的西方哲學家、哲學史家，包括黑格爾和文德爾班在內，只看重亞里斯多德和他之前的希臘哲學，認為那裡才有理論深度，希臘化時代哲學就不行了，至多是只運用前人的成果而已。其實這種哲學史觀本身是值得反省的，他們對蘇格拉底的問題，對哲學真正是幹什麼的，並沒有搞透徹。真正說來，西方近現代的大多數哲學中的「理性」觀，其實反而不及蘇格拉底和愛比克泰德等人。當代生存主義者最重視死亡、焦慮等等問題，這是他們的優點，但又被視為「非理性主義」。可見「理性」還是被抽象地看成只是思辯的理性。我想，在這點上，今人未必勝過古人。

4.正確的和錯誤的情感

斯多亞派是接著蘇格拉底和犬儒派的路前進的。他們高舉道德理性，在新的條件下面對著的是人們更迫切需要救助和治療的心靈問題。為什麼人痛苦、害怕、焦慮萬分？他們把這些都歸結為情感中產生了錯誤的表象，「錯誤的情感」，只有理性才能真正治療它們。在這種巨大的張力中，斯多亞派的教導是：要聽從堅定正確的理性，對一切「不動心」。

因此斯多亞派常給人以這樣的印象，似乎他們主張了一種抹煞一切情感的、極其冷漠無情的人生態度。

其實，這種印象並不那麼正確。因為他們並沒有否定一切情感。

文獻表明，斯多亞派把情感分成了兩類：有錯誤的情感，也有正確的情感。他們說，道德善良的意願，喜悅（joy），謹慎，對神的虔敬等等，是正確的情感，因為它們是同自然一致的。Inwood 指出了這點，他認為對此我們應當注意。因此他還認為，對於他們所使用的 πάθος 一詞，是不該譯成 emotion 的。因為這個英文詞可泛指所有的情感，用它來譯就容易誤導，使人以為斯多亞派反對了所有的情感，連正確的情感也不要了。他們用的 πάθος 這個希臘詞，指的只是「錯誤的情感」。為了分清，應當用另一個詞 passion 來表示才合適。

由此可知，人們通常對斯多亞派的印象是不準確和不妥當的。他們強調「不動心」，主要是針對著人們在行為中不重視理性的弊端來說的。因為對情感表象若不特別注意用理性給予嚴格的檢驗，就很容易把錯誤的情感當作正確的接受下來，它就乘虛而入，主宰了我們。別的一切錯誤隨之而來，就難以糾正了。他們認為這是最危

險的事情。

按照理性或與自然一致作標準，老斯多亞派先把情感劃分為正確的和錯誤的兩大類。在錯誤的情感中，再劃分為兩類四種：欲望和恐懼，快樂和痛苦。欲望和恐懼這一類是基礎性的，來自與利益直接相關的好惡，「欲望」是意欲好（善）的不正確的形式，「恐懼」是厭惡壞（惡）的不正確的形式。由此派生出另一對錯誤的情感，快樂和痛苦，「快樂」是由不正確的欲望刺激而生，「痛苦」由不正確的恐懼刺激而生。但是反過來，它們又會強烈地使「欲望」和「恐懼」增強，使人愈陷愈深，難以自拔，所以也必須嚴加注意和糾正。這四種錯誤的情感，都是由於沒有正確運用理性造成，都違反了自然，因此治療都得依靠理性——來自神的正確和善的理性。這樣人才能與自然一致，獲得真正的善和正確的情感，心靈的寧靜❷。

斯多亞派堅持道德理性在處理情感表象問題中有決定性的作用。它同主張情感能獨立於理性而對人的行為起支配作用的觀點，或主張理性、情感都能起決定作用的觀點，是對立的。我們前面已經說到的（行為動因的）一元論和二元論之爭，指的就是這種原則分歧。

他們在理論上論證了自己的理性一元論。但是這說說還是比較容易的，真正做到就很難了。他們自己也承認，即使是很有智慧的「賢人」，sage，在遇到突如其來的打擊時，也不免會臉上發白。如果連這樣的人也難以做到完全用理性控制自己的情感，那麼拿來要求學生和一般人，豈不是過於苛刻了嗎？這樣的學說又有多大意義呢？

---

❷　Inwood，*EHAES* 第五章。

5.愛比克泰德解決這個問題的貢獻

不必多說，愛比克泰德同樣堅持了斯多亞派關於理性對情感能夠起支配作用的一元論。但是他比其他斯多亞派更注重實踐，並在其實踐性的教導中使這一學說獲得了生氣蓬勃的活力。這是他的新貢獻，這貢獻是從何而來的呢？

我認為，第一點在於，他對情感表象和理性對情感表象的運用，都是從如何對待利益的問題談起的，聯繫得更緊密，這就牢牢地抓住了根本，也就更有說服力。

他總是強調，如果人認識到自己的真實利益只在於和自然相一致，他就能明白自己生來就有的好惡之情原是良知，同理性的擇善並不矛盾。但同時也就應明白，錯誤的情感並不是像人們常常以為的那樣是什麼自然的東西，而正是對他自己的真正利益和良知的違背。因此，道德理性對情感表象的支配作用，並不是一種外來的強制和壓抑，如人們經常認為的那樣；恰恰相反，它正是人在行為中使自己的利益和良知得到實現所最迫切需要的指導和保證。

第二點在於，他非常清楚，人們在遇到各種事情時情感會洶湧而來，理性向錯誤的情感作工是不容易的，是一場困難的鬥爭。因此他不僅首先教導人要懂得運用理性於情感表象的意義（關係到能否得到自由和高尚，做一個人的根本價值）；而且仔細分析指明了這項工作的步驟，教人如何去訓練自己達到這個目的。這些教導包括：

——在尚未弄清什麼是真正的善惡之前，必須讓表象先等一等，以便我們能夠運用理性來檢驗它們；

——實踐要從切實的日常生活行為做到「適當」開始。其中

——首先分清在我們權能之內和之外的東西，先立其大者（我權能之內的），對外物就能無所謂，這是善惡劃分的基礎，也是第一步；

——然後他再著重教導人，對這些無所謂的東西如何表象決不是無所謂的，必須十分認真檢驗，因為表象和運用表象在我們權能之內，是有善惡分別的。

實際上，這裡已經講到了大量的日常生活和行為中的情感表象問題了。因為我們的情感表象，正是在日常生活和行為中，在處理與利益相關的實際的人際關係中一起產生的。

現在我們就來專門討論他對情感問題的實踐教導。

6.「我」在實踐中如何辨別選擇情感表象

我們知道，伊壁鳩魯對他那個時代人們的心病（情感病）開出了藥方，其主要內容是所謂「四重療法」，簡略地說即是如下四句教：神不必畏，死無可畏，痛苦易除，快樂易得❷。「快樂」，和他特別提出的「友愛」是人的最大的幸福的觀點，是他對情感問題的正面主張。

伊壁鳩魯派在同斯多亞派的競爭中，很長時期裡有某種優勢。因為他們對個人如何能獲得快樂和幸福，避免畏懼和痛苦的情感問題，給予了某種簡明易行的答案，而斯多亞派卻總要人絕對服從命運，使人感到壓抑。他們叫人「不動心」，缺乏動人的力量，顯得只是對有情世界的冷漠。

但是伊壁鳩魯派有其內在的問題。因為他們企圖為人提供的心

---

❷　伊壁鳩魯，《基本學說》，1–4條，「四重療法」一語是後來伊壁鳩魯派人費洛德姆所說。有關說明參見楊適《伊壁鳩魯》一書第二章第三節。

靈平安寧靜，只建築在純個人的快樂和自由之上；這種個人是從社會分離和隱退的。這樣，他們所說的「友愛」本身就成為缺乏根基的東西。此外，他們所說的「快樂」，是同盡可能關注個人的身體健康、適當的財產和安全等等密切聯繫著的。在斯多亞派看來，對「無所謂」的東西如此重視，這本身就是一種錯誤的情感，怎麼能使人得到心靈的平靜？所以斯多亞派對他們的批評是有理的。不過要想戰勝伊壁鳩魯，光靠「正確」是遠遠不夠的。這裡更重要的是自己首先要有足以感動人的力量。

只是到了愛比克泰德，斯多亞派的主張本身才展示出比伊壁鳩魯派更加動人的力量，其正確性也同時得到了發展和深化。

愛比克泰德所發揮的斯多亞道德學說，在處理人際關係上，顯然比伊壁鳩魯要優勝得多。這一點我們從上面所說已經可以得出明確的結論。

與之同時，他在教導如何對待種種錯誤情感表象上，無論在範圍上和深度上，也都遠遠超出了伊壁鳩魯派。我們不能在此一一列舉。只能就其中某些要點作些介紹評述。

首先還是來談如何理解「愛」的情感的問題。他對這一情感表象所作的分析反思最多，但都不是抽象談，而是在教導人如何在日常生活實踐中訓練自己運用利益表象和人際關係表象的同時來談的。例如前面談過的許多事例都是如此。

對「愛」或「友愛」應當怎樣認識和實踐？父子兄弟朋友關係是人人都有的自然本性之一，人倫之愛和與人保持和諧的情感，是人人都有的良知。但是一旦有一個美麗的姑娘或一塊土地放在我和別人之間，放在父子兄弟之間，是我和他們都喜愛欲求的對象，那我應該怎麼辦？這對我和他們都有切身利益，我該如何處理這個利

益表象和由此而生的「好（善）」情感表象？

在這時候，愛比克泰德說：你就要好好分辨、檢驗和選擇什麼是真正的善了。通常的情形是，我把得到這個女人、這塊土地，當作我的「好（善）」。這樣，我就必定要同我的父親、兒子和兄弟爭奪；而在他們同我爭奪時，我就必定會憎恨他們。於是得到的必然是憎恨、嫉妒、焦慮、畏懼和不幸。這就是我要求的善，這就是我的真正的利益嗎？我呼天喊地，怨恨我的兒子沒良心，咒罵我的父親老不死，我的心還會有片刻的平安和幸福嗎？我的人倫之愛，我的良知在哪裡，它還有嗎？就喪失完了，沒有了。對於這類對我關係重大的情感和利益的表象，難道我不應該從開始起就對它們作一番認真的檢驗選擇？

運用你的理性檢驗這些表象，就可以發現，它從頭起就是不對的。因為我若把自己的利益、好惡情感只放在某個姑娘、一塊土地、一份錢財上，我就不僅會同別人發生爭奪，會損害到別人，而且是首先損害了我自己：我的良知，我的人倫之愛的情感，我的高尚和自由。因為我把自己的這些最寶貴的價值，都押在那些無所謂的外物上，也就是說，我把自己賣給了外物，當了它的奴隸，成了比它還低賤的東西。

當你分辨了這點時，難道你還願意自己是這樣的一個奴隸、一隻狼，而不再願意選擇做一個人，一個高貴的自由的人嗎？

可見，當你「愛」某個東西、某個人的時候，你對這個情感表象必須先認真檢驗一番，憑你自己的理性來運用這個表象。看重外物，必使你是非顛倒，愛惡混淆，你必見不到何處是你的真正的善、正確的愛。

因此，愛比克泰德諄諄教誨他的學生說，你必須努力，在每天

遇到的每件事情中去訓練你自己。

其他的各種情感表象也一樣。你要學會隨時檢驗，訓練自己。人們時時容易產生的「焦慮」、「發怒」、「怨天尤人」、「敵意」和「恐懼」等等，都是些錯誤的情感。你要學會認識它們的原因，給予檢驗辨別，給予重新解釋。你同別人在一起的時候，你覺得厭煩；一個人的時候，又害怕孤獨。這表象對不對？ ——在你同別人一起時，你應當把它視為參加慶典或宴會；你獨自一人時，你可以感到平安清靜，就像宙斯曾經也是一個人那樣。這都應當由你自己作主，因為你的表象是屬於你自己的。你的種種煩惱，究其原因都是來自外物，來自本來你應視為無所謂的東西。可你卻看得那麼重，那你就不可能正確地擇善。

> 人們產生畏懼的原因是某些東西，它是由別人給予而可以從你那裡取走的東西，這人也就成為你畏懼的原因。堡壘的摧毀不是靠火與劍，而是判斷。專制君王的堡壘可以摧毀。我們丟開身體和它的每個部分，丟開影響身體的東西如財產、名譽、官職、孩子、兄弟、朋友等等，把這些都不當作是屬於自己的，那我就決不會在我所意願的事情上受到任何阻礙。我把自己的選擇服從神，神所願的就是我所願的，他所不願的就是我所不願的。我怎麼還會畏懼，怎麼可能被摧毀？❷❸

> 在使心靈喜歡的，或有用的，或以情感愛著的一切東西上，要記住告訴你自己它們是屬於哪一類的，從最細小的東西開始。如果你喜歡一個瓦罐子，你就說，「我現在喜歡的是個瓦

---

❷❸ 《論說集》，4.1.85–89。

罐子」，那麼當它破碎時，你就不會煩惱了。如果你親吻你的孩子或妻子，要對自己說你親的是一個人的存在，那麼當他們死亡的時候，你就不致悲傷了。❷

這裡說到「畏懼」和「悲傷」的看法，適用於一切錯誤情感表象。愛比克泰德要人認識，每個人的真正的利益或善全不在這些「心外之物」上。

使我們中國人讀來會感到彆扭的可能是這樣一點，他要人把自己的親人也列入外物範圍，要人在愛他們的同時有「保留」， 以便在失去他們時自己能夠不悲傷。他還說當你遠行時你媽媽感到悲傷，你也不要悲傷，因為她悲傷是在我權能範圍之外的事，而我不悲傷是在我權能之內的事。——我承認，在這裡他那種斯多亞派「不動心」的哲學，真的很不能讓我接受。我還認為，這確實是他的一個不小的缺陷，基督教之所以終究要揚棄包括斯多亞派在內的希臘和希臘化羅馬哲學，是與此有重要關係的。我們中國人講人倫之愛，在這方面有比他強的地方，也在這裡。

但儘管如此，他的學說在尋求真正的善在哪裡的問題上，比我們的傳統觀念有強處，而同基督教的超越性的真善即神相接近。此外，我們會看到，這也是他對那個時代的人的處境和情感的治療所需，不得不然的一種處理方式。最後，我們還得承認，愛比克泰德其實還是對人很有情感的。不過他認為要想保持人倫和諧和正確情感，必須冷靜地只照著神的意願和善來生活和行為。所以他總是教人，要緊緊把握住自己，從自己做起，靠自己的理性贏得自己的真正的利益——與自然一致地生活。這樣才能贏得自我的高尚和美好

❷ 《手冊》，第三條。

情感，使自己的心靈平安自由。

7.如何對待別人的錯誤和錯誤的情感

我們已經看到他教導人在外物的問題上採取不在乎的態度，這裡既指要讓著別人，同樣也指一種大無畏的勇敢，如對於權勢者的淫威應有的態度。兩者毫不矛盾，正是相輔相成。

我可以在外物的利益問題上讓著我的親人、朋友和公民夥伴。甚至在暴君要流放、囚禁和處死我的時候，他也說，讓他去這樣做好了。因為他有這個權勢。不過他的權勢只能涉及我的身體，並不能涉及我的判斷。所以我在保持自己的善的方面，永遠是最勇敢的。

在這一點上，他比別人和其他斯多亞派說得更好。所以我不認為他的哲學只是讓人聽從一切。雖然他沒有能提出一種實際地改變世界的哲學，但是他堅持了每個人都有保持自己的自由和道德善的權利這個核心。

但是，我們對於別人的錯誤或惡，只講我不在乎，我讓著他，就夠了麼？如果只是那樣，你愛比克泰德何必還要教導別人擇善，豈不你自己「獨善其心」也就夠了，正如你批評伊壁鳩魯時所說的一樣？

當然不是如此。愛比克泰德以蘇格拉底、第歐根尼為榜樣，認為真正的哲學家都是神派遣到人間來的使者，目的是要幫助人為善。教人善的當然自己先要做好，但若說自己善卻不能教別人，你自己的善也沒了意義。因為你沒做神要你做的，你自己的善又在何處？

一個人在外物的事情上讓著別人，這還是消極的，因為這時候你雖然不同別人爭吵，但是對方的行為和表象還是錯誤的。你讓了他，只是你當做的事情的一部分，更當想到的是你能使他也學會擇

善，這才是你的積極的善。但是這件事情比要求自己更難。因為他是否擇善是在他的權能之內的事情，不在你的權能之內。所以這更需要認真研究這樣的善如何可能，如何適當，如何才能做到做好。道德教育的關鍵就在如何處理這個難題。

愛比克泰德經驗豐富，非常明白其中的困難曲折，他建議人鑽研蘇格拉底的榜樣，運用高度的藝術來做這件重大的工作，並提出了他自己的勸導。

首先是「憐憫」人。——當別人做了對你的錯事，你不應對他發怒；因為他做了錯事，例如偷了我或某人的錢財，這對我有什麼損失呢？不過是無所謂的東西，為什麼他拿走就不行？可是這對他倒是一個真正的損失，良知和善的損失，他甚至沒有能運用他最可貴的理性。因此我對他只能憐憫。

對於深深陷入錯誤情感而難於自拔的人要憐憫。愛比克泰德幾次說到有關美狄亞的故事。她是希臘傳說中的一個女巫或女神，她的一些故事被幾位著名作家寫成戲劇廣為傳揚。美狄亞幫助她的丈夫阿爾戈人的英雄伊阿宋取得了金羊毛，但後來她的丈夫拋棄了她，同科林斯國王克瑞翁的女兒相愛。美狄亞為了報復，殺死克瑞翁和他的女兒，和她自己與伊阿宋所生的兩個兒子。歐里庇底斯在其悲劇《美狄亞》中描寫了後面這段故事。

愛比克泰德評論說，美狄亞不能忍受她遭到的不幸，殺死了自己的孩子。她的行為至少在一點上是一顆高尚心靈的行為，因為她有一個正當的表象，那就是一個人所意欲的並不一定是真的。她說，「我要對傷害我錯待我的人復仇。可是，我能從置他於如此悲慘境地中得到什麼？這是如何做到的？我要殺掉孩子們。但這也是懲罰我自己。可我還在乎什麼呢？」

這是一個靈魂中巨大力量的爆發和偏差。因為她不知道我們所意欲善的力量該用到何處。那不是從我們權能之外的事情能得到的。

一個人不會選取自己認為是無益的行為。美狄亞是怎麼想的?她說:

是的,我知道我所取的是惡,

但我的情感支配了我的決定。❷

她不能忍受不幸,可是對丈夫的怒氣和復仇心使她認為這樣做才是更有益的。她受這個感情表象的欺騙了。如果她明白她受騙,就不會這樣做。如果你不要他作你的丈夫,不要想保持你同他的關係,只聽神的話,就能保持你自己的自由和善,誰能阻礙你強迫你?那她會不幸福嗎?但是只要不能做到這一點,她除了按照她認為那對她來說是真的去做,還能怎樣呢?

所以愛比克泰德說:你為什麼對這可憐的女人生氣?她在最重要之點上陷於錯誤,為什麼你不憐憫她,如同憐憫瞎子、跛子,而那些人是心靈上的支配部分瞎了跛了? ❷

8. 哲學家的神聖使命
——教人為善的根據和正確方法

憐憫有錯誤的世人,這是重要的一步,但是不夠,因為這還只是消極的。憐憫他,是因為人原來都有理性和擇善的良知良能,他是由於缺乏教育訓練不會正確運用,而使自己的心靈荒廢了,所以

❷　Euripides, *Media,* 1078–9.

❷　《論說集》,1. 28. 6–10; 2. 17. 19–25。

陷於錯誤和罪惡。所以，盡力教人學會正確地擇善，使人能擺脫錯誤和罪惡而得到他本來應有的幸福和自由，才是積極的。這就是哲學家的神聖使命。

因此愛比克泰德批評另外一些哲學家和導師，包括柏拉圖和亞里斯多德。他說那些想過安寧、閒暇、旅遊和學習研究日子的人，同想得到財富和權勢的一樣，都是把價值放在外物。因為這會使人一樣受制於他人。你想讀書。書是為什麼的？蘇格拉底是一個想在呂克昂和學園裡，有閒暇每天同青年人談論理論的人嗎？ ❷

愛比克泰德以蘇格拉底和第歐根尼為榜樣，把教人學習擇善當作自己的工作和生活中最重要的事情。他最仔細地研究、思考和實踐了這項使命的意義、可能性和適當的方式。他是一個蘇格拉底類型的哲學家，一個生活的導師。在這方面，他們同孔子、耶穌和佛陀的精神與實踐是一致的。

這最崇高也最困難。因為一個人自己擇善雖不容易，畢竟可以自己作主，但別人是否願意擇善和做到卻是唯有他自己才能決定的事。任何別人，就是神也無法強制一個人為善。因此教人為善是否可能，本身就是一個很大的問題。

愛比克泰德渴望人們成為高尚自由的真正的人，但人們做不到，我們是否應當失望或者斥責他們？不。要看到人的本性中有良知，那是神平等地給予每個人的。不會正確加以運用的人，是由於缺乏教育，不都是他們自己的過錯。因此對錯誤和罪惡雖要指明，卻不可指責人，首先只應憐憫他們，在有可能時更要幫助和教育他們。當人願意求教以求善的時候，問題就在教育本身如何了。

他對學生說：在這裡，我是你們的老師，你們來受教於我。我

---

❷ 《論說集》，4.4.之1、4、21。

的任務是要確保你們得自由、盼望、幸福，不受任何限制和阻礙；而你們則要同我一起學習和實踐這些事情。如果這目的正確，你們和我就要各自承擔起這個工作。那為什麼你們不去努力？看看一個工匠如何把手頭的材料變成一個產品吧；只要有適當的材料，完成這個工作還缺什麼呢？這個材料是不可教育的嗎？不，它是可教育的。

它是在我們的權能範圍之外的嗎？不，在一切事情中唯有它是在我們權能之內的。財富、健康、名譽都不在我們的權能之內，除了正確運用表象之外，一切都不在我們的權能之內。唯有這按本性不屈從於任何限制和阻礙。

那麼，你們為什麼不完成這個工作？告訴我，你們有什麼理由。它必定或者在我，或者在你們，或者在這項工作的性質。這項工作是可行的，是全然在我們權能之內的事情。毛病必定或者在我，或在你們，或者更正確地說，在雙方。那麼該怎麼辦？你是否終於願意讓我們開始做如我所說的這項工作？那就讓我們把過去放到一邊。那就讓我們開始，照我的話去做，你就會看到你的進步。❷⓼

不願受教的人，是在哲學老師權能之外的，再有智慧的人對他也沒有任何辦法。對這些陷於錯誤和不幸的人我只能憐憫。但願意到我這裡來受教為善的，情況就完全不同了，這件事就在我們的權能之內了。

---

❷⓼ 《論說集》，2. 19. 29–34。

我們的權能在這個事情上是什麼？是你自己的意願，和在實踐中認真學習訓練正確運用表象；是作為老師的我自己如何，並有正確的教導內容和方法；是我們對擇善這個工作的本性有正確的認識，按照它去有步驟地訓練。這些都要嚴格。

所以，他對學生的要求是嚴的；

所以他對自己更嚴格，不僅要有明確的正確的哲學理論，更要能貫徹在一切行為之中；

所以他以蘇格拉底教導人的方式為榜樣。先要教導人自知無知，並從檢驗每天生活行為中的對自己的良知是否有真知開始。每日每時檢驗自己的表象，學習正確運用表象。採取上述各種必要的步驟。

凡是當過老師的人都知道這些困難和道理。但是有種種不同的學生，更有種種不同的老師。當我讀到愛比克泰德的這些話時，我自然想到孔子、蘇格拉底、耶穌和佛陀，也想到我所見過的各色各樣的老師和學生，更反思我自己。我不禁掩卷而嘆：世上號稱哲學家的不算少，當老師和學生的更無其數，幾個懂得其中的真滋味？

結束語

　　本書是我自己讀愛比克泰德和研究斯多亞哲學多年的一些心得。我想，他所提出的心性論和道德學說對今天仍然很有意義和價值。對於面臨新挑戰的我們中國人尤其如此。

　　我們應當擴展我們的精神空間，——現在我們已生活在二十－二十一世紀之交的時代，在物質的和經濟政治方面已經走向現代化，甚至也有了所謂「後現代」的問題，但是我們的精神空間在一些關鍵之處仍停留在老地方，或者許多還只是老東西的改頭換面。不錯，中國的傳統文化是一份極可珍視的精神財富，其價值觀中有極可貴的內核，但有些則確實迫切需要更新。我們中國人若想贏得與世界上最優秀民族和人民及其文化的同等地位，甚至更好，得到奧林匹克的桂冠，還有很長的路要走。中國人在二十一世紀應當有這樣的志氣，但我們不要作空洞的誇口，要的是最切實的工作。說到切實，許多人腦子裡出現的就是經濟、科技，最多是政治，乃至藝術等等。但是，誠如我們的聖賢和摩西、佛陀、耶穌和本書所論及的蘇格拉底、愛比克泰德所說的那樣，最最根本的切實在人，在如何做人，做一個能夠擇善的人，成為一個以真正擇善為本的民族。這一點不努力，做不到趕上他們甚至更好，那麼別的一切成就，儘管也許可以達到，卻很可能最後給我們帶來的並不是我們所期待的，而很可

能是更難以控制的更大災難。

比較而言，在別的方面迎頭趕上人家已經很不容易。但是我們應當取法乎上，而不是僅僅跟著人家時髦的潮流追趕。因此最根本的還在心性和道德方面。這方面要做好最難最要緊，而我們今天在這方面的問題也最嚴重。所以我以為這方面最需要我們反思。從現象上說，今天中國道德方面危機嚴重，同我們傳統最重道德心性反差最強烈，但難道這只是因為今天我們的同胞都不要祖宗了嗎？我以為不好簡單這樣講，我不贊同這類籠統的指責。不僅是對老百姓，對許多領導人物也可適用，例如他們中也有很不錯的人物，也在認真提倡道德和傳統。知識分子中更多的也是如此。丟掉傳統長處的毛病是有的，但是我們也不能認為我們的老傳統本身就全好了，沒有毛病需要反思了。有些先生大聲疾呼回到傳統，其中有許多心意是好的。但我以為，在世界上更多的偉大精神資源已經能夠為我們所具有和思考吸取的今天，擴大我們中國人的精神視野，從別人的傳統中得到營養啟示，重新認識和反思自己的傳統，去掉自大盲目性，使我們的傳統得到更新，獲得新生命，是更為急需的。否則我以為，在當今的時代情境中我們的道德危機能否真的有一個可信的解決方案和前景，恐怕是難以尋到的。我和各位讀者一樣，生活在這個時代，親身經歷和無數有關的經驗，使我有了上面這些想法。這使我在讀愛比克泰德的時候，心中受到極大的震動。所以我的研究儘管還不夠，也還是願意提供出來，給關心這個問題的朋友們。

限於本書篇幅，有一些很可注意的問題，如愛比克泰德和斯多亞派和基督教的關係，他對後世西方哲學和文化的影響，還有同中國文化系統的比較，本書都只能有所涉及，不能專門再談了。最簡略地說，他的著作和思想一直保存了下來，影響於後世，早已成為

西方人的精神生活深層的一部分，一個基因。我們知道馬爾庫斯・奧勒留的《沉思錄》和二世紀的 Gellius, Lucian 都受到了他的重要影響，新柏拉圖派的 Simplicius（六世紀）對他的《手冊》寫過評論。早期基督教會的教父們如亞歷山大的克萊門、奧尼金、Chrysostom 對他的嚴格的理想主義很感興趣。在中世紀的教會和修道院中，曾兩次用他的《手冊》作為訓練指南。到了近代十六、十七世紀時，法國作家蒙田、巴斯卡等也很喜歡他。在十九世紀的英國，他受到 Matthew Arnold 高度讚揚。在西歐北美，他的《論說集》、《手冊》曾多次譯成各種文字一再出版，為許多讀者和思想家喜愛。其中也包括一些著名人物，如腓特烈大帝。美國海軍將領 James Stockdale 承認他在越南戰爭中被俘囚禁時，是愛比克泰德幫助了他，使他保持住了自己內在的剛毅力量 ❶，可見他的思想不僅是屬於『哲學家』們的，更是屬於人和生活的。

本書目的主要是介紹評述他的思想學說本身。希望讀者能通過它對愛比克泰德和斯多亞派有一個基礎的切實的了解，並能從中獲益。坦誠地說，我研究西方的和希臘的哲學多年，讀到愛比克泰德，才感到真正抓住了最要緊的地方。他的思想看來似乎通俗，其實極深，想真弄明白很不容易。如我說過的那樣，就是西方人和他們的學者和哲學家、哲學史家們，以前對他的重視和研究也很不夠。可以說是到了這世紀特別是最近期間，他們才重新發現了原來在希臘化哲學中也有這麼有意思的東西，便很注意地進行了再研究。但畢竟還不夠，在斯多亞派中專門研究愛比克泰德就更少。相比起來，

---

❶　J. B. Stockdale, *Courage under Fire: Testing Epictetus' Doctrines in a Laboratory of Human Behavior, text of a speech given at King's College,* London, 15 November 1993, Hoover Essays, 6.

中國學者不免更加滯後。然而，在我看來，在西方哲學史上的偉大人物中，他才是我們中國人今天最值得給予特殊注意的一個人。所以就大膽地把自己的這點心得當作一塊磚先拋出來了，——相信會引出許多玉的。

愛比克泰德生平年表

西元

約55年　出生於羅馬帝國東部的弗呂家 (Phrygia)。

60年　約五歲時被賣到羅馬，成為埃巴普羅迪托的奴隸。
後來跟從穆梭留斯・羅夫斯 (Musonnius Rufus) 學習斯多亞
派哲學。但年代不詳。羅夫斯三次被放逐（60至62年；65至
68年；70至79年）離開羅馬又返回。愛比克泰德究竟是在什
麼時期跟隨他在羅馬學習的，我們不清楚。

?　愛比克泰德被釋放，成為自由人，並開始了哲學工作。但年代
亦不詳。

89年　愛比克泰德在 Domitian 皇帝驅逐哲學家的行動中被放逐到
希臘的 Nicopolis，在那裡他建立了一所自己的學校。

約107–9年　阿利安在 Nicopolis 隨愛比克泰德學習。

約115–7年　愛比克泰德在六十歲之後，為了養活一個被人遺棄的
小孩而結婚。

135年　愛比克泰德在八十歲時去世。

文本文獻和研究參考書目
（主要用書）

甲、文本文獻 (Source books) 和資料 (包括輯佚)

一、愛比克泰德 (Epictetus)：

《論說集》(*Discourses,* or *Disserrationes,* as reported by Arrian)

《手冊》(*Manual,* or *Handbook, Encheiridion*)

A. 希臘文本，見以下 B⑴ Oldfather 的與英譯文對照的希臘文本。

B. 英文譯本我所參照的有以下四種：

⑴ W.A. Oldfather 譯本，Harvard University Press, London, 1979.

⑵ Matheson 譯本，收於 W. J. Oates 所編輯的 *The Stoic & Epicurean Philosophers,* Random House, New York, 1940.

⑶ George Long 譯本，收入美國芝加哥大學的以 R. M. Hutchins 為主要編輯者所編輯的 *Great Books of the Western World* 叢書第12卷，Encyclopaedia Britannica Inc., *1980.*

⑷ Christopher Gill 編輯，Robin Hard 譯本，Everyman, London,

1995.

二、斯多亞派 (Stoics) 與伊壁鳩魯派、皮羅懷疑派

⑴*Diogenes Laertius (D. L.), Lives of Eminent Philosophers*, vol. 7 & 10, Greek text and the English translation by R. D. Hicks, Harvard University Press, London, 1938.

⑵A. A. Long & D. N. Sedley, *The Hellenistic Philosophers* (*THP*). 該書是編輯者按照希臘化時期各派哲學的體系和主要觀點，從大量原始文獻中輯佚選編而成的一部綜合性資料，且其中有些資料一般研究者不易見到，故甚有用。它的第一卷是英文本（有編者的評論），第二卷是希臘文和拉丁文原著。資料豐富，也比較齊全，可作為研究的原始資料引用。

三、蘇格拉底

塞諾封，《回憶蘇格拉底》。

柏拉圖，《Phaedo》。

四、犬儒派

D. L., 第6卷等。

五、皮羅懷疑派

D. L., 第9卷等。

六、亞里斯多德

《論動物運動》、《論靈魂》、《尼各馬可倫理學》、《大倫理學》等。

乙、其他研究著作

1. E. Zeller, *The Stoics, Epicureans, and Sceptics*, London, 1870.

2. A. F. Bonhoffer, *The Ethics of the Stoic Epictetus*, Peter Lang,

1859–1919.

3. A. A. Long, *Hellenistic Philosophy,* Duckworth, 1974, 1986.

4. *Problems in Stoicism,* ed. by A. A. Long, The Athlone Press, London, 1971.

5. J. M. Rist, *Stoic Philosophy,* Cambridge University Press, 1969.

6. Brad Inwood, *Ethics and Human Action in Early Stoicism* (*EHAES*), Clarenden Press, Oxford, 1985.

7. Christopher Gill, *Ancient Psychotherapy,* Journal of the History of Ideas, Vol. XLVI, No. 3, July–Sept. 1985., p. 307.

8. A. A. Long, *Representation and the Self in Stoicism,* Ch. 6 of Psychology, Companions to Ancient Thought, No. 2, ed. by Everson, 2 (Cambridge University Press, Cambridge, 1991).

9. 汪子嵩等，《希臘哲學史》第二卷，人民出版社，1993年。

10. 楊適，《哲學的童年：希臘哲學發展線索研究》，中國社會科學出版社，1987年。

11. 楊適，《伊壁鳩魯》，東大圖書公司，1996年。

12. 楊適，《中西人論的衝突》，中國人民大學出版社，1991年。

附註：以上書目中有幾種最常用的，有縮略用法，如 *D. L.; THP; EHAES* 等，請讀者留意其所指代。

索　引

五　劃

六　劃

七　劃

八　劃

十五　劃

十六　劃

十九　劃

二十一　劃

　　有些詞語由於其基礎性運用次數過於頻繁，反而不便列入索引。如自然、神、自由、必然、道德、倫理、善、惡、靈魂、心靈、行為、天、人、人性、人性論、心性、理性，等等，以及如斯多亞派、愛比克泰德，等等。未列入並不等於重要。

世界哲學家叢書 (一)

書　　　　　名	作　　　者	出　版　狀　況
孔　　　　　子	韋　政　通	已　　出　　版
孟　　　　　子	黃　俊　傑	已　　出　　版
荀　　　　　子	趙　士　林	已　　出　　版
老　　　　　子	劉　笑　敢	已　　出　　版
莊　　　　　子	吳　光　明	已　　出　　版
墨　　　　　子	王　讚　源	已　　出　　版
公　孫　龍　子	馮　耀　明	已　　出　　版
韓　　　　　非	李　甦　平	已　　出　　版
淮　　南　　子	李　　　增	已　　出　　版
董　　仲　　舒	韋　政　通	已　　出　　版
揚　　　　　雄	陳　福　濱	已　　出　　版
王　　　　　充	林　麗　雪	已　　出　　版
王　　　　　弼	林　麗　真	已　　出　　版
郭　　　　　象	湯　一　介	已　　出　　版
阮　　　　　籍	辛　　　旗	已　　出　　版
劉　　　　　勰	劉　綱　紀	已　　出　　版
周　　敦　　頤	陳　郁　夫	已　　出　　版
張　　　　　載	黃　秀　璣	已　　出　　版
李　　　　　覯	謝　善　元	已　　出　　版
楊　　　　　簡	鄭　曉　江 李　承　貴	已　　出　　版
王　　安　　石	王　明　蓀	已　　出　　版
程　顥　、　程　頤	李　日　章	已　　出　　版
胡　　　　　宏	王　立　新	已　　出　　版
朱　　　　　熹	陳　榮　捷	已　　出　　版
陸　　象　　山	曾　春　海	已　　出　　版

世界哲學家叢書 (二)

書　　　　　名	作　　　者	出　版　狀　況
王　　廷　　相	葛　榮　晉	已　　出　　版
王　　陽　　明	秦　家　懿	已　　出　　版
李　　卓　　吾	劉　季　倫	已　　出　　版
方　　以　　智	劉　君　燦	已　　出　　版
朱　　舜　　水	李　甦　平	已　　出　　版
戴　　　　　震	張　立　文	已　　出　　版
竺　　道　　生	陳　沛　然	已　　出　　版
慧　　　　　遠	區　結　成	已　　出　　版
僧　　　　　肇	李　潤　生	已　　出　　版
吉　　　　　藏	楊　惠　南	已　　出　　版
法　　　　　藏	方　立　天	已　　出　　版
惠　　　　　能	楊　惠　南	已　　出　　版
宗　　　　　密	冉　雲　華	已　　出　　版
永　　明　延　壽	冉　雲　華	已　　出　　版
湛　　　　　然	賴　永　海	已　　出　　版
知　　　　　禮	釋　慧　岳	已　　出　　版
嚴　　　　　復	王　中　江	已　　出　　版
康　　有　　為	汪　榮　祖	已　　出　　版
章　　太　　炎	姜　義　華	已　　出　　版
熊　　十　　力	景　海　峰	已　　出　　版
梁　　漱　　溟	王　宗　昱	已　　出　　版
殷　　海　　光	章　　　清	已　　出　　版
金　　岳　　霖	胡　　　軍	已　　出　　版
張　　東　　蓀	張　耀　南	已　　出　　版
馮　　友　　蘭	殷　　　鼎	已　　出　　版

世界哲學家叢書（三）

書　　　　　名	作　　者	出　版　狀　況
牟　　宗　　三	鄭　家　棟	排　印　中
湯　　用　　彤	孫　尚　揚	已　出　版
賀　　　　　麟	張　學　智	已　出　版
商　　羯　　羅	江　亦　麗	已　出　版
辨　　　　　喜	馬　小　鶴	已　出　版
泰　　戈　　爾	宮　　靜	已　出　版
奧羅賓多·高士	朱　明　忠	已　出　版
甘　　　　　地	馬　小　鶴	已　出　版
尼　　赫　　魯	朱　明　忠	已　出　版
拉達克里希南	宮　　靜	已　出　版
李　　栗　　谷	宋　錫　球	已　出　版
空　　　　　海	魏　常　海	排　印　中
道　　　　　元	傅　偉　勳	已　出　版
山　鹿　素　行	劉　梅　琴	已　出　版
山　崎　闇　齋	岡　田　武　彥	已　出　版
三　宅　尚　齋	海老田輝巳	已　出　版
貝　原　益　軒	岡　田　武　彥	已　出　版
荻　生　徂　徠	王　祥　齡 劉　梅　琴	已　出　版
石　田　梅　岩	李　甦　平	已　出　版
楠　本　端　山	岡　田　武　彥	已　出　版
吉　田　松　陰	山口宗之	已　出　版
中　江　兆　民	畢　小　輝	已　出　版
蘇格拉底及其先期哲學家	范　明　生	排　印　中
柏　　拉　　圖	傅　佩　榮	已　出　版
亞　里　斯　多　德	曾　仰　如	已　出　版

世界哲學家叢書（四）

書　　　　　名	作　　者	出　版　狀　況
伊　壁　鳩　魯	楊　　適	已　　出　　版
愛　比　克　泰　德	楊　　適	已　　出　　版
柏　　羅　　丁	趙　敦　華	已　　出　　版
伊　本・赫　勒　敦	馬　小　鶴	已　　出　　版
尼　古　拉・庫　薩	李　秋　零	已　　出　　版
笛　　卡　　兒	孫　振　青	已　　出　　版
斯　賓　諾　莎	洪　漢　鼎	已　　出　　版
萊　布　尼　茨	陳　修　齋	已　　出　　版
牛　　　　頓	吳　以　義	已　　出　　版
托　馬　斯・霍　布　斯	余　麗　嫦	已　　出　　版
洛　　　　克	謝　啓　武	已　　出　　版
休　　　　謨	李　瑞　全	已　　出　　版
巴　　克　　萊	蔡　信　安	已　　出　　版
托　馬　斯・銳　德	倪　培　民	已　　出　　版
梅　　里　　葉	李　鳳　鳴	已　　出　　版
狄　　德　　羅	李　鳳　鳴	排　　印　　中
伏　　爾　　泰	李　鳳　鳴	已　　出　　版
孟　德　斯　鳩	侯　鴻　勳	已　　出　　版
施　萊　爾　馬　赫	鄧　安　慶	已　　出　　版
費　　希　　特	洪　漢　鼎	已　　出　　版
謝　　　　林	鄧　安　慶	已　　出　　版
叔　　本　　華	鄧　安　慶	已　　出　　版
祁　　克　　果	陳　俊　輝	已　　出　　版
彭　　加　　勒	李　醒　民	已　　出　　版
馬　　　　赫	李　醒　民	已　　出　　版

世界哲學家叢書（五）

書　　　　　　　名	作　　者	出　版　狀　況
迪　　　　　　昂	李　醒　民	已　　出　　版
恩　格　斯	李　步　樓	已　　出　　版
馬　克　思	洪　鐮　德	已　　出　　版
約　翰　彌　爾	張　明　貴	已　　出　　版
狄　爾　泰	張　旺　山	已　　出　　版
弗　洛　伊　德	陳　小　文	已　　出　　版
史　賓　格　勒	商　戈　令	已　　出　　版
韋　　　　　伯	韓　水　法	已　　出　　版
雅　斯　培	黃　　藿	已　　出　　版
胡　塞　爾	蔡　美　麗	已　　出　　版
馬克斯・謝勒	江　日　新	已　　出　　版
海　德　格	項　退　結	已　　出　　版
高　達　美	嚴　　平	已　　出　　版
盧　卡　奇	謝　勝　義	已　　出　　版
哈　伯　馬　斯	李　英　明	已　　出　　版
榮　　　　　格	劉　耀　中	已　　出　　版
皮　亞　傑	杜　麗　燕	已　　出　　版
索　洛　維　約　夫	徐　鳳　林	已　　出　　版
費　奧　多　洛　夫	徐　鳳　林	已　　出　　版
別　爾　嘉　耶　夫	雷　永　生	已　　出　　版
馬　賽　爾	陸　達　誠	已　　出　　版
阿　圖　色	徐　崇　溫	已　　出　　版
傅　　　　　科	于　奇　智	已　　出　　版
布　拉　德　雷	張　家　龍	已　　出　　版
懷　特　海	陳　奎　德	已　　出　　版

世界哲學家叢書（六）

書　　　　　名	作　　者	出　版　狀　況
愛　因　斯　坦	李　醒　民	已　　出　　版
皮　　爾　　遜	李　醒　民	已　　出　　版
玻　　　　爾	戈　　革	已　　出　　版
弗　　雷　　格	王　　路	已　　出　　版
石　　里　　克	韓　林　合	已　　出　　版
維　根　斯　坦	范　光　棣	已　　出　　版
艾　　耶　　爾	張　家　龍	已　　出　　版
奧　　斯　　丁	劉　福　增	已　　出　　版
史　　陶　　生	謝　仲　明	已　　出　　版
馮　・　賴　特	陳　　波	已　　出　　版
赫　　　　爾	孫　偉　平	已　　出　　版
愛　　默　　生	陳　　波	已　　出　　版
魯　　一　　士	黃　秀　璣	已　　出　　版
普　　爾　　斯	朱　建　民	已　　出　　版
詹　　姆　　士	朱　建　民	已　　出　　版
蒯　　　　因	陳　　波	已　　出　　版
庫　　　　恩	吳　以　義	已　　出　　版
史　蒂　文　森	孫　偉　平	已　　出　　版
洛　　爾　　斯	石　元　康	已　　出　　版
海　　耶　　克	陳　奎　德	已　　出　　版
喬　姆　斯　基	韓　林　合	已　　出　　版
馬　克　弗　森	許　國　賢	已　　出　　版
尼　　布　　爾	卓　新　平	已　　出　　版